The Fall of Constantinople:
Being the Story of the Fourth Crusade

[英]埃德温·皮尔斯（Edwin Pears）著

景宇平 李芳洲 译

攻陷君士坦丁堡

第四次十字军东征与东罗马帝国的灭亡

上海社会科学院出版社
SHANGHAI ACADEMY OF SOCIAL SCIENCES PRESS

目 录

- 前 言 / 001
- 第一章 概述：12世纪东罗马帝国的规模、形势和政府组成 / 001
- 第二章 塞尔柱突厥人的入侵与帝国的衰落 / 011
- 第三章 北方入侵与帝国的衰弱 / 038
- 第四章 帝国内部动乱与其衰落 / 050
- 第五章 十字军与帝国的衰落 / 094
- 第六章 帝国的衰弱与西方的入侵 / 110
- 第七章 1200年君士坦丁堡的形势 / 145
- 第八章 第四次十字军东征 / 180
- 第九章 到达威尼斯 / 197
- 第十章 征服扎拉 / 208
- 第十一章 阴 谋 / 213
- 第十二章 从扎拉到科夫岛 / 240
- 第十三章 从科夫到君士坦丁堡 / 246
- 第十四章 皇帝阿莱克修斯三世出逃与伊萨克复位——君士坦丁堡革命 / 257
- 第十五章 进攻、占领、洗劫君士坦丁堡 / 285
- 第十六章 拉丁皇帝 / 308
- 第十七章 结 论 / 318

前　言

没有哪个历史话题在过去20年里比拉丁征服君士坦丁堡，更能吸引德、法两国学者的注意，也没有哪个历史问题像拉丁征服君士坦丁堡这样在同时期内能够如此地吸引大批历史学者付出如此大的精力，有关这个问题的热烈讨论从过去到现在一直在进行着。

同时，中世纪君士坦丁堡乃至东罗马帝国这些大问题25年来一直是大批欧洲大陆学者关注的焦点，这些学者的成果为我们今天的研究作出了贡献。在这些贡献者的成果中，必须提到的有如下这些：

穆拉尔德（Muralt）的《拜占庭编年史》（*Chronography of Byzantine History*）[1]，它涉及的是从1057年到1453年的历史，因此成为研究该时期的学者们的重要工具性书籍。有些非常次要的事件，权威作家们没有提到，也没有任何有关这些内容的评论，但埃德（Heyd）的《中世纪时期黎凡特地区贸易史》（*History of Trade in the Levant during the Middle Ages*）[2]成为细节研究的代表。赫尔特（Hurter）属于相对早期的作家，他对英诺森三世（Innocent the Third）与东罗马的交往事件有非常生动、不偏不倚的描述，而且赫尔特最引人注目的身份是一位新教牧师。[3]查理·霍普夫（Charlers Hopf）、塔费尔（Tafel）以及托

---

[1] *Essai de Chronographie Byzantine*，*1057 a 1453*. Par Edouard Muralt. Bale et Geneve，1871.
[2] *Geschichte des Levantchandels im Mittelalter*. Von Dr. William Heyd. Stuttgard，1879.
[3] *Histoire du Pope Innocent III. Et de ses Contemporain*. Par Frederic Hurter. Paris，1867.

马斯（Thomas）的研究让人们了解了威尼斯与新罗马[1]之间的事情。克劳斯（Krause）对拜占庭的风俗礼仪、宫廷外交等做了有趣的记述，为了解拜占庭的社会生活提供了帮助。[2] 在本书的前言中还应提到芬利（Finlay）的著作，他也对拜占庭的历史有深入的研究。弗里曼教授（Professor Freeman）的《撒拉森人征服史》(*History and Conquest of the Saracens*)、《欧洲奥斯曼历史》(*History of the Ottoman Power in Europe*)以及《历史文集》(*Historical Essays*)为了解撒拉森人和突厥人的影响提供了无价的参考。

我提及的其他作家的成果主要是对和第四次十字军东征相关的内容有明确记载的，这些内容对本书的后半部分非常重要。这些作家中有些是同时代的。尼基塔斯和其他希腊作家的作品可以与维尔阿杜安（Villehardouin）以及其他西方作家的作品相媲美。还有一些曾被遗忘的手稿。在本书中，引用了一些特许状、通谕及其他文件，这些材料都经过仔细筛选、确认判断。我也从克利姆克（Klimke）的《第四次十字军东征历史资料》(*Sources of the History of the Fourth Crusade*)[3]、克劳泽（Klause）的《历史》(*History*)[4]、穆德曼博士（Dr. Mordtmann）的《关于两次征服君士坦丁堡》(*The History of the Two Captures of Constantinople*)[5]中获益良多，穆德曼的作品对了解中世纪的君士坦丁堡的地形特别有用。穆德曼博士和帕斯帕提博士（Dr. Paspati）以及其

---

[1] 新罗马（New Rome），君士坦丁大帝于330年将其新帝国的首都称为"新罗马"，位于博斯普鲁斯海岸的城市，也被称为拜占庭，即现在的伊斯坦布尔。——译者注
[2] *Die Byzantiner des Mittelalters in ihrem Staats-, Hof-und Prizatleben*. By Professor Dr. Johann Herinrich Krause. Halle, 1869.
[3] *Die Quellen zur Geschichte des Vierten Krezzuges*. Von Dr. C. Klimke. Breslau, 1875.
[4] *Die Eroberungen von Constantinople im dreizchnten und funfzchuten Jahrhundert*. By Professor Johann Heinrich Krause.
[5] Die Erobeuugen von Constantinopel.

他在君士坦丁堡的很多考古学家在都城地形的研究上取得了成功，他们借助希腊俱乐部获得了有趣的信息，例如古城墙的地图，这与近来的发现相印证，所以其价值极高。

我提到的这些作家都关注过威尼斯。有关威尼斯的争议与十字军的一样悠久。第一位对威尼斯提出指控的是一位当代写十字军的法国—叙利亚裔作家，他指责威尼斯背叛了基督教世界。其他作家与他的基本立场一致。冈瑟（Gunther），这位在阿尔萨斯的巴黎西多会修士在他的君士坦丁堡历史著述中，为我们提供了很多别处没有的事实，他是当代十字军作家中[1]，为数不多的知道开罗的苏丹与威尼斯达成协议的人之一，这件事就记录在《摧毁君士坦丁堡》（*Devastatio Constantinopolitana*）中。《摧毁君士坦丁堡》的作者不详，查理·霍普夫认为这本书是由一位德国教士所著，克利姆克则认为是由一位来自现代的奥地利的人所著，而泰西（Tessier）则认为是一位伦巴第人在博尼法斯（Boniface）授权下写的。本书提到的罗伯特·德·克拉里（Robert de Clari）的《占领君士坦丁堡》（*La Prise de Contantinople*）是研究拉丁征服的现代[2]著作中最有价值的书。在瑞亚特伯爵编辑的书中[3]，对威尼斯的行为以及其他有疑问的历史事件都有记述。瑞亚特伯爵对十字军后期的一些问题比其他人做了更多的阐述。我认为《拉丁人的东方社会》（*La Societe de L'Orient Latin*）应该归功于瑞亚特伯爵，这部著作记录了大量有关拉丁人占领下的君士坦丁堡以及黎凡特（Levant）很多地方的史实。

在我们这个时代，有关第四次十字军东征的争论还没有引起注意。

---

[1] See both the text of Gunther and a notice of his life in *Exuvioe Sacroe.*
[2] 此处的"现代"指本书作者所生活的时代，即19世纪。——译者注
[3] *Exuvioe Sacroe Constantinopolitanoe.* Par Comte Riant. Geneva，1867.

从吉本（Gibbon）到芬利，维尔阿杜安明确地向法国进行示好的叙述都摘录自他们的作品，而这几乎是关于征服君士坦丁堡的确定的结论，因为他的叙述恰好与那些被克利姆克视作官方记载的其他作家的著作，以及被遗忘、忽略的独立观察者们的记述相一致。马斯拉特利（M. de Mas-Latrie）可能是第一个对维尔阿杜安的记载提出疑问的作家，在其著作《塞浦路斯历史》(*History of Cyprus*)中，他认为丹多罗（Dandolo）应该对第四次十字军东征的失败负责，[1]其结论是香槟元帅对事情不太了解，没有看穿威尼斯的计谋。这一观点遭到瓦伊（M. Wailly）的强烈反击，瓦伊是法兰西学院维尔阿杜安作品的资深编辑，他认为不存在什么需要看穿的秘密。瓦伊坚持认为，"十字军抛弃了去叙利亚的路线是由一次偶然、完全没有预见性的事件引起的——即小阿莱克修斯（Alexis）去威尼斯，在征服君士坦丁堡过程中，既不存在引诱者，也不存在叛变者"。

由此，针对谁的说法更权威的争论出现了，讨论的焦点就是维尔阿杜安记述的权威性，截至目前，欧洲大陆出现了很多疑问，引起了激烈的争论。在本书交付出版的几周前，我收到了瓦伊、斯特莱特（M. Streit）[2]和泰西[3]有关考察十字军更改路线的研究；另一方面，杜卡日（Du Cange）用了极大的精力和学识对瑞亚特的著作做了研究。阿诺托（M. Hanoteaux）也做了相关研究。我基本上同意瑞亚特的结论。

以下问题一直以来都是争论的焦点。

（1）威尼斯的行为。对此期待解决以下疑问：

---

[1] *Histoire de Chypre*, vol.i, pp.161—164.
[2] *Venegig und die Wendung des Vierten Kreuzzuges gegen Konstantinopel*. Von Ludwig Sreit.
[3] *La Diversion sur Zara et Constantinople*. Paris，1884.

（a）在威尼斯和埃及苏丹阿迪勒（Malek-Adel）之间有没有达成查理·霍普曼提到的条约？即埃及许诺给共和国好处，作为回报威尼斯不让十字军进攻埃及？

（b）丹多罗是否有意在利多岛（Lido）制造困难，以此来履行以上的条约？

（c）征服扎拉（Zara）是不是丹多罗更改十字军的预谋？抑或征服扎拉纯属偶然，无论是丹多罗还是博尼法斯都未提前谋划？

瑞亚特伯爵坚持认为在十字军还未到达利多之前威尼斯就预谋叛变。泰西对此提出反对意见，他举出了一份值得重视的证据，即英诺森三世的一封信，在信中，教皇号召威尼斯的教士向那些非基督徒学习，忠于圣地的事业。赫尔特也质疑威尼斯是否有预谋。

（2）十字军的目的和行为。

（a）十字军想要实现的目的是什么？他们是否在埃及问题上意见一致？

（b）十字军是被引诱去进攻扎拉的吗？抑或是他们自己在当时的条件下就愿意这么做？

（c）维尔阿杜安是威尼斯的同谋吗？如果存在叛变，维尔阿杜安是否隐瞒了自己知道的实情？

根据维尔阿杜安及其追随者的表述，远征军改道进攻扎拉既没有外部势力干涉，也没有预谋，更不是威尼斯的叛变，事实是，开始十字军并不同意这一目标，他们也不同意那些希望把埃及作为最好的进攻点的领导者们的提议，还不同意那些固执地坚持要进攻叙利亚的大多数东道主们的建议；第二，由于到达威尼斯的规定的军队人数不够，十字军被迫接受了威尼斯总督的建议向扎拉进军。所以，十字军改道既非预谋也非叛变，纯属偶然。

（3）博尼法斯的行为。

（4）士瓦本的腓力（Philip of Swabia）的行为。

（5）英诺森三世的行为。

以上这几项内容，主要围绕以下几个问题进行：

（a）在离开威尼斯踏上远征之前，腓力、博尼法斯、丹多罗之间是否就十字军进攻君士坦丁堡达成了共识？

（b）英诺森三世在多大程度上参与了腓力与其他领导人之间的这些预谋？

针对这个问题，温科尔曼（M. Winkelmann）的研究可以解答。他认为在腓力和博尼法斯之间达成了共识。

（c）腓力是什么时候为了小阿莱克修斯的利益第一次对进攻君士坦丁堡的提议表示出兴趣的？

泰西认为腓力干预十字军与其说是想实现其在新罗马的目的，或帮助他的妹夫，还不如说腓力想把教皇置于尴尬境地，以此来确保自己在西方作为罗马人皇帝的地位。如果他实现了这个目标，他就可以与奥托（Otho）抗衡，后者是其在西方皇位最重要的竞争对手。如果腓力不能成功，十字军没有进攻君士坦丁堡，英诺森三世的伟大目标受到重创，教皇的影响力也会下降。

对于英诺森三世的行为，过去15年的讨论已经明确证实教皇谴责进攻扎拉，而且也从未授权十字军进攻君士坦丁堡。我相信英诺森想尽力阻止进攻君士坦丁堡的行动，但是这一观点仍然有很多值得再讨论的地方。在确认了一系列事实之后，我不得不对以上观点做出让步，虽然英诺森三世强烈反对进攻扎拉和君士坦丁堡，而且也谴责了这些行动主张，但是在他的信件中，有些内容表明如果非正统教徒的城市得到惩罚，他不会表示不满。

我对以上的作家和本书正文中将提到的作家致以深深的歉意，因为我的目的与各位都不相同。在我居住于君士坦丁堡做拜占庭历史研究的时候，我得出如下结论：第四次十字军东征更改远征路线导致突厥人进入欧洲；尽管在 1261 年，希腊人再次攻占君士坦丁堡，但是新罗马的帝国已经被彻底摧毁；这场欧洲大灾难由一系列因素引起，这些因素使新罗马在面临十字军进攻时变得相当脆弱。因此，我认为 1204 年君士坦丁堡的陷落是 1453 年奥斯曼征服的前奏，拉丁征服的政治影响是欧洲历史上非常重要的事件之一。

我强调的是征服君士坦丁堡的政治意义，我认为帝国过去一直进行着不断的斗争，在过去 150 年里，它不断取得对亚洲势力的胜利，这既消耗了帝国的实力，又教化了那些入侵帝国的民族；最后当新罗马不能保护自己的时候，从四面八方涌来的敌人发起一次次的进攻，给予帝国致命的打击；十字军占领君士坦丁堡是东罗马帝国衰亡的一个原因，而十字军的这一行为最终又让突厥人轻而易举地攻下君士坦丁堡。征服君士坦丁堡是西方在处理东方问题上犯下的大错。东西方问题的实质是欧洲能否容忍亚洲的影响以及一个亚洲化的宗教，"欧洲是欧洲人的"经常成为战争的口号。几百年来，君士坦丁堡一直是抵抗亚洲的要地。西方人一直有意保持、巩固君士坦丁堡的地位。如果他们不那样做，实际上就相当于让亚洲自由进入欧洲。

埃德温·皮尔斯（Edwin Pears）于君士坦丁堡，1885 年 8 月

第一章
概述：12世纪东罗马帝国的规模、形势和政府组成

帝国的范围

12世纪末，以希腊语为主的东罗马帝国与之前的规模相比变小了。在第四次十字军东征开始（又被称为"拉丁征服君士坦丁堡"）背景下，我的目的既不是追述帝国衰落的历史，也不仅仅是阐明帝国在1203年被削弱的直接原因。

1200年，东罗马帝国的皇帝已不再拥有意大利或西西里的领土。塞浦路斯在1190年被"狮心王"理查（Richard）占领，此后再也没有回到帝国统治者的手中。撒拉森人夺取了依附于君士坦丁堡的亚洲省份。十字军获胜后，曾建立起耶路撒冷王国，而且从敌人手中赢得大批要地，但12世纪末，几乎又丧失殆尽，只有安条克（Antioch）、贝鲁特（Beyrout）以及两三个次要的领地还在基督徒的控制之下。

在萨拉丁（Saladin）统治时期，西方的骑士们眼看着就要被逐出叙利亚，第三次十字军东征的成果将化为乌有。但萨拉丁逝世后，其王族内部为瓜分领土而产生纷争。

在小亚细亚，突厥的塞尔柱王朝内部王权巩固，与中亚建立了稳定的联系；但1200年，与撒拉森政权一样，内部争夺王权的斗争导致王国分裂。著名的苏丹科尼亚的基利日·阿尔斯兰（Sultan Kilidji

Arslan of Iconium）把土地分给了自己的 10 个儿子。

亚美尼亚人（Armenians）和格鲁吉亚人［Georgians，或者伊比利亚人（Iberians）］为了本族的生存而斗争着。在利奥二世（Leo the Second）统治时期，亚美尼亚人在马哈石（Marash）地区附近建立了小亚美尼亚，统治持续了好几个世纪，这也成为号召黑山族（Montenegins）一直以来争取独立的典范。

除了几个独立的据点之外，小亚细亚三边海岸线地区还是承认新罗马的统治。在巴尔干半岛，12 世纪末期，帝国[1]虽然拥有至高无上的地位，但面临着很多来自邻国的麻烦。诺曼人实际上已经被从都拉斯（Durazzo）和萨洛尼卡（Salonica）驱逐出去；在半岛的西北地区，达马提亚（Dalmatia）和克罗地亚（Croatia）受威尼斯的统治，两三个海边城市则落入匈牙利手中。匈牙利国王贝拉（Bela）夺取了布拉尼佐娃（Branitzova）和贝尔格莱德（Belgrade），但继任者埃梅里克（Emeric）没能进一步向南扩张。塞尔维亚国王沃尔克（Volk）占据着与匈牙利东部边界接壤的地区，试图从匈牙利人而不是从东罗马手中夺取领地。瓦拉吉亚人（Wallachs）和保加利亚人（Bulgarians）还没有夺取据点，他们对巴尔干北部虎视眈眈，想夺取帝国的"牛角"。除了一小块地区依附于新成立的保加利亚王国，多瑙河以南到贝尔格莱德，再向西直到达马提亚，整个半岛仍忠诚于帝国。

罗马帝国

直到 867 年瓦西里一世家族（the first of the Basils）上台，东罗马帝国仍然被看作罗马帝国的分支。随着瓦西里（Basil）开始把统治

---

[1] 如无特别说明，本书中简称"帝国"均指"东罗马帝国"。——译者注

重心向东转移，该帝国也常被称作"拜占庭帝国"，而不是"东罗马帝国"。不过，在使用"拜占庭"这一称号时，应该记住它也属于罗马。东罗马帝国的各个帝王和人民把自己称作"罗马人"，而把国家称作"罗马尼亚"，甚至有的西方作家也这样称呼。东罗马帝国的作家把帝国在欧洲部分称作希腊，但是君士坦丁堡的居民不会这样使用这个名号。帝国的首都被中性地称作"君士坦丁堡"或"新罗马"，以区别于帝国作家所指的旧罗马。在整个东罗马帝国，罗马就是完全与君士坦丁堡一致的一个名称，罗马人就是被统治地区的人。突厥人、阿拉伯人和波斯人只知道君士坦丁堡这个城市名，对于他们而言，东罗马统治下的人民不是希腊人而是罗马人，其后代仍然被称作说希腊语的罗马人。东罗马人民说的希腊语也被称为罗马语。这些古时的名称影响范围很广。帝国在亚美尼亚边界建立了一个城市，取名为埃尔泽鲁姆（Erzeroum）。位于君士坦丁堡北部的一个突厥行省叫作鲁米利亚（Roumelia）。如今东正教的牧首还常把自己视为新罗马的主教。

语　言

在瓦西里统治时期，东罗马帝国和其首都的语言变为希腊语，但是拉丁文仍出现在某些官方文件中，同时，也为常用语提供了大量的专业词汇。但总的来说，大众语言取得了重大胜利，这一形势就如同当年英语战胜了"征服者"威廉（William the Conqueror）带来的诺曼法语一样。

帝国的持续繁荣

在瓦西里王朝（867—1057年）统治期间，新罗马的帝国得到充分的发展，全国各地施政有道，一派繁荣昌盛的景象。

直到 12 世纪中期，在拜占庭历史学家的文章中，读者对帝国的深刻印象依旧是强盛、成功、鲜有动荡。帝国的行政组织基石既包含罗马行政特点又带有希腊的行省特色。从君士坦丁堡选都拜占庭到 1057 年，帝国统治平稳顺利、少有暴乱，财富逐步增加，人民安居乐业；罗马的法律制度在拜占庭得到发展，成为自古以来最完备的法律体系，以至于后来被现代欧洲直接效法或采用，现在整个文明世界的法律体系都以此为基础。在新罗马给这个世界留下了法律体系（不仅民法发达，即使是旧罗马时期的裁判法也得以进一步发展）的同时，基督教信仰体系也得到发展，宗教和法律把帝国的各个部分连接在一起。但是，在帝国的欧洲部分，有一种精神使部分行省和城市居民变得自立，在很大程度上不受中央政府的管控，一旦不受外敌威胁，他们就不需要任何保护，他们建立自己的卫队，希望不被打扰，自在耕作，自由从商；总之，他们的愿望实现了。在东正教、罗马法和希腊独立精神的影响下，帝国稳步发展。此时，欧洲还没有哪一个政府能给其人民带来如此长时间的好形势。

成功带来了中央集权，反之又削弱了帝国

在瓦西里王朝时期，一批有才能的集权君主使帝国变得稳定富裕，外交上也取得成功。但是，在这些君主的盛极之时中也孕育着衰落的种子。权力集中是帝国的毒瘤。城市的自治精神被削弱了，对城市或行省的依附情结不存在了，因为帝国试图把地方民众的感情转移到帝国身上。虽然居住在遥远行省的人们承认帝国的统治，但只要他们承受的压力没有其父辈的那么重，他们就会对统治者漠不关心。所以，在瓦西里统治时期，帝国在表面上看变得更强大了，但实际上由于行

省和城市自治精神的削弱却变弱了。只要帝国存在下去，就会继续同样的中央集权，在这种环境下，难以避免的是皇帝们更钟情于以集权的方式管理地方政府，并且最后取得了胜利。当时，既没有代议制度也没有快捷的通信，更没有出版物，对广袤领土唯一可能的统治方式就是专制主义。虽然地方政府可以对中央权力形成牵制，但皇帝们往往对这样的政府采取敌视态度。很多自治城市就是"国中之国"，从这些城市诞生出的独立精神也是集权统治者所反对的。在帝国统治中，外国雇佣军占有很大的比重，因为皇帝们想借此来远离给自己制造麻烦的民众。不过，帝国内的自治精神并没有消亡，一批小型的希腊社区所取得的进步在很大程度上就是这种精神发展的结果，这让每个家庭的户主都渴望获得其同胞的善意，并且唯恐失去其在所属社区所获得的声望。罗马帝国的最大成功就是自治精神，即使在城镇和城市的民众都服从于帝国统治的情况下，这种精神仍然延续了好几百年。在君士坦丁堡，人们一直保持着古代自治城市的形式，通常对皇位的更迭有发言权，实际上，直至灭亡，帝国一直都在满足人们的需求。虽然没有官方代表，即使有也至多是行会机构，但城市里的民众总能通过暴动来实现目标。专制主义虽然削弱了自治精神，但总因对大众的担心而受到牵制。拜占庭保留了旧罗马不好的传统——士兵与公民分开，因为帝国不愿看到士兵弃武成为平民。平民的义务是纳税和应征入伍，但皇帝们逐渐发现以付款来代替服兵役的方式更加方便，因而只能从帝国的农业和商业领域外征兵。最后，罗马市民禁止参军，地位从属于斯洛文尼亚人、意大利人、瓦洛人（Warings）以及其他外国人，在这些人中有的就是雇佣军，其他的受邀住在罗马尼亚，以便征兵之需，领导罗马市民。尽管如此，反抗的民众也是必须顾忌的民间力量。

第一章
概述：12世纪东罗马帝国的规模、形势和政府组成

皇帝的地位

在10—12世纪期间,很难对东罗马帝国皇帝的地位给出较为满意的解释。但我认为今天[1]的俄国在某种程度上与瓦西里时期的皇帝或科穆宁时期(Comnenos)的皇帝类似。在传统观念里,皇帝是神圣的,即使基督教义认为这是极不可能的,这种认识仍旧在很长时间内盛行。虽然君士坦丁堡及其后代在言辞中都宣称皇帝不再是神,但在臣民的心中,他仍然保持着很多神的特质。在君士坦丁堡之前,统治者不仅具有神的保护,而且自己就是神。虽然国家奉行基督教,剥夺了帝王的神圣头衔,但这种观点还会盛行很长时间,甚至在12世纪末,也没有被忘记。在俄国,皇帝有新的神圣的形式,作为神圣的统治者,农民的思想受制于沙皇。对我们来说,很难感受到在思想上如何尊重沙皇,但我们可以从与沙俄的比较中得到更多认识。俄国人视沙皇为圣人,拥有神圣的权威,即使不是如此,也是蒙受神恩的。把统治者视作神,大部分俄国民众不感到吃惊。在俄国,统治者的言行是不容置疑、不容挑战的。环绕在拜占庭皇帝头上的神圣光环就像俄国农民对待沙皇那般。如果能把19世纪存在的报纸、电报、铁路搬到这时,就会发现在俄国和其他国家发生的这些政治运动,也同样发生在瓦西里王朝。沙皇和他子民的关系,新罗马早期皇帝与臣民的关系,就像虔诚无知的天主教徒臣服于教皇,以及查理二世[2]时期的满腹经纶的乡村神父忠于神授的君主那样。

---

[1] 指作者生活的时代,即19世纪下半叶。——译者注
[2] 查理二世,指秃头查理(823—877),他是西法兰克王国国王(843—877年在位),神圣罗马帝国皇帝(875—877年在位)。——译者注

与君权神授理论的比较

这样的认识并不是君权神授的原则,君权神授是在宗教改革后的西欧发展起来的,但二者有很多相同之处。君权神授之所以被更广泛接受,大概是因为宗教改革把之前赋予教皇的至高无上的权威给了君主,至少在英国是这样的。但是君士坦丁堡和沙俄情况一样,皇帝在世俗和精神上都享有崇高的地位。英国的神授权力的倡导者们认为某些家庭是神选的,因此具有神圣的权力。在东欧,这种观点则意味着按照约定给予某些家庭鼓励。根据我的了解,神圣的继承权并不在这种普遍信仰之中。统治者是上帝的授膏者。12世纪的希腊作家[1]也这么认为:统治者只有在被神授膏后,才拥有神圣的特性。但是,选举帝王则是另外一回事,君士坦丁堡的市民不会忽视他们任命皇帝的权利,除此之外,皇帝的权力在理论上是无可争辩的。政府就是管理国家的一个权威机构,在政府面前,人民只有服从其命令。政府的职责是保护帝国不受外侵,保护人民的生命和财产安全,保护海上通商安全,保护本国的信仰、道德和正统。在西方,以上这些都由世俗的罗马皇帝和精神领袖教皇所拥有,而在君士坦丁堡,则都赋予了皇帝一个人。就这方面而言,沙皇的确是说希腊语的罗马帝国的真正继承者。

希腊城市自治精神的影响

但是,正如我已经说的,这种相似是有所保留的,自治精神决不会灭绝。只要这个帝国有希腊裔存在,古老的自治精神就不会消失。

---

[1] *Xpvorov bvra kvplov*, Nicetas, p.477.

直到最后，帝国人口中最多的都是希腊族裔。希腊人以爱琴海或相邻海域的岛屿为家，他们擅长商业而不是农业。爱琴海的各岛屿几乎很少受到外侵的影响，而其他地方则不然。希腊族裔的特征凭借其艺术天分通过青铜或大理石作品体现出来，而现在的特征则可以在爱琴海的岛民身上，甚至在大陆的人们身上看到。[1]希腊精神更多地体现在个人主义，所以不可能像斯拉夫人那样坚守绝对服从的精神。希腊的习惯和观念使这个民族对参政表现出一定的兴趣。因此，在某种程度上，拜占庭帝国的情形与沙俄制度下的又不一样了。

贸易的影响

如果我们能回到12世纪，就会发现大量表明对极权主义热爱的迹象；同时，我们又会发现大量现代思想的迹象，即统治者对人民利益负责，以此为己责。贸易极大地推动了新型政府的诞生，此外，基督教和古代哲学的作用也有助于这种政府的诞生。君士坦丁堡的人们以经商为主，其他主要大城市也是如此。萨洛尼卡（Salonica）、士麦那（Smyrna）、尼科米底亚（Nicomedia）、罗多斯托（Rodosto），还有其他几个城市，凭借繁荣的海港对外贸易来获得财富。爱琴海群岛（Achipelago）与沿岸岛屿总有大量的海港。帝国内部与君士坦丁堡管辖的领地一样，贸易规模很大，产生了相当多的商旅人士。交往带来智慧，利润孕育独立。人们需要财产和生命安全，在大多数情况下，他们都无法容忍统治者忽视作为良好政府的必须条件。我们看到君士坦丁堡的居民并不关心朝代的更替，但很多时候，他们对那些胡乱造币的或者不能镇压海盗以维持海上和平的君主非常不满。

---

[1] 这与Fallmerayer及其学派的结论相左，他们认为几乎不可能说成是古希腊的后代。

商人贵族的力量

12世纪,政府统治落入皇帝和贵族手中,贵族中很多都是商人,有的虽然有皇族血统,但仍从事商业。在12世纪最后15年的王朝斗争期间,贵族不断推选自己或者通过别人推选成为皇位候选人。这种情况的不断出现,以及不断有人支持,使君主逐渐被看作选自贵族阶层。贵族与皇帝之间的距离缩小了,一代又一代贵族在政府中的比例越来越大。确实没有谁能像贵族阶层这样:一个家族因贫穷而消失,而另外一个家族例如安格罗斯(Angelos)家族,从渺小到富足,然后与其他贵族联盟成为有权有势的贵族,最终占据帝国的众多职位。商人的实力越来越大,但皇帝的权力却越来越小。在某种程度上,帝国发生的情况与威尼斯一样。政府绝对专权,实际上是寡头政治。在某些省,圣神权力的影响还有残留,即使在君士坦丁堡也并未完全被遗忘,但是在整个帝国,商人起到了制衡的作用,特别是在首都,商人极大地影响了君主统治的专权。所以,实际的政府统治情况是介于俄国和15、16世纪的威尼斯之间。

政府与后期的威尼斯一样

如果这种比较仅限于君士坦丁堡,新罗马后半期的情形确实比俄国更像最繁华的威尼斯。如果说帝国后期是新罗马君主统治的继承和代表,那么威尼斯则更引人注目,因为君士坦丁堡的生活内容较为单一、市民的知识文化较为淡薄。每个城市都是君主的,其统治者所辖的地区,把生活、艺术、文化和财富都融于一身。由于商业极度繁荣,商业王子们建造了亚得利亚(Adriatic)的宫殿,博斯普鲁斯(Bosphorus)的城市也是这样建起来的。威尼斯大教堂是神智大教堂

（the Great Church of the Divine Wisdom）的一个小复制品，前者虽不够美观，与其内部也不够和谐，但完成后，它成为威尼斯到那时为止前所未有的教堂。亚得利亚的内部装饰和早期的教堂就是威尼斯人在君士坦丁堡所见的样子。威尼斯愉快的生活方式，以及对艺术的钟情都来源于拜占庭。就像拜占庭一样，威尼斯全部的财富几乎都是来自商业。贸易是他们的生命与灵魂。但实际上它们的管理是不同的，表现在不同的形式上。用沃兹沃斯（Wordsworth）的话说，"如果威尼斯曾经是封地中最美的东方和西方的保护者"，它就是君士坦丁堡杰作的继承者，我们应该看到，它是抵抗亚洲入侵的首道防御。在瓦西里王朝统治时期，君士坦丁堡不仅抵抗着所有的外来入侵，而且贸易发展程度非常高。海港、强大的舰队、自由贸易政策都鼓励了商业的发展。

帝国的衰落

瓦西里王朝末期，帝国开始缓慢衰落。1057—1203 年，拉丁人夺取了君士坦丁堡，拜占庭的繁荣突然中断了，此时，欧洲最先进的文明处于无政府状态，接着又落入异族手中。在拉丁征服前的 150 年，帝国还很强大，为了说明它如何衰落，有必要彻底说清这一期间发生了什么大事，哪些事引起了帝国的衰落。

第二章
塞尔柱突厥人的入侵与帝国的衰落

在拉丁征服前的150年里,君士坦丁堡还是一个处于其他各族的包围中的岛,各民族都处于游牧状态,新族袭来、旧族撤去。诺曼人侵扰我们的祖辈,同时又在拜占庭制造麻烦。中亚大批游牧民族向西部挺进,在巴尔干和小亚细亚集中兵力。君士坦丁堡成为抵抗亚洲和阿拉伯入侵的屏障。从穆罕默德时期开始,西亚民族已经处于游牧状态,并向欧洲挺进。拜占庭帝国武装了最强的防线,用出色的能力保护了自己,西欧从未给予这一点公允的评价。匈牙利人、保加利亚人、帕齐纳科人(Patchinaks)、阿瓦尔人(Avars)、科曼人(Comans)、乌兹人(Uzes)等来到黑海北部,占据各自的地盘,他们遍及巴尔干半岛的一些地区及邻近地方。瓦拉吉亚人、克罗地亚人、斯泰基人(Sythians)等不断侵扰。就连我们的族裔瓦洛人和俄罗斯人也一起来到米克莱嘉德(Micklegard),显示自己的力量。但是,最主要的入侵力量还是来自小亚细亚。在9世纪,从君士坦丁堡出发,帝国一次又一次击退敌人,但侵扰又一次次袭来。在衰落前的150年里,君士坦丁堡继续用自己的文明抗击着异族,同时,这个国家又经受着致命的病疫。帝国最终还是击退了内外敌人。这些侵扰虽然都被击退,但同样消耗了帝国的实力,削弱了这个国家;在拉丁入侵前的最后15年,帝国内部出现一系列变革,麻烦不断,这些变革是无能人士发起的,最终帝国彻底被削弱，无法再抵抗西方的入侵了。

对帝国的攻击

帝国衰落前的150年里，受到来自亚洲和欧洲的侵扰。前者更为严重，是由突厥人发动的，从南方和西方入侵。这批亚洲的游牧民族，从基因上属于突厥人，但也包含其他部族，他们有时被称作科曼人，有时被称作土库曼人（Turcomans），但很少被称作突厥人。帕齐纳科人、乌兹人和其他不知名的部族偶尔也被称作突厥人。

来自亚洲

所有被称作突厥人的可能都与古代的斯泰基人是同一个族裔。斯泰基人有"弓箭手"的别称。斯泰基人、突厥人和土库曼人逐渐成为同义词，都被看作蛮族。直至今天，"突厥"与苏丹统治下的伊斯兰国家依旧是同样的意思。[1] 那些来自中亚的特定游牧民族被称作"土库斯坦"（Turkestan），属于图兰族裔，在传统习惯、语言以及影响上，与起源于雅利安人（Aryan）的其他民族没有关系了。好几个世纪以来，这一族裔不断向中亚平原移民，这些移民可能受中国人的压力，不断向西而去。这些人一直以来都是游牧者，富饶的草原饲养了数不尽的马群，当他们拥有杰出的军事领袖时能势如破竹地一路向西进攻。据说鞑靼皇帝多年来凭借至少50万骑兵占据此地，生活在这些平原的人有足够的力量控制马匹和群落。这些民族的早期历史很多都很模糊。拜占庭和阿拉伯的作家们谈到突厥、鞑靼、蒙古、土库曼、斯泰基、拜占庭甚至波斯人，往往不会进行区分。但是突厥人在人种上与

---

[1] 突厥人称自己为"Osmanlis"。这是一个现代名称，是用来区别那些把自己视作"Osman"或者"Othman"后裔的其他突厥人，这些人最后夺下了君士坦丁堡。

鞑靼[1]是有区别的,虽然这两个词的词根是相同的,他们都以放牧为生,是游牧民族,并且被视为蛮族,这和如今的贝都因人(Bedouim)和土库曼人一样。突厥游牧移民来自土朗(Turan),[2]在6世纪征服君士坦丁堡之前,他们被称为奥斯曼突厥人族裔,在帝国的北部和东部不断进行人口的迁移。首先,黑海北部沿岸一大片与小俄罗斯[3]北部相邻的地区是保加利亚、匈牙利以及后来的科曼人、帕齐纳科人、乌兹人进入欧洲的通道;其次,黑海以南成为大批突厥人侵扰帝国最后进入君士坦丁堡的通道。

塞尔柱突厥人

但是在突厥人已经开始迁徙之前,这一民族指的是10世纪末最为

---

[1] 我把鞑靼写作"Tartar"而不是"Tatar",因为我赞同Koelle博士:"Tartar"是最初的形式,且一直持续到与外国人,如中国人和俄国人有了接触之时,之后"Tartar"这个词才发生了变化。同样的情况发生在"Mogul"这个词上,阿拉伯人和突厥人开始用"Mogul",而不是"Mongol"来称呼蒙古人,今天当我们谈到蒙古时,仍然使用"Mogul"这个词。根据Koelle博士,"Tartar"是"move"或"draw"词的复制。"Tartar"相当于"Move-move",这突出了这一民族的特点,"Tartar"民族的这种"移动"的特点已经为人所熟知,这也成为今天土库曼人的特点。"Tartar"来源于"Tartarus",这种演变源自在法国圣路易时期的一个双关比喻。1241年,圣路易写信给母亲解释蒙古的凶猛进军时,说:"我们应该把'Tartar'人击退到'Tartarus',否则我们就会被送往天堂。"希腊的作家们使用了非正式的"raprapos"这个词。已故的O'Donovan告诉我"Turcoman"这个词来源于"T日",意思是"抽出"(draw)、"射击"(shoot)、"移动"(move),以及coman(一种箭),后者成为一个至今仍熟知的词汇;这一名称的意思是弓箭手,这与这一民族的特性十分相符。

[2] 我采用"Turan"这个词定义波斯人北部这个国家。波斯人称他们自己的国家为"Iran"(伊朗),对于北部"Turan"来说,这是一片野蛮之地。这些名称意思是光之地和黑暗之地。这一词义的转变源于雅利安人。Koelle博士的文章(*On Tartar and Tur*, *Journal of R. Asiatic Society*, *XIV. Part 2*)认为"Turan"来源于"Tartar-Turk"的结合,拥有相同的词根,意为"正在升起"(rising),或者"山地的"(mountainous)。

[3] 小俄罗斯(Little Russia),20世纪前,用于指乌克兰及其附近地区。——译者注

著名的突厥人。一般认为"塞尔柱"的名字来源自这一部落的创始者。塞尔柱闯入父亲的后宫,因而被逐出突厥,后来他和追随者踏上了游牧之路,一路向南,穿过雅克萨(Jaxartes),在撒马尔罕(Samarcand)安营扎寨。这支游牧民族骁勇善战,但很可能文明程度低,他们既没有建立城镇也没有城防,对农业一无所知;他们找适于放牧的地方而居,迁徙时,卷起帐篷赶着畜群,最后,他们的后裔终于在中亚定居下来。[1]他们的迁徙很可能表明了塞尔柱人是最有雄心的一批人。他们来自北部,身上带有从寒冷气候中得到的能量,不费吹灰之力就能完成征服。

信奉伊斯兰教

他们信奉伊斯兰主义,与同时期的本族裔向南迁移的人一样。他们着手与那些狂热的转变为伊斯兰教徒的信仰者展开一场宗教战争。

在这里,我要指出伊斯兰教对这个民族以及类似的伊斯兰教信仰者有什么样的影响。如果我们要理解塞尔柱突厥人取得了哪些进步,以及他们是如何在东方给罗马帝国以重创,那么这样的说明就很有必要了。

早期继承者们

穆罕默德及其追随者们取得了史无前例的巨大成功。先知在世时,整个阿拉伯就接受了伊斯兰教。632年,穆罕默德去世时,帝国已失去了大马士革和大部分叙利亚的领土;5年后,撒拉森人夺取了耶路撒冷;640年,又拿下了亚历山大;之后又攻下波斯和埃及;688年,对

---

[1] 提耶尔的威廉在 Histor, Occidentaux, p.22 中写道:他在小亚细亚见到了突厥人。这与今天对"Turcomans"(土库曼人)的描述相当一致。

君士坦丁堡发起攻势。中亚也出现一大波的征服潮。北非的基督教王国很快被灭亡,整个西班牙除了西北,其他地区都承认摩尔人的统治。看起来西欧必须得分享叙利亚和非洲的利益。入侵者翻越比利牛斯山,欧洲的平衡被打乱了,732 年,查理曼在图尔(Tours)战役中取得决定性胜利;这发生在穆罕默德去世后的一个世纪。早在几年前即 718 年,欧洲东部就经历了一次拯救,其重要性和图尔战役一样。阿拉伯人以最强大的队伍进攻君士坦丁堡,但 18 万大军和一支舰队被训练有素的拜占庭将士彻底击败。伊斯兰教徒的进攻被遏制,他们从东方到辛德(Sinde)的一系列入侵在君士坦丁堡前都失败了,这段历史也很快就被忘记了。

成功的原因

是什么让穆罕默德取得如此惊人的成功?穆罕默德用热情鼓舞着他的信徒,穆罕默德独特的教义以及阿拉伯和叙利亚当时的环境都促成了伊斯兰的成功。每位伊斯兰教区的哈里发(Caliphate)(或妄图夺权的伊斯兰教徒)都以穆罕默德的名义进行统治。穆罕默德对伊斯兰教区的管理与耶稣对基督教的管理是不一样的。穆罕默德只宣称他是真主的使者,彻底否定一切神圣的名号,他的追随者也决不会主张更高的权利;而另一方面,基督教则会普遍宣称耶稣即神。基督徒(准确点儿说是有些基督徒)认为《圣经》是宗教事务中的唯一指导,而所有的伊斯兰教徒都认为《古兰经》才是基督徒所认为的圣经,因此《古兰经》是日常生活中世俗和精神世界的主宰。基督教教会的组织形式多样,在很多方面对教徒进行管理,而在伊斯兰国家,这些教徒则由穆罕默德的继承者直接管理,先知的言行就是所有伊斯兰国家的道德标准。

进攻亚美尼亚

早在1016年塞尔柱突厥就入侵了亚美尼亚,自此,亚美尼亚就一直是攻击的目标。虽然入侵者经常被击退,但随着新移民的加入,其力量在增强,而且从富裕城市和相对文明的行省夺取的丰厚回报诱惑着他们。阿尔森城(Arsen)是攻占对象之一。它是小亚细亚东部最重要的城市,是亚洲贸易的中心,来自波斯和印度的货物经陆路在这里中转,然后运往东部帝国和欧洲;这里满是亚美尼亚人和叙利亚人开的商店;据说这里有800座教堂,30万人口。虽然还没有拿下这座城市,但图格里勒的将领把它付之一炬。由于财富受到极大的破坏,亚美尼亚的商业受到极大的打击。这只是突厥人在与印欧民族"交往"过程中诸多破坏活动的开始,这些活动致使最富有的、人口最多的城市变为荒漠。虽然阿尔森被毁,但亚美尼亚人进行了英勇的抵抗。1048年,图格里勒的军队遇到了最强大的亚美尼亚军队,那次战役虽然不是决定性的,却迫使突厥将领不得不把进攻方向转向小亚细亚。同一年,图格里勒亲自带兵入侵东罗马帝国的行省,进攻了卡尔斯公国(Kars);在进攻曼奇科特(Manzikert)时,被迫撤退到波斯;1052年,他再次进攻帝国,但是在瓦洛人的协助下,希腊人迎战图格里勒,侵略者因为害怕不敢冒险开战。8年以后,他试图从美索不达米亚边界入侵帝国,但没有取得成功。

图格里勒成为哈里发

图格里勒成功地影响了他的追随者们和伊斯兰教徒,有两人争夺哈里发的位置,一人在巴格达,另一人在埃及。图格里勒利用自己的影响力支持在巴格达的竞争者,击败并处决了反对他的首领,密谋以自己代替哈里发[1]，因此他成为莫索尔王朝[2]的保护者和伊斯兰的领袖。图格里勒死于1063年。

他的继承者是"强壮的狮子"阿尔斯兰（Alparslan），在位时间是1063年到1073年。我的目的并不是详细记述这位苏丹的生涯。他生中不断地对小亚细亚的帝国进攻，并殃及格鲁吉亚和亚美尼亚。后者在工业、商业以及文明方面取得极大的发展。阿尼（Ani）——亚美尼亚的首都，1064年被这股侵略风暴袭击。卡尔斯的王子俯首称臣，并容许其作为臣国，维持公国的地位。不久之后，这位王子以扎曼多斯市（Tzamandos）作为条件，把领土让给帝国。卡尔斯的居民们感觉无法对抗伊斯兰教徒们的下次进攻，有的向西逃入卡帕多西亚（Cappadocia），有的向南投奔他们的同胞们，他们想依靠当地的首领们站稳脚跟。1070年，阿尔斯兰攻下曼奇科特，各种各样的小公国建立起来，他们的统治者们并不能抵抗塞尔柱的入侵。

进攻小亚细亚

位于边界的国家壁垒被打破了，突厥游牧者开始如洪水般涌入帝国。小亚细亚的条件对入侵者来说具有强大的吸引力。

目前的形势

我们知道作为一个国家，帝国并不包含士麦那（Smyrna），士麦那被认为是相当于英国、法国或德国的第三或第四大城市。这个城市的

---

[1] 头衔为 Emiroloumera, Prince of the Princes of the Supreme Head of the Empire of the Caliphs. Von Hammer, p.12.
[2] 托鲁尔的授权仪式是在入侵帝国之前还是之后不能确定。Cedrunus 和 Zonaras 认为是在入侵帝国之前，而 Weil 在（*Geschichte der Chalifen*, iii. 87）中认为是在入侵帝国之后，Von Hammer 则没有给出结论。

希腊人口不受限制，几百年来占据着法兰克大片聚居区，因而富足兴旺。通过投降的方式，没有受到突厥的残暴统治。小亚细亚的肥沃地区由于交通不便，产品无法运往市场，因而处于荒凉的状态。生命和财产得不到保障使得人民无心生产，只满足于基本需求。虽然不出百里就有富足之地，但有些地方时不时会闹饥荒，有些地方的人民饥寒交迫、处境悲惨。曾经人口稠密的地区，由于动荡而被抛弃。像以弗所（Ephesus）这样的城市，曾经人丁兴旺，拥有高度发达的文明，但也被彻底抛弃了；在尼西亚（Nicaea），人口还不及以前的百分之一；从那些不幸留下来的面黄肌瘦的居民身上，可以看到致命热病的余威，这样的天灾正是对一个城市文明堕落的惩罚。在塞尔柱突厥人入侵期间，小亚细亚是一个遍地城镇的地区，位于繁荣的省份之列。而曾经为政府和个人创造过财富，并打造了西欧最重要的流通媒介的新罗马交易市场却几乎要破产了。富饶的土地上出产的大量谷物被输送到首都。这里处处都反映出当地的生活与文明特征，深深地烙上了希腊文明的印记。考古学家到目前为止几乎没有对小亚细亚进行发掘，但是通过对很多商旅进行的考察，可以发现不久以前这里相当繁荣。除了在小亚细亚内陆的商旅所走的路线之外，大量的废墟表明这里曾有很多重要的城市，但之前那些城市的名字人们已经无法确认，即便如此，在像米林艮（Millingen）、拉姆齐（Ramsay）等这些当代城市上，人们已经发现了很多已被遗忘的城市。

　　从当代和中世纪的商旅证据以及阿尔斯兰入侵时期的拜占庭的历史学家记载来看，小亚细亚生活着勤劳、聪明、文明的民族，这些民族是希腊混血儿，使用的语言是希腊语。多数重要城市都是文明的中心。城墙、竞技场、艺术品、水渠以及其他公共建筑等都表明这里曾经长治久安，各民族和平发展，城市生活富足，财富得到了广泛的分配。由于有希腊人这样勤劳智慧的民族以及历史上居住在小亚细亚的各个民族，再加上一个强大的政府提供的安全保证，小亚细亚肯定会富得起来。

阿尔斯兰在邻国不能抵抗其进攻时，把注意力转向了这片曾经给帝国首都贡献了很多收入的土地。在这里无须描述阿尔斯兰是如何横扫这个地区的，罗曼努斯·戴奥吉尼斯（Romanos Diogenes）是如何努力但于事无补的。塞尔柱强壮的狮子吞并了很多城池，摧毁了很多行省。卡帕多西亚（Cappadocia）沦为废墟，都城恺撒里亚（Caesarea）的居民被屠杀，圣瓦西里大教堂的财富被洗劫，这里的财富是好几代虔诚信徒的捐赠所积累的。美索不达米亚、米蒂利尼（Mitylene）、叙利亚、西西里亚等都被洗劫。为了帝国，皇帝带领军队向阿赫拉特（Akhlat）进军以保护亚美尼亚边界的时候，这队塞尔柱军队经过，强行穿过卡帕多细亚和利考尼亚（Lycaonia），到达科尼亚（Iconium），并洗劫了科尼亚，他们带着大量战利品撤退了。1073年，阿尔斯兰被杀，他的侵略生涯也就结束了。他葬于中亚曾人口稠密的梅尔夫（Merv），但是这座城市在突厥人的统治下衰退了。

塞尔柱人的权力顶峰

阿尔斯兰的继任者是他的儿子马立克·沙（Malek Shah）。在其统治期间，塞尔柱突厥人的权力达到顶峰。在穆罕默德的名义下，从亚洲中部大平原和周边国家来的游牧人民被征服，被纳入突厥人的统治之下。突厥斯坦（Turkestan），作为塞尔柱的主要民族——包含布哈拉（Bokhara）和斯马康德（Smarcand），他们在马立克的统治下融合在了一起。游牧民族的苏丹的统治在喀什（Cashgar）得到承认。除了波斯人和以上提到的国家，马立克的领土一度包含如今突厥人在亚洲的领土。马立克是一个有才能、精力充沛的人，特别擅长以民治民，来管理自己的领土。阿拉伯人鄙视、憎恨突厥人，视其为羊皮野蛮人，但他们不得不承认其强大，而且也佩服马立克所表现出的求知欲与科学精神。马立克统治的国家长期处于极度混乱状态。很难想象11世纪最强大的力量会出现在这里。但是塞尔柱帝国在1092年马立克去世的时候就崩塌了。内战后，这个帝国分成四个部分。马立克死后50年里，塞尔柱在萨迪杰（Sandjian）的领导下再次雄起。萨迪杰在东方被誉为第二个亚历山大。虽然塞尔柱人在叙利亚的时间长一些，对十字军造成了阻碍，但帝国顽强的反抗使得苏丹一直没能重塑马立克帝国的威风。

塞尔柱帝国的分裂

马立克帝国分裂后，唯一引起我关注的就是从罗马帝国分裂出去的地方，其首府主要位于科尼亚，如今这个城市叫作"科尼埃"（Konieth）。在突厥人心中，它有一定的神圣性，因为这里与第一批苏丹有关，这些苏丹有权成为哈里发。苏丹马立克在其离世的18年前，停止了与其表兄弟苏莱曼（Suliman）的争吵，同意苏莱曼成为在基督教帝国领土上的塞尔柱人的苏丹。

罗姆的苏丹

从苏莱曼开始，出现了著名的强盗阵营，其中著名的包括罗马或罗姆的塞尔柱突厥苏丹，或者科尼亚的苏丹。苏莱曼使自己彻底独立于大苏丹马立克·沙。到那时为止，突厥人在征服小亚细亚时的政策一直是摧毁。芬利甚至说他们的目的就是减少这个国家的人口，以让其同意在帝国的边界内建立游牧民族的永久驻地。[1] 突厥人与小亚细亚的关系在某种程度上与这种目的相符。经过长期的劫掠，边界国家的人口减少了，帝国各行省也变得贫穷了。塞尔柱突厥人在1050—1150年期间做了土库曼人和库尔德人在奥斯曼突厥人后50年统治时期对亚美尼亚所做的事，不同的是，塞尔柱突厥人人数众多，在其后有难以抵抗的人口。每次洗劫都削弱了帝国，这代表了基督教世界中突厥人力量的变化。对于参与洗劫的人来说，最大的诱惑就是从富人那里缴获的战利品。他们可能是出于野蛮的破坏精神，也或是为了确保战利品以便于下次洗劫，往往会焚烧摧毁占领的第一批城池。随着逐渐深入小亚细亚的腹地，他们在摧毁的土地上搭起帐篷。基督徒们被赶出城市，有的屈服于塞尔柱人成为农民，被视为农奴一样对待。这些基督徒果断地与命运抗争。入侵者一次又一次被击退，到了苏莱曼时期，虽然突厥士兵人数庞大，也可以重新夺取帝国居民的土地，但后者团结一致共同对敌。在罗马第一任苏丹时期，其政策发生了显著变化。苏莱曼认识到只要城市居民反对，只要他们能通过罗马的大道路与首都取得联络，只要有充满敌意的农业人口，他就不可能维持对征服地的统治。

联合农民

因此苏莱曼决定为佃户反对他们的领主。贵族们在农村中对可耕作的土地拥有相关权利，这是他们财产的一部分。有时，这些贵族终身拥有这些土地，英国人将其称为"个人拥有的土地"。更常见的情况是农村社区又和贵族共同拥有土地，这在俄国和印度的农村也很流行，

---

[1] Finlay, ii, p.33. 我的印象是突厥人太野蛮了，他们对土地的利用就是放牧。

叫米尔制度。苏莱曼容许这些社区奴隶或农奴在纳贡给他之后拥有土地。换句话说,苏莱曼通过剥夺地主的利益,让农民完全拥有土地,把他们拉拢到了自己这边。这个政策非常成功,一百年的时间里,大批基督徒蜂拥而至,正如我们所见,他们在接受苏丹的保护下没有受到欧洲纷争的侵扰。

塞尔柱的定居者

截至苏莱曼统治时期,与早期被阿拉伯征服一样,虽然小亚细亚遭到突厥人的破坏,但没有被进一步侵袭兼并。形势对苏莱曼极为有利,在罗马帝国内也有很多他的追随者。在迈克尔七世(Michael VII)统治时期(1071—1077年),一名富有的诺曼士兵拉塞尔·巴约勒(Russell Balliol,其名字与苏格兰历史有关)支持小亚细亚的皇帝,他似乎有为自己建立公国的想法,于是占领了本都(Pontus)的锡瓦斯(Sivas)。一支帝国的军队反抗拉塞尔,但在桑格如斯(Sangarius)河源头被击败,主要的将领们被关入监狱。大获全胜的诺曼人向索利波斯(Chrysopolis),也就是现在的斯库台(Scutari)行进,在距离该城不远的地方,即博斯普鲁斯(Bosphorus)的海岸边,以焚烧房舍的方式,宣告大军的到来。但是拉塞尔清醒地意识到作为一个外国人他不能为自己戴上王冠,他决定自己选一个国王,于是选择了被他抓获的帝国的将军恺撒·约翰·杜卡斯(Caesar John Ducas),他是皇帝的叔叔。面对大军压境以及在小亚细亚的失败,再加上欧洲反抗的威胁,迈克尔七世做出了一个致命的决定,他与苏莱曼签订协议,任命苏莱曼为塞尔柱突厥人占领的行省的总督。作为回报,苏莱曼提供军事支持。通过这个协议,突厥人在这个国家站稳脚跟,其对小亚细亚的统治不可动摇了。在突厥人的帮助下,拉塞尔向皇帝屈服了,但之后,当拉塞尔被抓起来鞭打，像野兽那样被关入笼子，这就是皇帝的责任了，而三年后，皇帝将不得不请拉塞尔帮忙对付反叛的波塔尼阿提斯（Botaneiates），因为迈克尔七世向突厥人请求援助时被拒。而拉塞尔提供了援助，在瓦洛人的协助下，击溃了波塔尼阿提斯的反叛。

波塔尼阿提斯是另一个夺取皇位的人。他在1077年后不久即宣布称帝，名号为尼基弗鲁斯三世（Nicephorus III）。突厥雇佣军投靠了他，在雇佣军的帮助下，他占领了尼西亚，之后的100年里，这里成为帝国与突厥斗争的中心。波塔尼阿提斯的军队向索波利斯（Chrysopolis）和卡尔西登（Chalcedon）推进，马上要到君士坦丁堡。在突厥人的帮助下，波塔尼阿提斯几乎所向披靡，但1078年他被抓住了，被挖去了双眼，瓦洛人再次成为拯救帝国统治的利刃。

塞尔柱人到达马莫拉

没有必要详细记述帝国和塞尔柱人在之后的100年间所进行的斗争，只须记住塞尔柱突厥人在小亚细亚站稳了脚跟。他们已经在马莫拉（Marmora）夺取了好几个据点，有时几乎临近博斯普鲁斯。东西方当代的作家都认为小亚细亚的南部和西部在11世纪末几乎都臣服于帝国。[1] 最强的地方是尼西亚，它是帝国古老的首都，防御工事牢固，距离君士坦丁堡仅约70英里。

在一个世纪里，突厥人不断征服，眼看就到新罗马了。虽然有过几次失败，但他们一直在前进。同时，在叙利亚，撒拉森人征服了所有的基督徒。帝国在亚洲失去的领土与在欧洲拥有的相当。帝国的政治家们在关键时刻活跃起来，不遗余力地想阻止敌军的前进。不幸的

---

[1] Will of Tyre, III. I. Record, vol.i, pp.112, 113.

是，在苏莱曼取得成功的同时，帝国还需应对其他敌人。诺曼人罗伯特·维斯卡德（Robert Wiscard）在都拉斯（Durazzo）西南发起进攻，成功击败了掌管西西里的意大利总督，另一支突厥人在欧洲东北边界与帝国激战。除此之外，新罗马还必须抵抗亚洲仇敌。

突厥人的成功引起了西方的注意

当拜占庭的军队在东边保卫欧洲的时候，西方那些机智的政治家们发现突厥人和撒拉森人的攻击正在威胁着基督教国度。教皇是这些人中的佼佼者。教皇与拜占庭帝国有过激烈的争吵，因为后者拒绝承认旧罗马提出的主权原则，但当他们看到帝国正在发起对抗伊斯兰教徒的战争时，整个西方也有意提供帮助。1074年，教皇格列高利七世（Gregory the Seventh）号召所有基督教徒的统治者们，集结兵力帮助东罗马的皇帝抗击突厥人。几个月之后，教皇又号召所有信徒援助帝国对抗异端。在教皇发出号召的四年后，突厥人变得比以前更加强大。一方面，他们吸收了东方新涌出的游牧民族力量，这些人只知道用战争来占有；另一方面，借助觊觎皇位的人，他们巩固了自己的势力。这些觊觎者请求突厥人的帮助，作为回报将几座坚固的城池送给他们。这一时期，一位亚美尼亚作家把苏莱曼统治下的罗姆王国描写为从幼发拉底（Euphrates）到君士坦丁堡，再从黑海（Black Sea）到叙利亚。安娜·科穆宁（Anna Comnena）——皇帝阿莱克修斯的女儿——说帝国的各个地方在这个时期经受着致命的动荡，突厥人在东方肆虐，罗伯特·威斯卡德在西方点燃战火，帝国从未沦落到如此可怜的地步。[1]

---

[1] Ann Com. III. Chap.vi.

苏莱曼因对基督徒取得的胜利，获得了阿拉伯"勇士"（Ghazi）的称号，他以尼西亚为基地对抗周围的基督徒，甚至远到博斯普鲁斯，并在帝国城市的范围内征税。[1]

阿莱克修斯一世

阿莱克修斯——科穆宁家族的首位皇帝——努力驱逐入侵者，与敌人战斗并打败了他们，正如他女儿所想的那样：如果不是在帝国西方的罗伯特迫使皇帝求和，皇帝很可能会收复帝国在亚洲的行省。阿莱克修斯成功地签署了协议，在协议里，苏莱曼承诺他不会跨过德拉古（Drakon）。[2] 没多久，帝国在西方陷入困境，这迫使阿莱克修斯求助于突厥人，突厥人派出7000人。[3] 皇帝击退西边的入侵者后，再次试图限制突厥人的涌入。尼西亚总督阿布·卡西姆（Aboul Cassim）撕毁条约，突厥人再次进入马莫拉边界。突厥的领导者基利蒂·阿斯兰（Kilidji Arslan）——苏莱曼的儿子——于1095年成为苏丹，拉丁语作家常用和他父亲相同的名字来称呼他。

十字军运动的开始

但是，现在有新人物登上历史舞台了。在基利蒂·阿斯兰当上苏丹的同一个月，隐士彼得（Peter the Hermit）从耶路撒冷出发开始宣扬十字军运动。次年秋季，布永的戈弗雷（Godgrey de Boillon）带着一万骑兵和七万步兵向东方进军。十字军运动的早期历史也并不是我的关注点，只需记住虽然十字军运动给突厥人和撒拉森人带来不小的

---

[1] Will. of Tyre, 112, 113.
[2] Ann. Com. III. c.7. 这是在1081年。德拉古河流入伊兹米特海湾，河口之处坐落着当今的亚洛瓦。
[3] Ann. Com. V.c.4.

打击，但它也给帝国带来了很大的困扰。他们在很多方面忽视了希腊帝国臣民的权利，他们认为希腊人的信仰是分主教会的，因而常在宗教方面侮辱他们。当大批军队突然进入人口稠密的地区时，难免就供给问题发生纷争。根据吉本的描述：放牧者期待水源，因而引入恒河（Ganges）水，但却冲走了羊群和茅舍。阿莱克修斯请求帮助，但贪婪的帮助者强行闯入了他的领地。据说有50万十字军战士离开家园，他们混乱地向圣地进发。安娜·科穆宁把这支部队比作"海之沙"或"树之叶"，他们离开了欧洲根基，冲向亚洲。

但正是在小亚细亚，第一次十字军东征运动遭遇了主要障碍。十字军认为不可能攻克这些障碍给了我们一个衡量帝国所面对困难的很好标准。

十字军战士面前的尼西亚

尼西亚再次成为焦点。这座古城的形成和命名都与基督徒的信条相关，但它正处于突厥人的占领之下。曾举行过第二次大会的神智大教堂变成了一座清真寺。[1]阿斯兰尽其所能地让这座城市更加牢固。城市的部分城墙是在基督时代开始后，由罗马皇帝修建的，主要的城墙是由拜占庭皇帝修建的，这些城墙都被加固了，整个城市为阻止十字军的前进做好了准备。1097年5月，布永的戈弗雷带领一队人马，关于人数有各种各样的猜测，但毫不夸张的说法是有30万—70万人来到尼西亚，围

---

[1] 吉本谈到在尼西亚面前的十字军（vol.vi. Bohn's edition, p.386）：在第一次天主教大会召开的同一座教堂里，基督的神圣性被否决了、歪曲了。这是错误的。吉本看到的教堂是古圣索菲亚教堂。这个教堂转化为清真寺，现在成了废墟，但仍有迹可循其外形，其墙壁上还留有壁画和马赛克画，这都源自天主教。我在1882年4月拜访此地，对其进行了详细的考察，毫无疑问这里源自拜占庭，属于拜占庭中期建筑。与绝大多数拜占庭教堂一样，它是以神圣智慧教堂为模型建造而成，325年成为第一次宗教大会的举行地。但是，第二次大会也可能是在尼西亚召开的。

困了该城。在小亚细亚几乎没有出现过如此多的军队。将士们本应该毫不迟疑地前往圣地，但他们又不可能把突厥人的首都扔在身后。这座古城在美丽的阿斯卡尼俄斯湖（Ascanius）的东边，这个湖有30英里宽，没有通航出口可以到达马莫拉或穆扎尼业海湾（Gulf of Moudania），尽管有一些小河道可能连接着海湾。阿斯卡尼俄斯水产丰富，但十字军战士们没有船只，所以不能在湖南边获取水产以作为补给。

十字军在城市附近的山里发现了首支围城但一无所获的队伍的遗骸。这支队伍可能是由雷纳德（Reynard）率领，其中还有隐士彼得，在十字军正式出现后，彼得就被忽视了。这支队伍遭受了可怕的灾难。仅有的几名幸存者衣不蔽体，差点儿饿死。他们是被阿斯兰击垮的。在戈弗雷的带领下，大批十字军战士在此安营扎寨并与敌军开战，在兄弟的尸骨上，修筑防御工事。

城池被围时，阿斯兰离开家人，一直在外抗击围城者。周围环山为阿斯兰提供了安全保障，而对围城者来说却是巨大损失。围城持续了六七个星期，很明显，十字军人数众多。尼西亚三面受敌，攻城者以复兴尼西亚为目的，这也符合十字军的信条。苏丹不久就发现他面对的敌人与隐士彼得率领的纪律松散的人马不同。十字军战士充满了宗教热忱。神父每天与军队同行，鼓励将士要服从，要祈祷，要鼓起勇气。"众将士，"鲍德瑞（Baudri）[1]说，"是神的教会的代表。所罗门看到他们一定会说，你们是多么美啊！我所挚爱的人！你们就像橡树的壁龛那样坚韧！"

包围并占领尼西亚

埃德萨的马修（Matthew of Edessa）说："两军猛烈对战，战马

---

[1] *Bibliotheque des Croisades*，t. i.

在兵刃相交中颤栗,在呼啸而过的箭头中畏缩不前;地上满是枪戟残骸。"双方在对峙中更加仇恨彼此。十字军战士们砍掉敌军的头颅并将之系在马鞍上。他们用攻城器把砍下的头颅扔向城里,还把剩下的头颅当作战利品送给君士坦丁堡的阿莱克修斯。同时,城里的被困者把滚烫的油倒到攻城的十字军战士身上,击垮他们的攻城图谋。城墙日毁夜修。为了阻止从湖边来的突厥支援,十字军战士在第七周时从奇维多特(Giuitot),也就是现在的盖姆利克(Guemlik)经陆路运来大量船只,驶入湖区。这让被围者大吃一惊,打击了他们的斗志,但十字军战士却精神振奋,继续攻城。最后城墙被攻破,最坚固的城楼也倒塌了。次日,苏丹的妻子和两个孩子试图从湖上逃走,被基督徒活捉。整个城市危机四伏,必须弃城投降。让十字军战士颇为吃惊的是,黎明时分,阿莱克修斯的军旗飘扬在城市上空。

十字军战士首先想到的是有人背叛了他们。但更确切的是他们自己的领导层邀请了阿莱克修斯,他派兵接管了城池,这样一来,十字军就可以继续向圣地前进,既不耽搁行程也不会因为抢掠而堕落了。十字军不会洗劫帝国的城市,但他们要与异教徒开战。阿莱克修斯乘坐经陆路运来的船只,从穆扎尼亚海湾经水路到达该城。[1]

在这次战役中,十字军一方损失了13000人,而突厥人损失20万人。胜利的大军进入城里,新的麻烦又来了。凭着经验,西方的战士们认为帝国所面对的敌人非常顽固。掉队的士兵都被杀了。在去往安条克(Antioch)的途中,还没走到十分之一的路程,他们就在多瑞利奥(Dorylcon)遇到了苏丹。双方进行了激烈的战斗,最后十字军再次获胜,苏丹不得不急速撤退,寻求罗姆王国的支持。如果帝国皇帝与十

---

[1] Will of Tyre, p.127, Recuiil 655.

字军一起乘胜前进，小亚细亚很可能在西方军队的帮助下再次回归君士坦丁堡的统治。在其他伊斯兰教徒中，甚至有人提议要抛弃突厥人。阿拉伯人一直蔑视突厥人的无知与野蛮。巴格达的苏丹请十字军把突厥人驱逐出耶路撒冷。十字军战士们给那些认为叙利亚属于撒拉森的埃及苏丹的答复是：突厥人只是获得了强盗的权利。1098年6月，十字军攻下安条克。这次征服几乎是决定性的。在十字军的供给到来之前，36万突厥人围困该城。在战争的关键时刻，十字军发现一根假的圣枪，也有记载，说是一枚钉死耶稣的钉子，他们因而大受鼓舞获得了胜利。据说有上万名突厥人被杀。十字军缴获了敌人的营房和行李，突厥的将领也被杀了。一年之后，也就是1099年，耶路撒冷被攻击了。

第一次十字军东征的队伍和东罗马帝国的军队合力让突厥人遭到重创。通常情况下，战胜突厥人应该具有决定性意义。

每次被新移民击败之后征召突厥人

突厥的三路大军都被摧毁了。但是胜利过后，十字军面前又有新的敌人出现了。不断有新兵力从中亚输入，为伊斯兰而战，为掠夺新罗马而战。11世纪的情形在12世纪继续着。11世纪前80年，突厥和帝国之间的战争从未停止。帝国的文明与纪律在很多方面都是具有优势。希腊对胜利的记述可能值得怀疑，但亚美尼亚和伊斯兰的历史学家也多次提及他们的失败。

小亚细亚领土脱离了教化，被入侵者占领。11世纪的小规模征服在12世纪都变成了破坏或者建立定居点。11世纪初，那些人丁兴旺、一派繁荣的城市已经沦为废墟，那里的居民遭到无情的杀戮。[1]这场

---

[1] Nicetas, XIV. Alexis, ch.i.

战争像大多数宗教战争一样，哪怕只有一方充满宗教狂热，也会变得异常残酷。（战争中）没有宽恕。帝国的军队为了家园和生存而战，突厥人为了伊斯兰与战利品而战。

从11世纪初，即科尼亚的苏丹阿斯兰一世到阿斯兰二世于1192去世时期，希腊人[1]和突厥人之间战争不断。1105年，突厥人再次占领尼西亚；1108年，希腊人打败了在费拉德尔非亚（Philadelphia）[2]周围乡村抢劫的24000名士兵。四年后，阿莱克修斯发现有一支来自呼罗珊（Khorasan）[3]的新的突厥人来了，在比提尼亚（Bithynia）劫掠。这支突厥人被成功击退。根据一名作家[4]记载：再也没看到这批突厥人。另一位作家[5]则说：他们就像一股烟那样消失了。在帝国取得这些成功时，十字军在叙利亚北部站稳脚跟了，不断抗击突厥人。但是，突厥人的数量足以对抗十字军和帝国的军队。1111年，法兰克（Frank）的基训（Gihon）行省被占领；1112年，埃德萨伯爵鲍德温（Baldwin）发现很多突厥人正向他的公国挺进。[6]这个公国是由十字军在阿勒颇（Aleppo）东北建起来的。

两年后的1114年，阿莱克修斯在尼西亚和尼科米底亚［Nicomedia，也就是现代的伊兹米特（Ismidt）］附近再次抗击突厥人，由马利克沙（Malekshah）率领。[7]此人是阿斯兰的儿子。阿莱克修斯获胜后，向科尼亚进军。阿莱克修斯发现大批突厥人正在劫掠这个地区，他们

---

[1] 很难避免使用"希腊人"这个词。人们称自己为罗马人，不过拜占庭的作家们自己偶尔称他们为希腊人。
[2] Ann. Com. XIV.
[3] Ann. Com. XIV.
[4] Zonara, XVIII. 27.
[5] Michael Elyeas, II. 624.
[6] Matthew of Edessa, 212.
[7] Ann. Com. XV.

夺取了科尼亚附近的阿克谢希尔（Philomelium）。马利克沙失败，不得不求和，条件是突厥人保留其在击败罗曼努斯·戴奥吉尼斯之前占领的土地。[1]

塔尼斯曼带领下的新入侵

1126年，另一队突厥人出现在小亚细亚的北部，首领是塔尼斯曼（Tanisman）。塔尼斯曼是一名亚美尼亚叛徒，和他一起的是一大批波斯人。尼基塔斯说塔尼斯曼家族是当时帝国最残酷的敌人。塔尼斯曼俘虏了卡斯塔穆尼（Castamouni）。皇帝约翰·科穆宁与科尼亚的苏丹联合对抗塔尼斯曼及其继任者穆罕默德。这样的联盟十分危险，穆罕默德会引诱苏丹破坏协定。皇帝围攻下锡诺普（Sinope）以南的昌克勒（Gangra），[2] 但这次胜利极其短暂。在科穆宁离开后，穆斯林大批地杀了回来，又拿下昌克勒。在接下来的10年，战争时断时续，东面有亚美尼亚人、十字军，西面有帝国军队抗击突厥人。自从突厥人离开中亚以来，他们与帝国最为和平的时候就在这一时期。

1139年，突厥人在萨卡利亚河（Sangarius）集结兵力。这条河向北流入黑海，在尼科米底亚东约20英里。皇帝攻击他们，战争持续到突厥人被再次赶回了新恺撒利亚（Neo-Caesarea）。

1144年，突厥人再次大量出现在马莫拉沿岸。然后，他们又被赶回科尼亚。突厥人占领的地方都被洗劫一空。战争就这样时断时续，希腊人总占据一定优势。不论在什么地方，只要突厥人与帝国军队交锋，帝国军队凭借严明的纪律就会击败突厥人。突厥人对这一点心知肚明，他们也想运用帝国军队的战略以避免战败。

---

[1] Zon. XVIII. 27; Ann. Com. XV. 377.
[2] Nicetas, e. vi. 该作者在强调伊斯兰时，经常把波斯人和突厥人一视同仁。

约翰·科穆宁皇帝死于1143年，之后曼努埃尔（Manuel）继位。曼努埃尔是一位相当有才能的国君。当时，第二次十字军东征正在准备当中，此次东征涉及帝国的全部领土，让曼努埃尔相当为难，他必须关注时局，尽可能阻止如洪水般的人流占领自己的国家。

第二次十字军东征进攻突厥人

1147年，国王康纳德（King Conrad）首先带领日耳曼军队进入帝国。据说有90万[1]人穿过多瑙河。另一支十字军队伍在西西里的罗杰（Roger of Sicily）带领下，洗劫了半岛南端的底比斯（Thebes）和柯林斯（Corinth）。法国国王带领七万骑兵从多瑙河向亚得里亚堡（Adrianople）进发。当帝国皇帝把重点放在减轻十字军带来的危害时，突厥人正在涌入土地肥沃的吕底亚（Lydia），占领了米安德河（Meander）两岸，并向爱琴海进军。这些地方住着的主要是希腊人。1147年年末，康纳德在米安德与突厥人相遇，并击败他们。战斗异常残酷。突厥人不让日耳曼人通过，他们有足够的兵力可以进行拦截，但他们无法抵挡十字军的进攻，最后被打败。战场上尸横遍野。尼基塔斯说在经过的地方会看到堆积如山的尸骨，由此可以判断战争的惨烈。[2]康纳德的队伍在激烈的战斗中一度停滞不前，由于战斗和疾病，康纳德的兵力大大受损，只得撤退。最后，康纳德在尼西亚驻扎下来，等待路易（Louis）的到来。法国国王就在离康纳德不远的地方。1148年新年，法国国王与突厥人在米安德相遇。基督教世界的共同敌人再次被打败。1148年年末，科尼亚的新苏丹马苏德（Mahsoud）集结了

---

[1] 此处和其他地方我会引用这些数字。我相信这些数字是夸大的，但无法核对。
[2] Recuil, Nicetas. p.264. 博学的编辑在 vol.ii 的笔记中对尼基塔斯认为的战争的残酷性提出了质疑。

足够的兵力，夺取了马拉什。马拉什的居民主要是亚美尼亚人。马苏德胜利后，像往常一样，洗劫了周边地区。一年里，除了安条克城之外，安条克公国的其他地方都被马苏德占领了。

直到1155年，皇帝曼努埃尔与十字军战士一直在对抗突厥人。突厥人再次被击败，撤出之前占领的土地。马苏德于1156年去世，但这也没有影响战争。他的帝国被三个儿子瓜分：[1]其中，基利蒂·阿斯兰占领了科尼亚，这是最有实力的一部分，但他最后失去了这部分领土；另外一个儿子卡帕多西亚的苏丹与阿斯兰不和。皇帝曼努埃尔支持卡帕多西亚的苏丹，并派兵支援。但在曼努埃尔还未到来之时，阿斯兰就放下武器向皇帝投降。阿斯兰被带往君士坦丁堡，这是一个胜利的时刻。根据当地人所说，阿斯兰受到很好的待遇，也极有面子，因此他承诺以后支持帝国的皇帝。[2]但他一离开君士坦丁堡便背弃了诺言，对帝国所收复的小亚细亚城市展开一系列的攻击。

在接下来的五年里，其他两个伊斯兰国家也给帝国造成了麻烦。他们是波斯人和来自凯拉特（Khelat）的突厥人。格鲁吉亚的国王乔治（George）再次艰难生存，他对凯拉特的突厥人发起攻击，带领八万士兵击退了敌人。乔治又带领军队在边界取得了一系列胜利，直到1166年，他失败了，阿尼城（Ani）落入阿斯兰二世的手中。在随后的几年里，曼努埃尔逐渐战胜这些入侵者，1167年，曼努埃尔在尽力重建帕加马（Pergamos）、埃德雷米特（Adramyttium）和其他小亚细亚的城市。

---

[1] Nicetas，Man. III. 6.
[2] Nicetas，III. Chaps. V. and vi. 突厥人苏丹的出现震惊了君士坦丁堡。尼基塔斯说："上帝发动了地震来阻止胜利，地震摧毁了精美的房舍，上帝通过各种征兆显示他的不满。"这位教士说："皇帝与他们的想法一致，上帝不容许一个叛逆者获胜，不会让他们把圣物、十字架当作主要的装饰。"

但是1175年，战争再次爆发，多瑞利奥（Doryleon）的苏丹再次燃起与帝国敌对的怒火，多瑞利奥在萨卡利亚（Sangarius）地区具有重要的地位，邻近地区适于放牧，很适合苏丹的游牧部落。他们洗劫帝国，焚烧了希腊人的村落，完成了突厥统治中最本质的摧毁计划。

皇帝曼努埃尔失败

帝国的皇帝集结大批军队，主要由塞尔维亚人（Servian）和匈牙利人组成，向林达库斯（Rhyndacus）进军。苏丹的军队因吸收了来自美索不达米亚和亚美尼亚的突厥人也增强了实力。但苏丹不愿意冒险开战，愿意以任何条件来求和。皇帝回复说他只能在科尼亚进行谈判，于是向科尼亚前进。时值夏日，希腊军队忍受着炙烤。在希腊军队热得精疲力竭之际，突厥人对其展开攻击，重创帝国军队。帝国在这次战争中失去了大批精兵良将。皇帝也带伤而逃。第二天，突厥人继续进攻，希腊人撤退了。米安德周围的地方被劫掠，帝国皇帝遭到来自突厥人最严重的牵制。但是，1179年，皇帝再次集结力量，把突厥人击退，科尼亚回到曼努埃尔的手中。突厥人不久又重开战争，夺取了几座城市。

1180年曼努埃尔去世，帝国内部陷入皇位纷争，觊觎皇位者为了君士坦丁堡的皇位而寻求突厥人的支持。曼努埃尔的继承者阿莱克修斯只统治了不到三年的时间，这个年轻的皇帝在15岁的时候就被弓弦绞死了。谋杀他的人就是安德罗尼库斯（Andronicos）。安德罗尼库斯登上皇位，但大部分人质疑其合法性，他的敌人拒绝交出尼西亚和布尔沙（Broussa）。有关这两座城市稍后会叙述。1185年，安德罗尼库斯被废黜，继任者为伊萨克·安格洛斯（Issac Angelos）。新上任的皇帝困难重重，无法克服。既有外部的入侵者，又有内部的觊觎皇位者。从统治的第一年开始，他被迫每年向科尼亚的突厥人纳贡。安德罗尼库斯曾与撒拉森的统治者萨拉丁（Saladin）签有条约。根据条约，前者支持后者对抗西西里人，夺取巴勒斯坦，作为交换，萨拉丁助其夺回科尼亚，同时规定巴勒斯坦是帝国的封地。伊萨克又更新了条约，承诺向科尼亚纳贡。可能没有哪项条约比这更能说明帝国皇帝的困境。萨拉丁立刻进军夺取了巴勒斯坦，1187年又拿下了阿卡（Acre）、恺撒利亚、扎法（Jaffa）、纳布卢斯（Nablous）、莱姆（Ramleh）以及其他城市，[1] 最后又夺取了阿斯卡隆（Ascalon）和耶路撒冷，结束了他的征服行动。

耶路撒冷的陷落使得格列高利八世不得不号召德国人，发起新的十字军东征。在一定程度上，萨拉丁遵守了与伊萨克签订的条约。他把俘获的希腊人送往君士坦丁堡，也赠予帝国珍贵的礼物。萨拉丁的使团在君士坦丁堡受到了礼遇。帝国的皇帝也与萨拉丁修订了条约，甚至回赠了更珍贵的礼物。

突厥人与帝国更多的是敌对关系。内部纷争削弱了帝国。帝国取得了对突厥人的一系列胜利，但这120年里它也一直深受其侵扰，有过失败。不过，经历内部纷争后，新罗马又继续前进。突厥人抢掠劳迪西亚（Laodicea），袭击帝国的薄弱之处。科尼亚的苏丹发现新的十字军运动会给帝国带来麻烦，于是派人给腓特烈·巴巴罗萨（Frederic Barbarossa）送信，说能帮助他从小亚细亚向圣地进军。

帝国与十字军战士间的差异

十字军战士给了科尼亚苏丹希望，此时，帝国的皇帝正在接见萨拉

---

[1] Michaud, iv. 201.

丁的使者。目的不同的结盟持续了一段时间。帝国与阿拉伯人联合抗击突厥人，帝国在西方的代理人则与突厥人进行了联合。对于基督教世界来说，这样的分裂的确让人遗憾，但必须承认希腊人全力以赴对付罗马帝国在西方的代理人，与突厥人不可能和平共处。十字军战士与突厥人之间的联盟也似小孩的游戏一样。当十字军战士进入小亚细亚时，突厥人曾表现得很友好，甚至给他们提供支援。但不久之后，他们的友谊就终止了。实际上，当多达上万的军队出现在某地时，一定会引起当地居民的敌视。这种不自然的联盟破裂了，麻烦也就出现了。

塞尔柱帝国的分裂

1188年，阿斯兰把王国分给10个儿子。[1]这一划分表明突厥人完全把小亚细亚当作自己的领土。他们深信这种划分并不会削弱自己的力量。一年前，在这些儿子们之间还爆发了战争，其实这有助于十字军战士向圣地进军。1190年春，占有西瓦斯（Siwas）的库特贝丁（Koutbeddin）进攻腓特烈的部队。根据记载，经过一个月的激战，30万突厥人被击败。[2]在其中的一次战役中，有5000突厥士兵被杀。科尼亚被占之后，27000名敌军伤亡，腓特烈大军继续前进。行进至亚历山大勒塔（Alexandretta）附近，他收到亚美尼亚的利奥的援助。亚美尼亚的利奥也在与突厥人作战。这个事件非常有意思，证明了亚美尼亚王国的力量，同时也说明只要条件稍有变化，一个从亚历山大勒塔到里海的强大基督帝国可能会重建，这将成为基督教世界的第一道防线。利奥继续帮助十字军战士。最后，1200年在阿斯兰的儿子发生纷争之时，他接收了哈伊·霍斯劳（Kai Khosroe）——这位科尼亚的苏丹，为这位逃

[1] Von Hammer, i. 29, and not xix.
[2] Tageno of Passar.

亡者提供庇护。事实上，塞尔柱突厥人由于帝国的不断抗击以及亚美尼亚和格鲁吉亚的重建已经变得非常虚弱；当德国的十字军出现时，他们又遭受重创，直至君士坦丁堡衰落之前，几乎再也没听说过塞尔柱。

斗争让帝国精疲力竭

但是，由于长时间与这个勇猛、疯狂又有恒心的敌人作战，小亚细亚的居民已经精疲力竭。为了对抗侵略者，帝国强制征税，而老百姓只要有一丝和平的希望，愿意接受任何条件。帝国的很多基督徒利用突厥人开出的诱人条件，从帝国向苏丹控制的地区迁移。

我已经对与塞尔柱突厥人的交战作了描述，这说明帝国面临的困境有多严重。虽然在一系列战役中，塞尔柱突厥人失败了，但是他们不断卷土重来。大批军士被杀，但新的军队又出现了，夺回原来占领的土地。虽然帝国的胜利在多方面来说都是决定性的，被杀的突厥士兵那么多，帝国可能认为敌人已经被消灭殆尽。十字军战士也认为他们对敌人的打击是毁灭性的。但是不断有移民从中亚涌入并加入侵略者。罗马人和十字军都无能为力，无法阻挡他们的出现。同时，我们也看到帝国还面临其他敌人。在一个半世纪的时间里，帝国一直在与突厥人作战，土地在减少，税收也在减少。人力、财力成本都消耗了帝国的国库，帝国不得不对臣民横征暴敛，而人民难以承受。

事实上，在小亚细亚的人民遭受悲惨境遇的同时，基督徒们也许宁愿让突厥人取代帝国进行统治。很多地区已经荒芜，村庄已经消失，古代闻名于世的城市已经衰落。小亚细亚已经不是帝国财富的源泉了，已经变得非常虚弱。蛮族的入侵虽然不断失败，但在战利品与宗教狂热的驱动下，新的力量不断补充进来，这大大削弱了帝国的实力，使帝国的资源几近枯竭，声誉逐渐下降。

第三章
北方入侵与帝国的衰弱

为了了解拉丁征服前的150年内帝国不断遭受来自北方的袭击是如何发生的，我们有必要回顾一下，对于巴尔干的人来说，君士坦丁堡的地位如何。作为欧洲的防卫前线，帝国不断地在与西进的亚洲各族作战。几百年来，亚洲这些民族沿黑海北上，直到12世纪结束，这一运动仍然没有完全停止。

巴尔干半岛的多民族分布

君士坦丁堡，正如我之前形容的那样，在拜占庭各个皇帝统治时期，就像被各民族包围的一个岛一样。在帝国的北边、西边和南边，随着大批人口归顺，不到10年，这里就发生了一些大的变化。君士坦丁堡和巴尔干半岛的居民都不是希腊裔。比较语言学家也不能区分伊庇鲁斯人（Epirots）、色雷斯人（Thracians）以及马其顿的军民。但可以肯定的是巴尔干半岛一直以来不断有亚洲移民涌入。在拜占庭时代，爱琴海沿岸和各岛屿就有希腊人居住。伊利亚人（Illyrians）的后裔是北阿尔巴尼亚人，他们居住在达马提亚、波斯尼亚、黑塞哥维那（Herzegovina），帝国也有他们的后裔。在巴尔干和喀尔巴阡（Carpathian）之间，居住着大批斯拉夫人，他们在基督时代到来之前就在此生活了。巴尔干半岛北部的这种情况，也可以作为一个起点，用以考察随后那些涌入欧洲的移民。这种情形后来被不同民族的入侵打乱了。因为在巴尔干地区斯拉夫人占有重要地位，对其接触的各种民族都有影响，所以有必要知道在历史上他们是居住在这一地区的分布最广的民族。斯拉夫人居住的最南面是伯罗奔尼撒（Peloponnesus），关于这种说法众说纷纭。拜占庭的作家赞成这种观点，认为在巴尔干半岛以西有一个民族，他们就是斯拉夫民族，这是一个不同的民族，而且说的语言不同于希腊语。但是，我认为在帝国内部这些定居者被视为敌对者，而同时代的希腊邻居则把他们看作兄弟姐妹和解放者，这些邻居最有可能是阿尔巴尼亚人，他们在中世纪时被看作处于亚历山大大帝统治下的马其顿的后裔。[1]

匈牙利人

匈牙利人，也是图兰人，他们在5世纪的时候入侵斯拉夫的领地，摧毁了整个行省，把土地变为牧场。匈牙利人属于伟大的亚洲种族，他们给帝国带来很多麻烦，这是他们的天性。最后，匈牙利人推翻了帝国。拜占庭作家们称他们为突厥人。[2] 和其他族裔一样，他们也是野蛮民族。在9、10世纪，他们侵扰伊利亚和马其顿，摧毁了阿提卡（Attica）。我们总是发现，在这些或其他相似民族多次入侵后，在被迫撤离遭受他们掠夺的领土时，这些土地就会变为一个个永久的孤立居民点，而且这一特点会保持好几十年，但慢慢地，他们与邻近区域融合到一块。安娜·科穆宁提到了在11世纪时匈牙利人在奥奇瑞达（Orchirida）的聚居区。不过，她写道匈牙利人建立了边界，最远直至

---

[1] 见 *Documents inedits relatifs a l'Histoire de la Grece au Moyen Age*, by C.N. Sathas（Paris, 1880）前言部分。
[2] Leo Grammat, p.458, ed. Paris.

奥奇瑞达的北部。早期，很多匈牙利人都皈依基督教，并寻求接受皇帝的保护，这些人被安排在帝国各地的孤立的聚居区，很多聚居区直到不久前还保留了他们的语言。[1]最后，全部匈牙利人都变成了基督徒，12世纪末，他们组成了一个重要的基督教国家。

匈牙利人进攻帝国

匈牙利人一直以来都给帝国造成麻烦，经常让帝国军队格外分心，尤其是在1182年，当时帝国内乱，有人指责曼努埃尔的遗孀皇后玛利亚（Maria）煽动其妹夫即匈牙利国王贝拉（Bela）入侵帝国，进攻布拉尼左瓦（Branitzova）和贝尔格莱德（Belgrade）。玛利亚在这一时期担任小皇帝阿莱克修斯二世的摄政。玛利亚受到审判，被判有罪，遭到处决。贝拉借此机会进入帝国，对邻近的行省进行洗劫，虽然被击退，但在其有生之年，一直与帝国为敌。1189年十字军东征之际，贝拉全力支持腓特烈·巴巴罗萨。腓特烈军队的目的是进攻撒拉森人，这对东方的皇帝来说，绝对是个麻烦，而且贝拉受到匈牙利人、塞尔维亚人和保加利亚人的支持。撒拉森人摧毁了索菲亚附近的这个国家。腓特烈向菲利波波利（Philippopolis）挺进并摧毁了它，在行进中，所经之地全都被毁，他直击亚得里亚堡。在腓特烈还没到达时入侵的消息就传来，所以当他到达时，发现人们已经弃城而逃。在这里，他接收了帝国的人质，然后向加里波利（Gallipoli）进发，而且在黑勒斯波（Hellespont）已经准备好了横渡的驳船。腓特烈在帝国所经之处造成田野荒芜并烧毁村庄。腓特烈进入亚洲后，贝拉继续与帝国作战。贝拉直至1196年去世一直把帝国视作敌人。匈牙利人的历史与那些入侵

---

[1] Pouqueville, *Voyage de la Grece*, iii, p.74.

帝国的其他民族一样，开始的时候，他们来势汹汹，势如破竹，后被击败，大多数人被驱逐出去，有些留在帝国，但是却不老实。随着帝国的衰落，他们开始要求独立，对帝国总怀有敌意。

保加利亚人首次出现在帝国

几乎与匈牙利人的到来同时，一批保加利亚人从德涅斯特河（Dniester）向西，跨过多瑙河，建立了保加利亚王国。6世纪时，一批斯拉夫人出现在马莫拉，制造了各种恐怖行动。但是，这些人并没有在帝国内夺得永久聚居区。同一时期，伦巴第人横扫半岛，西哥特人（Visigoths）在萨洛尼卡（Salonica）建立了聚居区。

阿瓦尔人

阿瓦尔人跨过多瑙河，在帝国定居。他们像瘟疫一样穿过半岛，后被贝利撒留（Belisarius）击败。阿瓦尔人的入侵摧毁了波斯尼亚、塞尔维亚、保加利亚和阿尔巴尼亚的文明。保加利亚人被清除，经过的建筑都被摧毁，在罗多彼（Rhodope）山脉以南曾坚固的寺庙、教堂、水利工程和其他建筑都化为废墟，在该地区以北，只要是文明的东西，都被消灭殆尽。

斯拉夫人

如今在达马提亚和下伊利亚地区的斯拉夫人，都是被阿瓦尔人驱赶出来的后裔。斯拉夫人移民数量很大，进入这些国家，就开始了吸收过程，到12世纪末，早期的斯拉夫人发展情形和现在一样。提尔的威廉（William of Tyre）说当1097年十字军穿过达马提亚时，那里的居民说的是拉丁语，而位居其后的是说斯拉夫语的人。12世纪末，除了海岸附近的几个居住点以外,斯拉夫人口超过了说拉丁语的人口。

斯拉夫人不断推进,到达巴尔干半岛。不久塞尔维亚人占据了拉戈斯塔(Ragusa)和卡塔罗(Cattaro),他们在北方一直维持着自己的统治地位。在马其顿的斯拉夫人的聚居区处于孤立状态,有一些曾成为自治国,[1]也有一些完全消失,被希腊人或保加利亚人兼并。

保加利亚人第二次出现

7世纪,出现了一批新的保加利亚人,他们占据了多瑙河三角洲,并向瓦尔纳(Varna)推进。保加利亚是一个坐落在伏尔加地区的半文明国家,在13世纪时,被蒙古人入侵,这个国家就消失了。这些保加利亚人可能是乌拉尔人与芬兰人(Finns)的混血。当他们再次进入半岛的时候,不得不与斯拉夫人在多瑙河和巴尔干之间开战,不久,他们建立稳固的地盘,一直维持到现在。多瑙河北部的国家,也就是如今的罗马尼亚缘于瓦拉吉亚(Wallachia)和摩尔多瓦(Moldavia),而拜占庭的作家们常把它叫作保加利亚。但是,保加利亚人从未占据这个地方。保加利亚人向南、向西扩张,危及斯拉夫人、希腊人和其他帝国居民的利益。9世纪初,很多军事聚居区在保加利亚边界,沿巴尔干一线建立起来。帝国与保加利亚之间不断进行斗争,虽然保加利亚向南入侵的脚步被阻止了,但它仍然穿过半岛到达都拉斯。当保加利亚人站稳脚跟时,他们还没有被斯拉夫化。斯拉夫这个名称出现得很早,但他们的语言在最后都被遗忘了。虽然保加利亚人在10世纪四面受敌,但他们还是生存了下来。11世纪,拜占庭皇帝实行了根除政

---

[1] 南部斯拉夫人(Drugubites)占领了马其顿平原。Spruner在他的十字军时期的拜占庭地图里,指出这些人占领了从巴尔干到尚勒乌尔法之间的马其顿中部地区。可能从未进行过如此大的扩张。

策，瓦西里被称为"保加利亚的屠杀者"，执行灭绝政策，导致从半岛到都拉斯一片废墟。12世纪，保加利亚人居住在首都周围一些独立的聚居区，这与他们现在的情况一样。同样，在半岛南端，有很多斯拉夫人的聚居区。在奥林匹斯山邻近地区，今天瓦拉吉亚人居住的地方，也住着斯拉夫人。半岛到处都是这些民族的小型聚居区，他们侵扰着帝国。巴尔干半岛内部曾被视作斯拉夫尼亚。保加利亚人是一个人口众多、强大的民族，虽然其领土在不断变化，但面积非常大。直到拉丁征服时，他们一直都是帝国衰弱的原因之一。

帕齐纳科人

帕齐纳科人沿着边界一直向北直到黑海进入帝国，他们与匈牙利人一样也属于突厥人。他们曾居住在瓦拉吉业和摩尔多瓦地区。这两个地方好几百年来一直是亚洲民族与先定居在这儿的民族以及帝国居民之间的战场。帕齐纳科人既站在被他们夺取土地的匈牙利人一方，又受到新来的突厥人裔乌兹人的压迫。乌兹人11世纪入侵并击败帕齐纳科人。帕齐纳科人不得不寻求帝国庇护。他们得到了保护，但这些人并不听话，一些人皈依了伊斯兰教，其他则成为异教徒，其实他们都属于野蛮的诺曼人。11世纪末，乌兹人席卷摩尔多瓦和瓦拉吉亚，越过多瑙河，摧毁了这个国家，势力向南扩展直达马其顿。[1]帝国的军队在保加利亚人和新加入的帕齐纳科人的支持下，成功驱逐了乌兹人。但是，乌兹人还是在马其顿建立了聚居区。

在1200年之前，帕齐纳科人不断制造麻烦。1148年，一支帕齐纳科人队伍穿过多瑙河，入侵帝国。在曼努埃尔的有力统治下，他们

---

[1] Zonaras估计的人数是6万。

被击退了。但是他们一次又一次进行反扑。1186年和1187年，他们与保加利亚人联合洗劫了特拉斯（Trace）。帝国的最后几年里，内部斗争严重，面临的敌对情形也严重了。1200年，帕齐纳科人摧毁了马其顿。但是，这一民族也几乎消亡殆尽，另一支强大的游牧民族在后方对其进行攻击。

科曼人

这支强大的突厥人就是科曼人，这一名称来源于"土库曼"这个词后半部分。[1] 科曼人和他的前辈们一样，来自中亚的俄罗斯和黑海之间的地区。起先，这些人的活动只限于今罗马尼亚地区。他们就像其他诺曼人一样，使用弓箭、投枪和盾牌，喝马奶。1200年，当帝国受其他敌人围攻时，科曼人劫掠了特拉斯，但是由于后方受到俄罗斯人的攻击，所以他们不得不撤退。1201年，科曼人与瓦拉吉亚人联合起来又反攻回来。

瓦拉吉亚人在马其顿

瓦拉吉亚人比之前提到的大多数民族都有活力，他们给帝国造成很大麻烦，大大削弱了帝国。这个民族是来自斯拉夫还是盖尔特，或是威尔士呢？他们是古罗马统治下的臣民吗？他们是不是学习了很多拉丁文字，甚至盖过了自己的母语，还是他们的拉丁文只保留了其语法模式吗？他们是达契亚（Dacia）的拉丁殖民者，还是混合了其他民族？所有以上这些问题都存有异议。值得注意的是，直到10世纪，在巴尔干南部还没有人居住，但是安娜·科穆宁提到了一个叫俄泽

---

[1] 拜占庭的作家们在地理上总是不严谨，有时会把科曼人与住在俄罗斯南部的一支芬兰人相混淆。

班（Ezeban）的村庄，它在奥萨山（Kissavo）附近，瓦拉吉亚人就住在那儿，[1]几乎同时，在巴尔干南部瓦拉吉亚人成了一个伟大的民族。他们说的语言和拉丁语稍有不同。提萨利（Thessaly）在12世纪期间被称为大瓦拉吉亚。法语编年作家称其为"伟大的布拉克"（Blaquic la Grand），这与拜占庭作家一脉相承。在提萨利的瓦拉吉亚人后来被称作库佐—瓦拉吉亚人（Kutzo-Wallachs），除了他们之外，在达契亚生活的罗马尼亚人的祖先也是瓦拉吉亚人，还有达马提亚的黑瓦拉吉亚人（Mavro-Wallachs）。根据匈牙利和拜占庭的作家所述，在12世纪，一批又一批的瓦拉吉亚人生活在从蒂萨（Theiss）到德涅斯特（Dniester）的地方。提萨利的瓦拉吉亚人是否与多瑙河北部的瓦拉吉亚人有亲缘关系值得怀疑。但拜占庭作家使用的"瓦拉吉亚"这个词的词义为"放牧者"，这与所有瓦拉吉亚人的拉丁文的意思一样，这就是他们的唯一联系。拜占庭作家们有时把这些人看作罗马人的后裔。瓦拉吉亚人居住在山区，极少生活在平原，所以他们应该是在希腊和阿尔巴利亚定居者之后来到半岛上的。他们可能是雅利安人的旁系，进入意大利后，归属了罗马人。在大多数民族进入半岛前，他们就在那儿生活了，他们受到罗马的影响。生活在多瑙河北部的瓦拉吉亚人随着达契亚的罗马殖民者后裔的加入而增加了。[2]

瓦拉吉亚人进攻帝国

不管这些人是谁，他们使帝国逐渐衰落，尤其在12世纪最后几

---

[1] Anna Comnena, p.245, ed. Bonn.
[2] 早期，达契亚的瓦拉吉亚人被认为是拉丁后裔。在约890年，利奥与匈牙利作战时，向这些人征税。"Vlaquos, qui quondam fuisse colonia Italorum memorantur, ex locis Ponto-Euxino vicinis irrumperc Hunnicam jubet".

年，帝国的麻烦接踵而至。1186 年，伊萨克在巴尔干攻打瓦拉吉亚人，瓦拉吉亚人受到保加利亚人的支持，但是帝国的军队还是把他们赶过多瑙河。瓦拉吉亚人又寻求帕齐纳科人的支持，再次与帝国军队开战。帝国的带队将军是康塔库泽诺斯（Cantacuzenos），被瓦拉吉亚人击败。布拉拿（Branas）接任康塔库泽诺斯，他比前任幸运，但在其遏制叛乱之后，自己却走上叛乱的道路，反抗皇帝，进攻首都。1189 年，瓦拉吉亚人、帕齐纳科人和保加利亚人对色雷斯（Thrace）发起毁灭性攻击，他们与帝国军队展开交锋。1193 年，他们洗劫了该地区，帝国军队被打败。战争又进行了两年，伊萨克皇帝亲自带兵上阵。1196 年，在新皇帝阿莱克修斯三世忙于追击皇位觊觎者时，帝国军队遭遇惨败。瓦拉吉亚人和保加利亚人进攻至罗多斯托（Rodosto），他们洗劫了周围的地区，与帝国军队再次交锋，但被击败。这两个民族联合起来，成立了瓦拉—保加利亚王国，国王是约翰。两年后，一名叫克里索斯（Chrysos）的瓦拉吉亚人，试图在马其顿建立一个公国。他与帝国进行对抗，取得了斯特鲁米察（Strumnitza）和罗萨克（Rosak）两地，之后，他娶了皇族的一位公主，不再进攻。

1202 年，保加利亚的约翰希望终止与帝国的关系，派人去见教皇英诺森三世，想让教皇为他加冕，让他成为旧罗马的代表。这里该进一步交代一下，教皇扰乱了新诞生的北部巴尔干国家的忠诚。由于教皇对东正教存有敌意，他竭力削弱东正教主教的权力，鼓励这些王国与君士坦丁堡脱离关系。1202 年，英诺森派代表团到塞尔维亚，说服塞尔维亚教廷归附于他的领导。

塞尔维亚人进攻帝国

斯拉夫人建立的塞尔维亚已经成为一个非常重要的国家，12 世纪末，它经常进攻帝国。拜占庭作家们经常把塞尔维亚人称作特里巴莱人（Triballes），把他们比作野蛮的高山人和强盗。100多年来，他们一直在制造麻烦，不服从帝国的统治。1124年，他们又发起叛乱，但被帝国打败，有一部分脱离了这一族裔，来到小亚细亚，定居在尼科米底亚。曼努埃尔统治时期，塞尔维亚人再次反抗，经过一次惨烈的战役，1170年，他们屈服于帝国。两年后，他们在威尼斯人的支援下再次进攻帝国，但又被击败。1192年，他们占据了内马尼亚（Nemania）、摩拉瓦（Morava），帝国与他们签订合约，承认其独立。

我们看到在几百年里帝国不得不与涌入欧洲和亚洲的蛮族作战，同时也不得不与在巴尔干半岛定居的未开化的民族作战。

帝国统治下的民族

12世纪末，瓦拉吉亚人和斯拉夫族裔的塞尔维亚人皈依天主教，而且赢得民族独立，他们在君士坦丁定都拜占庭的时候处于罗马人的统治下。匈牙利人是第一个在帝国内获得永久定居领地的亚洲民族，他们和保加利亚人的发展几乎一样，同时取得独立。更野蛮的民族有的被彻底摧毁，或者像帕齐纳科人、乌兹人和科曼人那样，还保留着自己的蛮族习性，或者成为伊斯兰教徒或者成为异教徒，他们没有受到新罗马文明的影响。虽然我们看到了匈牙利、瓦拉吉亚、保加利亚王国，或其他公国，但他们只是组成了国家却没有稳定的统治和政府。他们的边界不断在变化。如果他们第一年承认帝国的权威，在第二年就会宣布独立，并且其内部不断有新的权力争夺者出现。他们与邻国战争不断，直到12世纪后半期，虽然不断涌入的亚洲新移民不再野蛮，但对基督皈依者和非游牧者仍然充满敌意。

拜占庭帝国的历史事实上大部分是对野蛮民族的驯化史。帝国的居民、半岛南部的希腊人,以及各个岛屿的居民,都保持着对艺术、科技和哲学的传统。在查士丁尼及其继承者时期发展起来的神学和法学影响着拜占庭,帝国不会在意智者是如何激烈地处理这两个学科的,也不会在意微妙的特征,或者怎样提出神学和法律问题。在漫长的历史中,帝国的广大民众深受希腊精神熏陶。所有帝国的民族必定会受到这种精神的影响。匈牙利人和保加利亚人从野蛮和游牧世界走向文明。斯拉夫人皈依了基督教,东正教的伟大让这个民族走上文明的道路。帕齐纳科人、科曼人、乌兹人如果也感受到新罗马的影响,他们就会有足够的力量收复小亚细亚,不至于没有立足之地。1200年之前的150年里,帝国在小亚细亚的战争与在巴尔干对那些来自东北的游牧民族发动的战争相比没有那么严重,而且也断断续续的。帝国成功地把这些小亚细亚民族文明化。对于这些来来去去的民族来说,帝国的首都就如岩石一般岿然不动,同时,帝国是施政的楷模和中心,又是商业、法律、文明等方面的导师。帝国的征服一拨又一拨,使他们最后都归附在其统治之下,又迎接新的移民。

但是帝国的财富和实力在这一漫长的过程中被消耗。尽管首都的安全得到保证,阿拉伯和其他民族不能取胜,尽管在爱琴海和马莫拉的帝国的财产和安全得到保证,贵族依然住在豪华的别墅中,商人依然通行无阻,尽管在东欧和西亚人的眼里,帝国就是安全的保障,但帝国很长时间里没有实现和平。条顿人和拉丁人不断发展壮大,形成国家,其文明程度也在提高,但是帝国却在与亚洲蛮族作战。帝国一直以来不断征兵。很多叫不上名字的民族涌入欧洲,对于帝国来说,这些可能超出西方的人口。当查理曼在图尔取得胜利时(所有现代作家都把这次胜利看作从伊斯兰教徒手里挽救西欧的一次胜利),拜占庭一直在进行着同样目的的战争,而且这是一次持久的、更残酷的战争。

在君士坦丁堡面前,阿拉伯人的失败,几乎发生在图尔战役同一时间,都是一次文明的胜利。在西方,对一支孤立的伊斯兰教徒的致命打击是决定性的,但是在东方,这种战役一次又一次重复着,好几代人都在挽救欧洲文明。但是这些努力很快消耗了帝国的力量,敌人逐渐赢得上风。小亚细亚的突厥人、保加利亚人、斯拉夫人、匈牙利人、帕齐纳科人、乌兹人、科曼人等在150年里,促使帝国走向衰落,而且为拉丁征服铺平了道路。

第四章
帝国内部动乱与其衰落

在帝国需要集中全力的时候,在半开化游牧民族从北方涌入巴尔干半岛的时候,在帝国几乎被来自小亚细亚的突厥人摧毁的时候,在西西里人、威尼斯人、十字军都对帝国充满敌意的时候,帝国内部出现了一系列的动乱,这大大削弱了新罗马的威望和势力。这些内乱并不是由帝国与外敌作战所直接引起的,大多数属于偶发性事件,但是可以肯定的是这些内乱增加了事态的严重性。假如在100年前,帝国面对众多外敌,会形成统一阵线,可能就会自己解决这些内乱。而现在内乱开始削弱帝国实力,最后加速了帝国的毁灭。

皇帝曼努埃尔

曼努埃尔[1]是一位精力充沛、能力非凡的皇帝,在位时期为1143—1180年。由于曼努埃尔对拉丁人情有独钟,习惯奢华的生活,所以他并不受臣民的欢迎。君士坦丁堡的居民抱怨皇帝特别优待意大利商人,但对本国的商人却不友善。曼努埃尔之所以倾向西方,部分是由他的性格决定的。

---

[1]曼努埃尔一世(1118—1180),是前任皇帝约翰二世的小儿子。——译者注

曼努埃尔的拉丁特征

曼努埃尔深受西方骑士精神的影响。他高大强壮擅长军事；[1]他的力量和好战的本性体现在他特别喜欢军队上；他的愿望就是追求西方骑士名望，而不是做一个罗马皇帝。君士坦丁堡很少有像曼努埃尔那么专制的皇帝，他有时把财力、人力和能力用来炫耀，而不是为了帝国。如果他能有约翰一世或"保加利亚屠杀者"瓦西里的精神和政治品格，这位皇帝的未来就会是另一番模样。他把前代积累的大量财富愚蠢地用于炫耀、赠予士兵和铸造比西方骑士的更重的枪击盾牌上，以此来取悦自己。

臣民们对这种炫耀并不在意，他们只看到皇帝对拉丁的一切东西都爱慕有加。他们也注意到每次皇帝娶的都是拉丁裔公主，皇帝的女儿玛利亚在1178年嫁给了蒙特弗特侯爵（Marquis of Montferrat）雷尼尔（Reynier），这桩婚姻酿成了苦果，西方作家们认为曼努埃尔把自己当成了萨洛尼卡（Salonica）的国王。[2]曼努埃尔铺张浪费最终造成大错，他忽视对军舰的维修，这更容易让敌人夺取首都。虽然曼努埃尔的后继者对前任的错误进行补救，但是在曼努埃尔统治时期形势一直未有好转。在曼努埃尔于58岁去世的时候，他一直挣扎着抗击突厥人在小业细业的进攻。曼努埃尔勇敢地与突厥人作战，渐渐抵制住了突厥人的进攻。虽然在他离世的六年前，他尽最大努力夺回了科尼亚，但军队损失惨重。突厥人攻击了在多瑞利奥的帝国军队。帝国军队再次驻守在位于尼西亚东南30英里的一个重要的大山关口，士兵们因患病而变得虚弱，将领们建议推迟对敌人的进攻，但皇帝拒绝了。军队

---

[1] Cinnamus, pp.72, 140.
[2] 从来没有希腊作家提到这样的许诺。

行进至一个狭道,在密列奥塞法隆(Myriokephalon)附近受到攻击,军队四散溃败,皇帝占有一小块领地,拼死与围攻的敌军作战,凭他箭筒里的30支弓箭成功突围。[1]在曼努埃尔统治末期,帝国与突厥人的战争不断,突厥人步步紧逼。尼西亚地区的苏丹在劝说下愿意维持和平。就像我们这个时代的苏丹马哈迪(Mahdi)以及所有突厥人的统治者一样,他们不进则退,势力开始变弱。

曼努埃尔的成功

除了突厥人,曼努埃尔还必须面对其他麻烦。西西里人、塞尔维亚人、匈牙利人以及威尼斯人都进攻帝国。皇帝要么击败他们,要么就与他们签订和约。由于西西里的罗杰的进攻,皇帝对抗科尼亚的努力化为泡影。曼努埃尔又必须防范第二次十字军东征的进攻,因而不得不与苏丹维持和平。由于曼努埃尔亲自带兵,所以他大部分时候不在首都,对宫廷和君士坦丁堡臣民的控制较弱。我们甚至看到曼努埃尔还鼓励外国人在首都定居,人们认为这就导致了意大利人拥有大部分的对外贸易权利。在1180年曼努埃尔去世的时候,君士坦丁堡的臣民们支持任何一个在外国人问题上与曼努埃尔政策相左的人。

阿莱克修斯二世登基

曼努埃尔留下一个12岁的儿子继承皇位,他就是阿莱克修斯二世。阿莱克修斯小时候身体虚弱,成年后却变得像尼基塔斯一样自负,他爱享受,但却没有能力。曼努埃尔一死,就爆发了争夺主要大臣职

---

[1]曼努埃尔在给英国国王亨利二世的信中,记述了这一战役,在曼努埃尔的队伍中有英国士兵。

位的内乱。阿莱克修斯的母亲即安条克的玛利亚本来要遁入空门，但为了儿子，她被迫重回俗世，控制了首都。不幸的是，玛利亚与头等贵族阿莱克修斯共享权力。不久头等贵族阿莱克修斯就被看作玛利亚的情夫。头等贵族阿莱克修斯是皇帝约翰的孙子，属于皇室成员。

宫廷内乱

玛利亚和贵族阿莱克修斯为了争取更多的支持，容许朝臣们掠夺财富，首都在一段时间内一片混乱。这18个月里，朝廷里充满阴谋诡计，最后头等贵族占了上风，他的目的就是要称帝。他把政府权力完全控制在自己手中，对皇后及其儿子的命令置若罔闻。他获得一份敕令，宣布非经他签署的皇帝诏书无效。已故皇帝的姐姐也叫作玛利亚，她是约翰[1]的妻子，与曼努埃尔的儿子以及其他人达成协议，为了使年轻的皇帝免受其母亲与头等贵族阿莱克修斯的控制，或者也是为了把这个少年皇帝赶下去让约翰登基。不管这个玛利亚是什么动机，她成功地迈出第一步，剥夺了头等贵族的权力，后来又图谋暗杀等贵族，但失败了，同谋者被捕。然而约翰和他的妻子得到人民的同情，他们躲在索菲亚大教堂（Hagia Sophia），受到意大利的角斗士和格鲁吉亚的战士保护，同时也得到了主教的帮助。很多居民对已故皇帝的姐姐的遭遇和头等贵族的傲慢深感气愤，他们支持已故皇帝的姐姐。教士们领导暴动者在大街上示威，支持皇帝，反对皇帝的母亲和她的情人，他们洗劫了支持后者的人们的家产。同时，皇帝和头等贵族决定把玛利亚抓起来，一队人马集结在大皇宫（Bucoleo），发起了攻击。这座宫殿与索菲亚教堂相邻。玛利亚也没有坐以待毙。在她的建议下，推倒了一座房子，以便攻守，

---

[1]这位约翰是指约翰·罗杰·达拉森诺斯（John Roger Dalassenos）。——译者注

同时快速建起了坚固的防御设施。在凌晨3点，又一轮战役打响。玛利亚的大量士兵受伤，从外面涌入的人们对他们给予帮助。但是，新的军队出现了，占据了通往教堂的街道。战斗越来越激烈，日落时，头等贵族派来的纪律严明的军队占了上风。玛利亚的军队从奥古斯都和其他建筑物撤离，但他们坚守着索菲亚的大门，那里竖立着大天使米迦勒的雕像。因为通向教堂的街道很窄，对敌人来说颇为不利，玛利亚的人马安全了。此时，主教带着信徒来到双方中间。约翰一方请求避难，宣布他本人和所有人所做的皆在保护教堂。主教与头等贵族进行谈判，警告他入侵教会的危险。有好几位人士被提名去起草和约。第二天玛利亚、约翰以及他们的随从放下武器，赦免生效。

这场斗争表明虽然人们在支持对象上有分歧，但大部分强烈反对头等贵族。头等贵族认为主教是罪魁祸首，命令主教从他在提瑞宾斯（Terebinth）建立的教堂撤出，这个教堂距离君士坦丁堡约10英里。这个计划受到玛利亚的阻挠，此时，她已经返回皇宫，虽然主教被派往潘特旁提斯（Pantepoptis），但不久在玛利亚的影响下，又恢复了权力。主教权力的恢复可以看作他自己的胜利，是对阿莱克修斯的羞辱。大批人簇拥着主教，在这些人中，有那些在教士和地方行政官员中很有名望的人。主教所经之地，焚木为香，满路芬芳。到处都充满着对主教的尊敬。人群相当拥挤，从西边的修道院到东边的大教堂，花了整整一天的时间。

人们期待安德库洛斯的拯救

人们把安德库洛斯[1]视为拯救者，因此他继承王位的可能性大大

---

[1] 安德库洛斯（约1118—1185），是伊萨克·科穆宁的儿子，皇帝阿莱克修斯一世的孙子。——译者注

增加。皇帝曼努埃尔自己也并没有继承权，他是约翰的第四个儿子。约翰的前两个儿子已经去世。在约翰离世的前几天，他召集家族成员和贵族们开了一个会，指出在帝国困难时期要选一位最有能力的人继承王位，不会考虑出生优先顺序。在伊萨克和曼努埃尔之间，伊萨克并没有表现出作为一位强大君王的资质，因而约翰就督促会议成员承认曼努埃尔为继承人。在多次征战中，曼努埃尔已经显示出作为君王的能力。伊萨克作为曼努埃尔唯一存活的哥哥，缺席了会议。但是会议的成员都赞成皇帝约翰的选择。曼努埃尔成为继承人，老皇帝一过世，他就加袍戴冠成为帝国皇帝。伊萨克被囚禁，曼努埃尔以帝国人民的意愿成为一国之君。

安德库洛斯的历史及其性格

安德库洛斯是曼努埃尔的堂亲戚，是伊萨克的儿子，年轻的约翰的弟弟。[1] 在曼努埃尔的儿子当政时期，帝国爆发了内乱，人民都希望松口气，摆脱玛利亚和她情人的统治。在曼努埃尔统治时期，安德库洛斯是一个麻烦，开始的时候，他和曼努埃尔还是好伙伴，两人年龄相当，但在1151年的时候，因为约翰·科穆宁被提升为头等贵族，他们之间爆发了一次争吵。安德库洛斯与耶路撒冷国王、塞尔柱突厥的苏丹以及匈牙利国王暗中定约，谋害曼努埃尔，但这些计谋被发现了，他被剥夺了布拉尼佐瓦和贝尔格莱德的爵位。安德库洛斯的自由风度、崇高的精神以及俊美的外表深得帝国首都民众的喜爱，他一系列冒险行为，让人想到英格兰的那些王位觊觎者，但却赢得了民众的

---

[1] 此外的伊萨克指的是阿莱克修斯一世的儿子伊萨克·科穆宁，也就是说这位伊萨克和曼努埃尔的父亲约翰二世是兄弟；而"年轻的约翰"指的就是约翰·科穆宁。——译者注

好感。很难找到这样一位能够自豪地死里逃生，赢得男女老少喜爱的王子。安德库洛斯的贵族身份，以及他高超的说服能力使他在每个地方都能赢得仰慕者。可惜，他又是一位伪君子，残忍、好色。虽然他擅长军事，但却缺乏勇气，是一名失败的将领。虽然他能吸引男女老少，但当物尽其用时，又抛弃了他们。

冒 险

在曼努埃尔统治的早期，安德库洛斯就开始了他的冒险活动。他被马苏德苏丹俘虏过。当他返回帝国时，当着皇帝的面与其堂兄弟伊萨克发生了争吵。伊萨克拔剑要杀他，曼努埃尔亲自出面，把他救下，但他受伤了，伤疤陪伴终身。安德库洛斯最为引人注目的情人来自皇室，就是他的表姐妹尤多西亚（Eudocia）。两人的结合被教廷视为乱伦，他的兄弟和其他亲戚极力要分开他们，但这些人的努力化为乌有，他的兄弟约翰与其他人合谋要暗杀安德库洛斯。在佩拉戈尼亚（Pelagonia），皇室成员住在豪华的帐篷里，大家都知道尤多西亚有一个习惯，总在特殊时段约见这位情人。当安德库洛斯离开尤多西亚的帐篷时，很多人就想杀死他。尤多西亚的密探得知了情报，于是安德库洛斯乘着随从吵吵嚷嚷点灯之际，在帐篷上割了一道缝，从卫兵中间爬着逃跑了。之后，安德库洛斯因为与匈牙利国王合谋，被曼努埃尔以"情人事件"为借口囚禁起来，戴上镣铐，投入塔楼。在塔楼里，安德库洛斯发现了一条向上的通道，他把这个通道掏大，最后踩着东西逃出了塔楼。卫兵发现时，安德库洛斯已经逃跑，他们禀告了皇帝。皇帝怀疑是尤多西亚暗中协助，于是把她抓了起来，投入塔楼。卫兵退出后，尤多西亚在塔楼里惊讶地发现自己的情人逃亡时的那堵墙处堆满了石灰与泥土。安德库洛斯逃亡不久就又被抓了回来，遭受了同样的"待遇",但他再次成功逃跑。他用蜡印下了牢房的钥匙,他儿子用这个蜡印配了一把新的,然后把钥匙连同一捆绳子和一罐葡萄酒送到他父亲的牢里。在一个漆黑的暴雨夜,安德库洛斯成功逃跑,他坐上了准备好的船只。为了躲过卫兵,他扮作船夫的奴隶,假装听不懂希腊语,成功逃跑。他来到自己的家,有一名仆人认出了他,最后他逃到边界。但是,他被瓦拉吉亚人抓获,要被送回帝国。虽然他无亲无故,但在回首都的路上,他又成功地从卫兵手里逃脱。途经一片森林时,他好几次假装因疟疾要求下马,最后人们信以为真,但他消失在了森林里。他丢下了一件斗篷和一顶帽子,帽子挂在了他用的手杖上。他逃到了加里西亚(Galitza)的俄国王子雅罗斯瓦夫(Jarosla)那里。[1] 在故乡,曾经伺候他的是一位忠心耿耿的突厥人。这位仆人被抓,在被鞭打后,脖子上套上绳索,被拉到街上,开道者高喊:"助王敌者,就该得此惩罚。"这位勇敢的仆人应道:"只要不落得叛主负义,我宁愿受此罪。"

安德库洛斯受到了热烈欢迎。这引起皇帝的害怕,害怕他与俄国沙皇联合起来,于是帝国皇帝保证不会加害他,邀其返回首都。

此时,曼努埃尔的第一任妻子去世了。虽然皇帝再娶,但没有子嗣。在出发抗击塞尔维亚王子德萨(Desa)的时候,曼努埃尔要贵族们发誓在其故去之后,承认匈牙利国王和他的妻子玛利亚即曼努埃尔的女儿为帝国的皇帝与皇后。唯一反对的人就是安德库洛斯。毫无疑问,他认为自己有权利继承皇位,不愿意许下以上的承诺,因为这会增加自己继位的困难。他坚称既然皇帝已经结婚,就会有儿子,因此那样的承诺是没有意义的。曼努埃尔不能得到安德库洛斯的

---

[1] Nicetas,168.

许诺，于是让他出任西西里亚的总督，实际上是把他困在了塔尔苏斯（Tarsus）。作为总督，安德库洛斯是失败的。在与亚美尼亚王子索罗斯（Thoros）的战斗中，他遭到惨败。失败后，他对王子本人发起疯狂、残暴、莽撞的攻击。虽然失败了，但这也有助于维持他的名声。

对安德库洛斯来说，他必须逃离帝国，以免被革职或者面临更严重的惩罚。安德库洛斯从西西里亚收取他能得到的金钱，带着大批随从来到安条克王子雷蒙德（Raymond）那里。安德库洛斯一直深得女人的喜欢。来到此地不久，他就爱上了雷蒙德的女儿菲利帕（Philippa）即玛利亚王后的妹妹。皇帝尽力想分开他们，给菲利帕安排了一桩亲事。但是，菲利帕与对方见了面就后悔了。家族和皇帝的威胁、劝说都是徒劳的。安德库洛斯害怕被雷蒙德抓住交给皇帝，就逃到耶路撒冷。他在那儿又碰到一位愿意为他不顾一切的女子迪奥多拉（Theodora），他表兄弟伊萨克的女儿。迪奥多拉成功取代了菲利帕。在基督圣城，十字军战士们的道德堕落，安德库洛斯和迪奥多拉的关系也不是什么秘密。皇帝再次尽力要把这个不逊的臣子捉拿回去，下令一旦逮捕了他就把他的眼睛挖掉。挖眼是对政治犯惯用的惩罚手段，因此经常有人遭此严刑。但该命令落入迪奥多拉的手中。安德库洛斯看了罪状后，感到必须再次逃亡，他跑到突厥人迦勒底的苏丹那里，寻求庇护。迪奥多拉陪伴着他。尼基塔斯是这样评价的："不管安德库洛斯面临怎样的危难，他都能机智地化险为夷。作为逃犯，他帮助突厥人洗劫帝国。他得到庇护者授意，召集了一队人马和冒险者，入侵帝国，掠走基督徒，把他们卖为奴隶。帝国的军队几次想抓住他，都以失败而告终。"迪奥多拉被投入监狱，但安德库洛斯却与曼努埃尔达成和解，取得宽恕，并返回首都。

1169年，当安德库洛斯与突厥人一起的时候，曼努埃尔的儿子出生了，他就是阿莱克修斯。安德库洛斯大部分时间都是自愿逃亡。与迪奥多拉在一起时，他们有了两个孩子。

回到君士坦丁堡

现在，安德库洛斯大胆地回到君士坦丁堡，巴结曼努埃尔。他脖子上套上铁链，外披斗篷，觐见皇帝时，面伏在地，铁链露出。他泣不成声，像一个卑微的哀求者，恳请原谅。曼努埃尔有很多缺点，但唯独本性善良，他让安德库洛斯站起来。安德库洛斯坚决不站，只有被牵到皇帝脚下，他才从命。皇帝宽恕了他，让他一直住在旁徒斯（Pontus）的奥韦里（Oenaeum），直到皇帝去世。

经历了太后与她情人的疯狂，君士坦丁堡的人们很自然就想到这位冒险家。安德库洛斯的阴险就在于，在一个政治教育还不发达的民族中，能让一个王子大受欢迎。他给人的印象是鄙视奢华，不喜欢大众的那种饮食享受，有节有度。人们认为他勇敢、有决断力。在人们看来，安德库洛斯的统治，要比一个儿皇帝和他那如果不是放荡也是愚蠢的母亲要好。安德库洛斯的莽撞与冒险被看作年轻时犯的错误，现在一切都已经成为过去。

安德库洛斯得知宫廷发生了分裂，他认为机会来了。他最后臣服于皇帝时，已经发誓不会重蹈覆辙，而且要竭尽全力，与任何违背皇帝利益的人和事做斗争。

阴谋夺取皇位

安德库洛斯很小心地藏起自己的誓言书，非常谨慎，但是他又十分圆滑，充分按照誓言书的内容，完成自己的目标。他给年轻的皇帝、主教和其他权力人士写信，希望为了曼努埃尔的荣誉，结束宫廷的淫乱，除掉头等贵族。尼基塔斯认为，在安德库洛斯的信里，充满了圣保罗的引语，让人觉得他是多么真诚，这些信产生了深刻的影响，很多人都相信安德库洛斯为拯救国家、为了小皇帝的安康而操心费力。在去君士坦丁堡的路上，他做着同样的事，受到人们的欢迎，接受了皇家般的礼遇，赢得了众多的追随者。很少有人能抵制这种为别人福祉而燃烧自己的爱国事业。而且安德库洛斯坦言只想解救小皇帝。安德库洛斯在尼西亚遇到了第一个阻力。头等贵族的兄弟总督约翰·科穆宁深信安德库洛斯的说服力，因而避免与他见面。安德库洛斯绕道到了尼科米底亚。安德库洛斯·安吉罗斯被派去抵抗安德库洛斯，但失败了。安吉罗斯的两个儿子后来先后登上王位。安德库洛斯胜利之后大胆地向君士坦丁堡进发，在普林基波（Prinkipo）对面的山上，点燃一堆堆的篝火，为了让首都的人们相信他带来了大军。

头等贵族收到警告，安德库洛斯越来越近，而他们对自己的军队却越来越没有信心。人民对安德库洛斯非常友好。虽然头等贵族有船舰、外国殖民者，但他不能保证他们的忠心。

试图抵抗安德库洛斯

头等贵族立刻把一切可利用的船只调动起来，给每艘船只配备了人员，一部分为罗马人，一部分为意大利人，并且给了他们很多钱。康托斯坦福诺斯（Contostephanos）坚称他对船舰的指挥是正当的，但是阿莱克修斯并不信任他，他情愿放弃，满足于围绕在身边的他所信任的朋友们。皇帝堵住了博斯普鲁斯海峡的通道，派出使节，捎了一封信给安德库洛斯，许诺了许多荣誉头衔、好处以及报酬，条件是安德库洛斯解散军队。使节失败了，尼基塔斯认为使节自己不赞同接受皇帝的提议。安德库洛斯回信说如果头等贵族和他的朋友们被撤职，如果皇后削发为尼，如果皇帝独掌大权，他就退休安享生活。

头等贵族对康托斯坦福诺斯将军的怀疑不久就被证实了。安德库洛斯答复后不几天，这位将军就带着船队投靠了敌方。头等贵族非常绝望，而他的对手则士气十足，他们举行集会，公开支持安德库洛斯。很多人来到迦勒底，带来了安德库洛斯的消息，又树立起"解放者"的名望。他们不再谈论以前那个捕获无数芳心，不断冒险越狱的青年，他们谈论的是一位让人着迷的长者，他高贵稳重，言语如蜜，他的品质就像埃尔蒙（Hermon）上的露珠一样，他说话引经据典，他大公无私，他的爱国精神人人可见。这个城市已经做好准备迎接安德库洛斯了。他的儿子们、朋友们都被放出来了，而且被授予宫廷里最好的官位。宫廷的瓦洛卜士兵逮捕了头等贵族及其随从，为了安全，连夜秘密地送往宫廷的教堂里。这些士兵对头等贵族非常残忍，他们不让他睡觉。主教想干涉但徒劳无功。几天之后，头等贵族被带了出来，骑着马游街。人们嘲笑他，他被从博斯普鲁斯河口一直拖到安德库洛斯的面前。安德库洛斯立即下令挖去他的眼睛。

安德库洛斯的成功

外国殖民者现在成为唯一反对这位深受喜爱者的人。他们支持玛利亚，这可能由于她是拉丁公主。安德库洛斯派军队攻打首都。希腊人像其他居民一样主动支持安德库洛斯。殖民者占据了通向金角湾（Golden Horn）的斜坡，他们被前后夹击，纷纷逃走。然而，很多人发现待在贵族的府邸很安全。那些被抓的都被处决了。其他人乘船逃往普林基波和贵族所属的其他岛屿，在这些地方，他们实施报复，烧毁修道院，抢劫当地居民。在争斗中，拉丁殖民者遭到了攻击，四散逃跑，这拉开了排外的序幕。

重要人物都跨过博斯普鲁斯海峡欢迎安德库洛斯。最后来到的是主教和主要的长老们。几天之后，这位觊觎者上船，离开达玛利斯（Damalis），前往首都。曼努埃尔曾经修建了两座塔，一座就在达玛利斯，名叫"美登塔"，另一座在塞拉各利奥角（Seraglio Point），名叫"曼根乃斯"（Manganes，这个名字来源于它邻近的一个宫殿）。[1] 按照安德库洛斯的要求，小皇帝和他的母亲被带到曼根乃斯。安德库洛斯拜访了他们，表示他会全心全意地侍奉他们。几天之后，他再访君士坦丁堡，看了曼努埃尔的陵墓，抓住一切时机给别人留下无私为国的印象。同时，他与朋友一起为进一步计划做准备。他怂恿皇帝享乐，遣散不能帮助他的人，把自己和阿莱克修斯信任的人召集到身边，重赏对自己有利的人。他也把很多人投入监牢，剜了他们的眼睛。

残暴行径

城市分裂，内战正酣，兄弟、父子反目相残，皇亲国戚在安德库洛斯的残暴措施下，甚至不如贱民。约翰·康塔库则诺斯（John Cantacuzenos）因向他的兄弟君士坦丁·安吉罗斯问好而被剜眼投入大牢。安德库洛斯全力以赴于他的梦想，狡猾地扫除异己。他施舍的恩惠不久就成为憎恨的标志和灾难的开始。当安德库洛斯的权力达到一定程度，其本性也就暴露出来了。第一个受害者就是玛利亚——曼努埃尔的姐姐。玛利亚和她的丈夫恺撒虽然开始反对安德库洛斯，但最后支持了他。据说玛利亚是被安德库洛斯毒死的，不久，她的丈夫

---

[1] 锁链连接着这两个塔楼，这条锁链也可能漂于浮标上，这保护了通向博斯普鲁斯海峡的入口。另外一条锁链绕过芒哥塔到达加拉塔，可能是在现代的海关边上。读者记得征服者穆罕默德在博斯普鲁斯和金角湾之间建起了一条通道，这就绕开了后一条锁链形成的通道。

也死了，在这样的情形下，人们不得不认为这种死亡是不正常的。

　　人们有时会怀疑安德库洛斯是否真的决心要当皇帝。他年老体弱，表面上似乎很乐意把王位继续留给小皇帝，而自己掌控帝国政治。但是，为了巩固自己的地位，他极力要促成阿莱克修斯和他的女儿伊丽娜（Irene）的婚事。这桩婚事是违反教规的，因为他们是堂亲。安德库洛斯召开会议，指出如果这桩婚事利于东西方和谐共存，能为其他人谋福利，哪怕这违反教规，也值得庆祝。主教和长老们反对这桩婚事，但反对无效。主教退隐到特尔宾斯（Terebinth）小岛上。新任主教批准了这桩婚事，婚礼没有举行庆典。安德库洛斯此时可能已经决定自己当皇帝了。

突厥人进攻帝国

　　突厥人此时利用帝国的内乱，再次发动进攻。曼努埃尔在死之前平定了突厥人，但帝国的纷争又使科尼亚（Iconium）苏丹重新开战。约翰·科穆宁从边界向安德库洛斯宣战。安德库洛斯派出训练有素的士兵前来迎战，奄奄一息的约翰在病榻上指挥两个儿子作战，最后安德库洛斯取得胜利。几天后，约翰离世，离战场不远的费城的人们投降了，约翰的两个儿子也跑到苏丹那寻求庇护，不久他们试图去西西里，但被抓。安德库洛斯下令剜了他们的眼睛。

审判太后

　　安德库洛斯在宫廷排除异己后，再次让阿莱克修斯在大教堂加冕。这位僭越者热泪盈眶，表达了对侄子的感情。但不久立即表明安德库洛斯正在为己而行。他抓紧时机指控太后。安德库洛斯像暴徒一样叫嚣着要流放太后。但是查士丁尼城的法律影响太大，安德库洛斯不能置之不理，于是他试探法官们。有三位法官说在回答前，他们必须知道这个问题是不是在司法上该考虑的。安德库洛斯极尽全力地想逮捕这些法官，他从后面撕扯他们的袍子。但是，法官们逃了出去。不久后，安德库洛斯找到更圆滑的借口，指控太后煽动她的妹夫——匈牙利的贝拉，夺取布拉尼左瓦和贝尔格莱德。太后被抓，以极端邪恶的罪名被投入大牢。

处决太后

安德库洛斯再次就玛利亚的案件让法官说出他们的意见，在确信对自己有益后，他宣告了对玛利亚的指控，迫使小皇帝签署对其母亲的死刑判决书，下令由玛利亚的两名亲戚处决她，但这两个人拒绝这样做。安德库洛斯就找其他人执行他的命令。安德库洛斯的屠杀名单上又加了一位。

在玛利亚被捕入狱期间，几位贵族曾密谋反抗安德库洛斯。但计划泄露了，一些主谋逃跑了，余下的人被捕。康托斯坦福诺斯和他的四个儿子以及许多人都被剜眼，还有一些被流放。

现在，安德库洛斯采取了更为大胆的措施。他的同僚因为维护了他的利益，也得到了很多好处。人民仍然喜欢他。所到之处，都能听到这样的口号："阿莱克修斯、安德库洛斯万岁！"

安德库洛斯登基

在布拉切恩（Blachern）的宫殿前举行游行时，当名义上和实际上掌权的统治者一起出现的时候，年轻的皇帝会请安德库洛斯一起分享皇帝的宝座，这样的请求一出，一些老幕僚们就把安德库洛斯抬上皇位，其他人则把他头上棕色的角锥形帽子脱下，换上一顶帝王红的帽子，披上帝王的外衣。第二天，安德库洛斯就在大教堂加冕了。值得注意的是，传令官宣布的名字顺序颠倒了，他高呼安德库洛斯——科穆宁的儿子，和阿莱克修斯——罗马的皇帝与王子。安德库洛斯再一次也是最后一次进行了反对，说他只是想保护阿莱克修斯的福祉，也只能为了此目的而接受加冕。但是加冕仪式一结束，安德库洛斯的支持者组成的委员会就剥夺皇帝的所有头衔，还没等宣布这些决定，这位苦闷的年轻人就被判了死刑。

小皇帝被谋害

第二天晚上，阿莱克修斯被杀，尸体被抬到安德库洛斯这个谋杀者面前，他踢了一下，说小皇帝的父亲是个骗子，母亲是个妓女，他就是一个蠢货。然后，把阿莱克修斯的尸体扔到了海里。

安德库洛斯实现了自己的野心，他撕下了伪装。虽然年老，但他坚持与11岁的法国公主安娜结婚。安娜本来是许配给阿莱克修斯的。

在短暂的统治期间，这位皇帝忙于在整个帝国镇压叛乱，执行冷酷无情的政策。他的一位将军拉帕达斯（Lapardas）一直在与匈牙利国王开战。匈牙利国王一发现阿莱克修斯被架空就进攻帝国。但拉帕达斯尽力想加入尼西亚、布尔沙或其他地方的那些不承认篡位者的派别中，他在阿拉密提姆（Aramyttium）被捕，按照帝国的命令，他也被挖掉了眼睛。以上提到的尼西亚和布尔沙两座城虽然遭到毁坏，但现在仍有城墙而且保存得很好。皇帝亲征尼西亚，但收效甚微。尼西亚容易防守，它的一面有阿斯卡尼俄斯湖，除非皇帝能控制这个湖泊，否则这儿的人们就敢公开挑战帝国。被围者对自己的力量非常自信，他们侮辱皇帝和他的军队，并且挖了一个出口，摧毁皇帝的砸墙锤和其他攻城器具。城里的军队是由塞奥多利·坎塔库泽努斯（Theodore

Cantacuzenos）和伊萨克·安吉罗斯率领。安吉罗斯后来登上了王位。安德库洛斯看到没有取胜的希望，想了一个震惊士兵的计谋。他派人到首都，把尤弗洛西尼（Euphrosyne）——伊萨克的母亲——带到尼西亚，然后绑到锤子上，这样城里就会担心伤及尤弗洛西尼，不会攻击拿锤子的士兵。但是，城里派出最好的弓箭手，继续射击而尤弗洛西尼安然无恙。被困的士兵又挖了很多出口，塞奥多利被杀，统帅的职位留给伊萨克。伊萨克可能认为他们的城池不会坚持很久，就拒绝了这个职位。主教督促人民与敌人停战，在征得大部分人的同意之后，向安德库洛斯提出投降。皇帝高兴地接受了他们，许诺保证他们的安全，但是大多诺言成为一纸空文，很多将领被从城墙上扔下，更多的被吊死或流放。

进攻布尔沙

安德库洛斯从尼西亚打到布尔沙。布尔沙的居民一度进行了英勇抵抗。但当城墙倒塌时，他们以为敌人冲进来了，一片恐慌，敌人趁机真的冲了进来。城市被弃，居民被杀。安吉洛斯的眼睛也被挖了出来，他被绑到一头驴上，拉到野外。如果不是被突厥人救下，安吉洛斯可能死去了。有40名将领被吊死，其他被削足、剁手或挖眼。安德库洛斯攻下乌卢巴特（Ulubat），挖了主教眼睛，然后凯旋。

伊萨克夺取塞浦路斯

安德库洛斯并不喜欢他的外甥贵族独裁者伊萨克[1]，但伊萨克想方设法要得到皇位。伊萨克来到塞浦路斯，成为这个岛屿的长官。他

---

[1] 伊萨克·安吉洛斯（1156—1204），他的祖母是皇帝阿莱克修斯一世的小女儿，因此他是科穆宁皇室的成员之一。——译者注

认为保障自己的安全，就该残酷地惩罚反对自己的人。安德库洛斯抓不到伊萨克，也惩罚不了他，就把怨气撒到伊萨克的两个亲戚身上。这两个人是伊萨克的保证人，其中一位一直是安德库洛斯狂热的追随者，而这两个人并没有能力控制、影响伊萨克。按照习惯，在耶稣升天节时，所有贵族都来皇宫参加仪式。这两位也到了，实际上他们是被带到皇宫的。

保证人被害

这位暴君使用的卑鄙手法之一就是让一位圣徒在贵族们面前捡起一块大石头，旁观的人跟着他，如果谁没做，就会被乱石打死。这两位保证人就是这样被乱石打死的。一位葬在犹太墓里，另一位被扔进金角湾海峡。

反对安德库洛斯

人民的情绪开始反转。他们认为安德库洛斯是一个残忍自私的暴君。皇帝现在急切地想除掉曾帮助他夺得帝位的人。虽然这位伪君子满眼含泪，遗憾法律的严酷，反对法官的决定，认为那违背自己的意愿，但大部分罪犯又不得不依法执行。人们仍旧把这一切归结于他的残酷无情。残忍是他统治的特点，这逐渐引发了不满。安德库洛斯开始的时候很受欢迎，他的俊美引人注目，哪怕他让情人们和妻室共聚一桌，只要能克制野蛮残暴，人们就会原谅他的放荡。

改　革

安德库洛斯也曾着手进行改革，他为此也出了名。虽然他压制贵族的抢掠，但自己却无情地抢夺贵族。他使收税官感到恐惧，对强征税款者严惩不贷。没有正义感的法官会因他而颤抖。他任命有能力的官员管理各个行省,坚持维护社会的稳定。他没施加新的赋税项目,但增加了皇家的税收。安德库洛斯在首都修筑了一条新的水渠,使通往都城的交通更为方便。用尼基塔斯的话说,安德库洛斯只有一个天平,既称着伟大也称着渺小,既放置强大也放上了虚弱。但当安德库洛斯被疯狂吞噬,那些优点就被遗忘了,他剩下的就是一个残暴的魔鬼。当他离开马莫拉的行宫回首都时,按照以往的经历,虽然只有六七里的路程,却成为别人致命的一天,有很多人成为他怒火燃烧的牺牲品。嗜血成为这位皇帝的最大热情,如果一天没有人被杀,他就会感到非常失落。

残　暴

安德库洛斯实施了几件非常重要的残酷行径。阿莱克修斯——曼努埃尔的亲生儿子,与安德库洛斯的女儿结婚。因为阿莱克修斯被控试图杀死皇帝,被挖了眼睛,判处终身监禁。这位暴君禁止他的女儿进宫,因为她违背皇帝的命令,为其丈夫哭泣并穿上了哀悼的服装。阿莱克修斯的大多数仆人都被挖眼。他的一名文书被活活烧死在竞技场,这种惩罚手段超乎寻常,震惊了所有人。特里斯库斯(Tripsycos)是一位重要的大臣,他的眼睛也被挖了出来。安提克里斯弗瑞德(Antichristophorides)作为皇帝暴行的主要执行者而幸免。监狱人满为患,大多数人被施以剜目之刑。

小亚细亚的突厥人不断集结着向帝国逼近,萨洛尼卡被征服,西西里人也在挺进,这让皇帝非常愤怒。他召开法官会议,注意让阿吉欧克里斯弗瑞德(Hagiochristophorides)也在席,咆哮着威胁法官们。皇帝向他们提出质疑——在目前的形势下,有很多人觊觎王位,他认为很多叛乱者已经跑掉了，他还怀疑在狱中有很多同谋者，这些人不仅与国家为敌，他们还怂恿敌人，只要他们不受到最严重的惩罚，这里将不会安全。那么，是否该要那些政治犯的命呢，死亡是否就是消除叛徒们敌意的唯一补救方式呢？他又认为对于敌人就应该以牙还牙。[1]安德库洛斯认为一切会如他所愿。由于皇帝的儿子，另一位曼努埃尔[2]的反对，判决并未通过。曼努埃尔认为只有法官的判决还不够，还需要有皇帝本人签署。判决太笼统，涉及太多人。这体现了查士丁尼法的精神。

进攻伊萨克

年老的独裁者每天对自己的安危忧心忡忡，他派阿吉欧克里斯弗瑞德去占卜谁是他的继位者。占卜的巫师在曼努埃尔统治时期被投入大牢，挖去双眼。巫师通过杯子里的微粒渣，预测伊萨克是继位者。皇帝认为这个人就是他曾经怀疑过的伊苏里亚[3]的伊萨克。阿吉欧克里斯弗瑞德决定带重兵，抓拿所说的伊萨克，阻止其继位。被捕者就是伊萨克·安吉洛斯，皇帝一直认为这个人不会惹麻烦。伊萨克拒绝跟阿吉欧克里斯弗瑞德走，阿吉欧克里斯弗瑞德就要逮捕他，伊萨克冲了过来，手拿宝剑，砍下了阿吉欧克里斯弗瑞德的头颅，然后他立即跑到大教堂寻求保护，哭着说他杀了阿吉欧克里斯弗瑞德。消息传开，同情伊萨克的人来到教堂。伊萨克凭着他的品德，虽然成为逃犯，依然有很多人愿意提供帮助，这些人与他的朋友们非常警觉，他们号召大家提供藏身之处或者加入他们一起进行战斗。第二天早上，很多

---

[1] Nicetas. Anronicos Comnenos II.
[2] 此处的曼努埃尔是现在的皇帝之子，与前文已经去世的不同，后文所提的"曼努埃尔"也为此处所指。——译者注
[3] 伊苏里亚王朝（Isaurian Dynasty），大约存在于717—802年，在小亚细亚的伊苏里亚所建立的，故名。——译者注

民众来到教堂,发誓要尽力挽救伊萨克,摧毁安德库洛斯。

伊萨克的反抗

阿吉欧克里斯弗瑞德死的那天,皇帝可能在马莫拉的马尔特佩(Maltepe)。[1]他得知这一消息后,知道大家同情行凶者,于是认为自己对阿吉欧克里斯弗瑞德的死不必小题大做,这才是万全之策。皇帝立即写信告诫人们不要煽动暴乱,说"过去的就过去了,将来也会既往不咎"。皇帝的朋友们也努力平复民众,皇帝自己也为此返回首都。皇帝的行动很及时。但是民众怒火中烧,因为几乎所有人的朋友或者熟人都曾是皇帝的暴行的受害者,民众对皇帝的迷恋早已不复存在了。暴徒们有武器的都带上了武器,他们打开了监狱。伊萨克被宣布为皇帝。索菲亚大教堂依旧是愤怒的中心,一个卫兵拿起挂在祭坛上的君士坦丁堡的皇冠,要给伊萨克戴上。伊萨克开始时拒绝了,他的保证人之一也是其舅舅年长的约翰·杜卡斯(John Ducas)被授予皇冠。但是,民众叫嚷着不会再要一个满头白发,留着山羊胡子的老皇帝了,[2]他们坚持让伊萨克登基。主教被迫举行加冕仪式。就这样,伊萨克·安吉罗斯加冕为帝国的新皇帝。

皇帝返回都城

安德库洛斯来到城中,立即去了与索菲亚比邻的大宫殿。他从窗户看到了所发生的一切。首先,他想袭击在教堂四周的人们。虽然下达了命令,但士兵看到所有人的目标就是让伊萨克取代老皇帝,而且

---

[1] 尼基塔斯说在 Meludion,康斯坦提斯说在博斯普利斯靠近 Beicos 的 Hunkiar Sealessi,这都与尼基塔斯的描述不一致。
[2] 安德库尼科斯硬币上的形象就留着山羊胡。

很多士兵同情这些反抗者,所以他们无心作战。现在安德库洛斯的皇冠摇摆不定。独裁者看到自己的命令得不到执行,他拿起弓箭来到阳台,射向人群。人们看到老皇帝,他们毫不在意射来的弓箭,也不在乎他做什么。老皇帝试图进行谈判,他站在阳台上,朝着教堂四周喊话,说要退位给自己的儿子曼努埃尔。如潮的人群围在伊萨克的周围,他们对老皇帝的话嗤之以鼻,说他们既不要老皇帝也不要他的儿子。人们对皇帝说着最难听的话。老皇帝的出现只会激起民众的愤怒。人们不再满足于拥护伊萨克为皇帝,他们要对他们的敌人展开攻击。喀里(Karea)的门被撞开了,人们涌了进来,他们追赶着敌人。安德库洛斯看到抵抗不起作用,只能逃跑。他扔掉身上戴着的十字架,脱下紫色厚底靴,把皇冠换成普通的俄罗斯帽子,重新回到大厅,带着他年轻的妻子,飞快地逃出首都,想逃亡到俄罗斯人那儿。

伊萨克称帝

伊萨克带领人们进入皇宫。皇帝逃跑了,抵抗结束了。伊萨克在极短的时间内占领了皇宫。暴动者们非常高兴。但整个形势一片混乱。伊萨克再次立即称帝并下令追捕敌人。暴动者们闯入各个宫殿,洗劫了财物。根据尼基塔斯的记载,不仅所有的钱币被拿走,还有二百磅的黄金、三千磅的银子、二百磅的铜也被洗劫一空。能拿的东西都被拿走了。甚至教堂也不能幸免,圣物被抢走,据说包含有耶稣写给国王阿布加鲁斯[1]的书信。[2]

---

[1] 国王阿布加鲁斯(King Abgarus),传说中埃德萨的最后一任国王。——译者注
[2] 在希腊教堂圣物通常价值巨大。在阿索斯山存放着圣女带以及大量的圣物,还有圣器。圣器里面有金银,镶嵌着宝石。在1883年,我到此寻访,见证了这些东西,它们精美无价。

安德库洛斯被抓

几天后,都城恢复了秩序,安德库洛斯也被抓了。虽然安德库洛斯跨过了博斯普鲁斯海峡,但在距基利阿(Kilia)的黑海入海口处几里外的地方停了下来,当地居民凭他的外貌和带领的随从猜测,这个人可能是某个避难的高官,但没有认出他是老皇帝。当地人甚至准备了一艘船抓捕他,但在安德库洛斯离开村子时,他们才意识到要抓住此人。不幸的是,大海又把老皇帝众人送了回来。村民们鼓起勇气抓住了安德库洛斯和他的两位女眷。他们绑了老皇帝,把这三个人运上船。老皇帝告诉这些人他是谁,他花言巧语地劝说押解的人放他逃跑,但无济于事。老皇帝被押回了首都,交给伊萨克。伊萨克已经占领了皇宫,他下令把安德库洛斯囚禁在安奈玛(Anema)塔。安德库洛斯戴着脚镣手铐,被带到伊萨克面前。在场的民众纷纷认为这个囚犯理所当然是他们的受害者。安德库洛斯成了公敌,人们觉得他该被大众处死。众人对他拳脚相加,牙齿被打掉了,白发也被揪下来。女人们比男人们更暴力,因为这位是曾经谋害、挖了她们丈夫眼睛的暴君,砍了她们丈夫的手脚,现在落入了她们手中,她们决定立即砍掉安德库洛斯的手,把他打入安奈玛的监狱,不给他吃喝。几天后,当安德库洛斯再次出现在暴怒的民众面前的时候,他的一只眼睛瞎了,头发也没了,只穿了一件普通的衣衫。他被放到骆驼上游街。在大街上,他置身于人们的愤怒、兴奋中,大家都急切地想结束这个恶贯满盈的人的性命。安德库洛斯被拉到竞技场,头朝下绑在两根柱子之间,悲惨地死去了。

伊萨克·安吉洛斯

伊萨克·安吉洛斯这位新皇帝是革命的产物。他并不热衷于当皇帝，只是为了自保才接受这个职位。伊萨克是一个软弱的君主，无法处理自曼努埃尔死后带来的各种问题。伊萨克是君士坦丁·安吉洛斯（Constantine Angelos）的孙子，君士坦丁迎娶了阿莱克修斯一世的最小的女儿塞奥多拉（Theodora）。君士坦丁的能力并不突出，1178年他的儿子安德库洛斯·安吉罗斯，因懦弱差点被穿上女装游街。伊萨克以及后继者阿莱克修斯三世就是这个懦夫的儿子。按照继承法，伊萨克没有权利继承王位。但是世袭继承并没有严格的律法。就这样，伊萨克被首都民众推上皇位，他的头衔和其前任的一样好。理论上，皇帝仍旧按照民愿进行统治，但是这种机制一直以来都没什么用。一般来说，当一位称职的子嗣继承皇位时不会遭到反对。但是当只有一个儿子时，如曼努埃尔时期的情形那样，人们感到缺乏一种大家都了解和普遍接受的继承法。在伊萨克登基后，他立即宣布废除死刑。这种情绪化的声明在我们的时代里也被同一个城市的君主这样做了，这是得到了很好的传承。

　　伊萨克登基时的内外形势比帝国早期的任何时候都严峻。西西里人已经入侵帝国。他们打着支持阿莱克修斯对抗安德库洛斯的名义，跨越巴尔干半岛，夺取萨洛尼卡，洗劫城池，一路向北，试图进攻君士坦丁堡。在小亚细亚，突厥人到处观望，不久就发动了第一次大规模的入侵，进攻帝国在欧洲的领土。伊萨克·科穆宁仍然占领塞浦路斯，他坚决拒绝把这块土地交给伊萨克·安吉洛斯。保加利亚人和瓦拉吉亚人看到帝国面临困难，准备反抗，试图让其后代拥有独立的王位。皇室成员在不同地方伺机叛乱，等待最佳机会夺取皇位。从1185年到1195年，伊萨克统治的10年间，麻烦不断，这些麻烦直接来自皇室成员之间的斗争。

帝国与西西里人的问题

　　伊萨克面临的首要大敌就是萨洛尼卡的诺曼人。帝国的将领经过奋战取得了胜利。莫西诺波利斯（Mosynopolis）被俘，敌军在德梅特里萨（Demetriza）战败。皇帝夺回了萨洛尼卡。阿莱克修斯·科穆宁督促西西里人进行征讨，并随军同行。结果被捕入狱，挖去了眼睛。很多试图登船逃跑的人在暴风雨中丧命，有的又退了回来，被对手杀死。

在德梅特里萨战役中，两位首领鲍德温伯爵和坦克雷德（Tancred）的女婿理查都被捕，被押解到君士坦丁堡并带入皇宫。他们两人态度傲慢。皇帝身披珍珠紫衣，坐在金光闪闪的皇位上，命人把他们带到面前。皇帝问鲍德温为什么他给受膏的帝王[1]写的信里态度如此傲慢。鲍德温面露轻蔑，答道帝王之剑足以对付那些柔弱的、赤手空拳的人，这暗指阿吉欧克里斯弗瑞德之死。鲍德温说虽然没穿铠甲，在野外休息也没有盾牌遮挡，但他怕的却是恩师的鞭打，对于战争和胜利的号角，他还是很陌生。[2]

鲍德温建议皇帝最好脱了皇冠，把一切权力交给能赢得战争的王子，好好维护这样的王子的名誉。皇帝耐心地容忍了这种傲慢。当鲍德温要解释其冒犯性言辞、奉承一下皇帝的时候，他和理查被押回了监牢。不久，鲍德温获释，他答应不再支持那些与皇帝作对的人。

帝国与突厥人的问题

但是伊萨克的敌人从四面八方逼近。科尼亚年老的苏丹听说君士坦丁堡发生革命，伊萨克上台，帝国军队忙于迎战西西里人的时候，他入侵色雷斯，并进行了大规模的洗劫，夺取了成群的牲畜和其他战利品，抓了很多俘虏。尼基塔斯暗示突厥人只有收到大批礼物和获得

[1] Nicetas, 477.
[2] Nicetas, 478.

每年纳贡的许诺才会撤退。

帝国与瓦拉吉亚人的问题

伊萨克通过和匈牙利国王只有 10 岁的女儿联姻,才免受侵犯。这桩婚姻使他面临新的麻烦。为了满足婚礼的开销,皇帝向巴尔干的瓦拉吉亚人[1]课以重税。瓦拉吉亚人在彼得和阿桑兄弟俩领导下揭竿而起。他们曾到首都表达不满,但却被看作野蛮人而受到侮辱,在返回家乡后,他们就发起了浩大的反抗运动。彼得加冕称帝,穿上皇袍,夺取了很多战利品,抓获了很多俘虏。伊萨克亲率大军,把敌人赶过多瑙河。当皇帝启程回宫时,阿桑在帕齐纳科人的支持下立即又杀回多瑙河。伊萨克没有回皇宫,就派自己的舅舅大贵族约翰去进攻敌人。但是王室之间充满猜忌。不论什么行动,开始之前,伊萨克总会提醒这位舅舅,他认为后者会利用皇家军队夺取皇位。约翰最后被皇帝的女婿约翰·坎塔库泽努斯(John Cantacuzenos)代替,后者已经被安德库洛斯挖了眼睛。这位盲人将领不久就遭到不幸。敌人退到山里,帝国军队紧追其后。一场战争爆发了。阿桑利用地形优势,把帝国军队打得粉碎。在这一过程中,约翰跳上战马,号召士兵跟着自己前进,但却没有方向。

布拉拿的反叛

阿莱克修斯·布拉拿代替约翰成为将领。这是一位小心翼翼的士兵,他曾试图夺取皇位,想在首都发动革命,像伊萨克一样登上皇位:布拉拿来到大教堂,说自己反抗西西里人,争取在场的人们支持他抗

---

[1] Nicetas 说,现在所说的瓦拉吉亚人是密西亚人。

击伊萨克。但是，伊萨克原谅了他，现在提升他为将领。战争胜利后，他在亚得里亚堡称帝，向首都进发。布拉拿掌握了帝国最精良的部队，行至城下，他极力想说服士兵打开城门，拥他为帝，但他失败了。于是他发动军队准备攻城。皇帝派出禁卫军进行反击。帝国军队与叛军激战一天。叛军训练有素、纪律严明，再加上西西里人的帮助，所以占有一定优势。禁卫军只得退到城内。布拉拿也命军队休息五天，准备发起全面进攻。他派一队人马包围金角湾北面，在马莫拉召集渔民和水手，加入围攻。在博斯普鲁斯[1]和金角湾的交汇处，在小船之间，展开了一场激烈的战斗。这些小船易于驾驭，给笨重的大船带来不少麻烦。尽管最后大船取胜，但在危急时刻，这些小船都能靠岸，得到叛军的保护。

康纳德援助伊萨克

叛军准备对首都实行饥饿围困战术。阿莱克修斯·布拉拿禁止一切从陆路运往都城的供给。在击败帝国海上军队后，他准备派船切断海上供给线。在城内伊萨克很受欢迎，人们也支持他，但皇帝却无心应战。如果没有人给予他帮助，他就会丢掉皇位。蒙特弗特侯爵的儿子康纳德[2]来君士坦丁堡娶了皇帝的妹妹塞奥多拉。阿莱克修斯·布拉拿围困都城时，康纳德就在城中，他发现宫中都是僧侣，伊萨克让他们祈祷和平，祈祷自己统治长久。康纳德指出其他武器比精神武器

---

[1] Nicetas, 494. 根据我的发现，拜占庭的作家不会把博斯普鲁斯这个名字应用于整个海峡，而是仅仅用于斯屈达尔与帝国首都之间的地方。在后者，现在仍然有一座码头，叫作"Ox-scala"，我认为有关博斯普鲁斯的传说在拜占庭的早期，这里的作家们在以此码头命名的基础之上开始的。

[2] 这位康纳德是博尼法斯的长兄，他是1203年远征的领袖。详见 Du Cange 的 *Observations on Villehardouin*。

更重要，皇帝必须立即出钱出力，倾其所有兵力，来对付和防御诸如现在的叛乱。

经过康纳德的提醒，皇帝积极备战迎敌。皇帝努力得到人民的支持。康纳德亲自组织防御，他召集了200骑兵、500步兵。这些士兵主要来自意大利。康纳德发现格鲁吉亚人和撒拉森人也应征入伍了，这些人主要在城里经商。康纳德在宫廷里选出一千名体质好的人。康纳德的精神似乎影响了皇帝。皇帝召集布拉海尔奈宫周围的居民，鼓励他们尽力保家卫国，他还恳请那些可能与他为敌的人保持冷静，他们要么静待时局发展，要么公开站到敌人那边，皇帝特别考虑的就是大贵族约翰，因为他的儿子娶了布拉拿的女儿，皇帝认为他是潜在的敌人。

击败布拉拿

围城者纠集军队准备进攻都城。康纳德建议新兵应该在城外作战。城门打开，康纳德带领外国人军队出来迎战，伊萨克在他右边，曼努埃尔在他的左边。步兵拿着盾牌、长矛冲向前，骑兵则攻击叛军的两翼，交战持续了几个小时。尽管布拉拿竭尽全力，鼓励手下要坚定意志，提醒他们自己的军队远远多于对手。但叛军还是抵抗不住帝国军队的进攻，布拉拿没有停止作战，他冲向康纳德。康纳德没戴头盔，身上裹了十八层麻布，他也没拿盾牌。布拉拿用枪刺向康纳德，康纳德肩膀受了轻伤。康纳德立即拿着长矛迎击对方，直刺他的脸颊。这位叛军首领翻身落马，因伤死在战场上。这是一个胜利的日子。民众们感到十分光荣，因为军队没有流血就被遣散了。伊萨克宽恕了那些参与叛乱的人们，这些人也愿意在未来效忠帝国。到目前为止一切顺利。但是，随后发生了一系列的皇位争夺战、外国人和本国人的纠纷，首都的士气就彻底崩溃了。市民们站在皇帝这一边，同时意大利人和其他外国人也帮助了他。战争胜利后，按照军队许可，君士坦丁堡周边凡是投靠叛乱者的人的别墅和房舍都遭到了洗劫。君士坦丁堡城外的渔民以及其他帮助叛军的人的房舍也遭此劫难。城外的这些人有很多朋友也在城内，所以被抢的房舍有很多也可能是属于城里人的。

攻击拉丁区

另外，抢劫者中混入了不少外国人，市民们对此充满怨恨。整个城市一片混乱。意大利区遭到攻击。贵族和皇帝尽最大努力阻止争斗，他们阻止了对马莫拉的房舍和教堂的抢劫。但是这对暴徒们的影响微乎其微，他们进了葡萄酒店，喝得半醉。意大利人在通往社区的街道上设了路障，与这些暴徒进行了勇猛的搏斗，杀死了很多人。之后，皇帝派军队驱散暴徒，恢复了秩序。暴乱持续了一晚上。

塞浦路斯的伊萨克

在伊萨克与瓦拉吉亚人和保加利亚人、西西里人以及王位觊觎者作战时，伊萨克·科穆宁仍然占据塞浦路斯。科穆宁在安德库洛斯时期夺得这片土地。他如安德库洛斯一样非常残酷。皇帝试图收买他，皇帝认为科穆宁抵抗了安德库洛斯，所以他理所当然可以拥有这个岛屿，但是暴君现在死了，科穆宁就该投靠合法皇帝，如果那样做他会得到报酬的。但是，科穆宁拒绝了。皇家条例和报酬往往都无果无终。因此皇帝派了70艘船去征服这个岛。约翰·坎塔库泽努斯担任出征将军，他现在老了。约翰·坎塔库泽努斯是皇帝阿莱克修斯的侄子，曾被安德库洛斯挖了眼睛。这次出征失败了。虽然军队安全登陆，但是暴风雨刮跑了船只，大部分船被西西里人捕获。[1]军队失利，首领被俘，俘虏都被送往西西里。塞浦路斯的伊萨克为他俘虏的人提供在他的军中服役的条件，所有拒绝的人都遭到了残酷的暴行。

理查夺取塞浦路斯

1190年，英国狮心王理查带领150艘小帆船、50艘大帆船，离开西西里，在塞浦路斯登陆，击败了反抗他的军队，次日，他让人惊讶地彻底击溃了伊萨克的军队。当地居民立即丢弃他们的暴君，接受英国的统治。理查占领了这个岛，俘虏了伊萨克，套上绳索，押往巴勒斯坦。征服者从塞浦路斯一路带着辎重，直到圣地。

瓦拉吉亚人与保加利亚人的反抗

瓦拉吉亚人和保加利亚人在巴尔干被打败后，分散在各地，但他们并没有被击垮。他们再一次积蓄力量，进行叛乱。在1186年布拉拿试图围攻君士坦丁堡的时候，他们就做好了二次进攻的准备工作。面对进攻，帝国皇帝决定亲征。他邀请康纳德陪同，但这位十字军将领对这位拥有恺撒空头衔的皇帝以及他的妻子并不满意，他更愿意从海路去巴勒斯坦。在取得对撒拉森的几次胜利战役后，他遭到了"山中老人"卡西斯（Khasis）所派的一位特使的暗杀。伊萨克来到亚得里亚，然后又到了巴斯特纳（Basterna），与敌军在附近相遇。在这一次征讨中，尼基塔斯担当文职陪伴在他的身边，详细记录了看到的一切：诸如瓦拉吉亚人如何投掷武器，如何射箭；为了诱敌深入，他们如何逃走，当帝国军队停止前进，这些人又如何立即返回，疯狂攻击；如

---

[1] Nicetas. *Issac*, i.5. *Annales Reicherspergenses*, quoted by Muralt, 225.

果皇帝不誓死相拼，敌人就可能会获胜。敌人失败了，但是阿桑不断骚扰帝国军队，他的军队神出鬼没，整个夏天都让帝国军队手忙脚乱。最后，皇帝返回首都，在冬季的时候让军队驻扎在菲利普里斯。1188年春，帝国军队又开始行动，围攻了洛夫察（Lovtcha）三个月，但没有取得成功。伊萨克又返回首都。在随后的三年里，瓦拉吉亚人和保加利亚人不断叛乱，科曼人也加入他们的阵营，夺取了巴尔干以北的大片领土。1191年，伊萨克再次亲征，但差点被俘，这成功鼓舞了敌人的士气，他们进一步威胁帝国。叛乱分子不满足于占领空地和掠夺村庄，他们开始进攻城市，劫掠了阿齐洛斯（Achialos）、布尔加斯（Bourgas），夺取了瓦尔纳，焚烧了特里阿迪兹（Triaditz）和尼沙（Nyssa）。伊萨克英勇作战，重新夺回瓦尔纳和阿齐洛斯，但在多瑙河和巴尔干之间的整个地区都发生了叛乱。甚至塞尔维亚人也爆发了起义。伊萨克对抗塞尔维亚人，在摩拉瓦河岸与敌人交锋，并击败了他们。然后，他拜访了匈牙利国王贝拉，接着返回君士坦丁堡。

试图夺取皇位

伊萨克的表兄弟君士坦丁·安吉洛斯，当上了菲利波波利的总督，在抗击瓦拉吉亚人上，他比皇帝更为成功。彼得和阿桑被打败。君士坦丁认为胜利可以让自己有机会穿上皇袍。因此，他给在亚得里亚的女婿巴西尔写信，请求他帮助自己登上王位，他从菲利波波利出发去见巴西尔，但是却被他自己的随从逮捕。随从们为了保证自己的安全，把君士坦丁交给了皇帝。君士坦丁被判挖去眼睛，这样就不会给皇帝添麻烦了。

与瓦拉吉亚人、保加利亚人、科曼人和欧洲僭越者的斗争鼓动了塞奥多利·曼卡法斯（Theodore Mankaphas）的叛乱。1189年，曼卡法斯在费利德菲亚（Philadelphia）培植亲信并称王，他铸造了刻有自己名字的货币。伊萨克马上进攻他。但是曼卡法斯的城防坚固，攻其不破。于是皇帝愿意谈判，曼卡法斯同意抛弃称王的想法，因表现良好，该城仍然归他管理。但是，不久之后，帝国派将领前来进攻曼卡法斯，后者投靠科尼亚苏丹，苏丹帮助了曼卡法斯，但最后苏丹认为把他交给伊萨克更为安全。

在伊萨克在位期间，还有其他皇位觊觎者不断出现。又有个名为阿莱克修斯的人说自己是皇帝曼努埃尔的儿子，因为他长得与真阿莱克修斯相像，很多人就相信了这个人的故事。这个阿莱克修斯说曼努埃尔命人把他扔到了海里，但是刽子手把他放了，他逃到了科尼亚，把这个传奇告诉了苏丹。苏丹认为他的话千真万确，许诺帮助他。他招募了许多自愿加入的人，带着这些人马，袭击了米德安周边地区。反对他的领导者不敢攻击他，因为他们认为这个人真的是曼努埃尔的儿子，甚至皇帝的兄弟也担心。如果这位冒名者没有在一次私人斗争中被杀，可能引起的麻烦比他自己的所为更大。此人一死就有另一位以相同的名字出现的人，这个人也假装来自同一个家族，并在帕夫拉戈尼亚（Paphlagonia）赢得了追随者。但是，这个人的事业被帝国的军队打断。在帝国的各个行省，还有很多其他觊觎者。即使在首都也有不少觊觎者。安德库洛斯的侄子也叫伊萨克，他试图发动人民暴动，最后被抓，折磨而死。阿莱克修斯·科穆宁的一个儿子安德库洛斯是萨洛尼卡的总督，他被控想自立为皇帝。皇帝命他到都城解释，之后这个安德库洛斯被挖眼。尼基塔斯提到在行省和都城的那些觊觎者的图谋都失败了，之所以出现这么多叛乱是因为伊萨克的统治太弱。我们必须指出这10年的图谋已经摧毁了皇权的威力。好几百年来，即使皇帝们丧失了神性，但他们仍被看作具有神圣的个人魅力。虽然200

年前，在英格兰众人皆知的君权神授当时还没有创造出来，但是对于君主来说，叛乱罪大恶极。商业精神的迅速发展使政府的形式从君主集权向贵族和商人王子的寡头转变。受贵族的影响，首都人民常常通过暴力表达他们的愿望，这逐渐被看作权威的唯一来源，因为它能轻而易举地废除皇帝。在伊萨克时期，君主并没赢得大众的欢迎，难怪很多人冒出来想取代他。这种通过一群议员和工匠代表来获知大众的喜好的旧机构仅仅是个形式。现代的代议制政府手段当时还不为人知。甚至有段时间在新罗马，士兵们乐于成为和平的公民，但公民也能成为士兵，于是，民众的暴乱足以改朝换代。

伊萨克的个性

伊萨克比较懒散，宁愿让大臣们管理政府。我们从大臣塞奥多利·卡斯塔莫尼特（Theodore Castamonites）的身上可以看出皇帝的威望是多么衰弱。在他的府上，这位大臣被那些奉承者称为皇帝陛下。[1] 伊萨克只要能自由地出入在马莫拉的行宫以及岛上的官邸，只要有情妇和小丑的陪伴，只要能穿上臣民们认为的所罗门般的华丽服饰，到处都有奢侈的餐桌，他都愿意履行自己的职责。皇帝的懒散奢侈、刻薄贪婪已经让他失去民心，他执政不力，连残酷的安德库洛斯都比不上。暴君安德库洛斯曾改革了司法，惩处了受贿的法官，任命最有能力的人为总督和法官，同时给他们薪水，禁止让他们卖官鬻爵，收受贿赂。根据尼基塔斯的记载，虽然皇帝知道官员们的职责是秉公

---

[1] Nicetas, p.575. "*Despotz*" 之前是皇帝特有的头衔。后来，这个头衔授予皇室的其他成员。"*Sebastorator*" 在 12 世纪是大臣中的最高头衔。"*Casar*" 是仅次于 "*Sebastorator*" 的头衔，但这个称号可以同时授予好几个人。"*Protosebastos*" 低于以上的头衔。

执法，为国家收税，但他按照传教士的方式安排职位，他们没有报酬。安德库洛斯鼓励商业，特别重视国家商业的发展，容许航船安全通行，而伊萨克削减货币，增加赋税，大兴土木，挥霍无度，据说他还和大臣们共分贿赂。即使身为修道士的尼基塔斯，也埋怨皇帝极端迷信，经常把钱浪费在各种教堂和修道院上。每当皇帝看到圣母的照片就异常兴奋。他建立了多处圣母礼拜堂，在街角挂上圣母的画像，鼓励人们前来朝拜。他在民众中挥霍钱财，又为了得钱财而不得不卖官鬻爵。这位皇帝的行为彻底地为人不齿。他施政不当：削减货币，售卖垄断权，削弱司法，阻挠商业，民众的财产得不到保护，这些都伤害了与帝国利益最为关切的贸易。皇帝与保加利亚人和瓦拉吉亚人再起冲突，他的统治也走到了尽头。

他的兄弟阴谋废黜伊萨克

1195 年，保加利亚人与瓦拉吉亚人再次侵扰帝国。伊萨克的经验证明把帝国军队的权力交给将领非常危险，他决定再次亲征。他召集大批军队，请求匈牙利国王的帮助。皇帝于 3 月初离开君士坦丁堡。有人告诫伊萨克这样离开首都是非常危险的，应该提防他的兄弟阿莱克修斯。但是他责怪那些告诫者，说他们要破坏自己对兄弟的信任。伊萨克去了距首都 70 英里的泰基尔达，在那里过了复活节。然后他又向伊普萨拉（Ipsala）进军。皇帝在等待军队到达之际外出狩猎，他邀请兄弟陪伴。阿莱克修斯以生病吐血为借口拒绝。伊萨克独自狩猎。其实，阿莱克修斯在策划一场阴谋，他秘密地伙同贵族废黜伊萨克，自己登上皇位。在皇帝外出期间，僭越者篡位。伊萨克狩猎归来，几位忠心的仆人拜见他，告诉他所发生的一切。皇帝惊呆了，对自己非常生气，他拿出随身携带的圣母像，亲吻她，看到阿莱克修斯的朋友快马加鞭地向他奔来，他掉转头逃跑了。但是他被叛军拦截，落入他们手中，他像囚犯那样被押往佩拉（Pera）的修道院。之后，伊萨克与自己的儿子阿莱克修斯，又被转到宫厅监狱，后来又押到陶鲁斯（Taurus），在那里他被挖了眼睛，与普通人无异。伊萨克40岁时被废黜，直到十字军进攻君士坦丁堡才从牢里获释。

阿莱克修斯[1]登基

阿莱克修斯·安吉洛斯篡位后，大量散发财钱，甚至把用来对抗瓦拉吉亚人和保加利亚人的急需费用也分发出去了，同时，他给手下加官晋爵，分封领地，能分的财富都分了。他有求必应，以至于尼基塔斯这样说：如果有人请求皇帝在海里耕作，陆上航行，把阿索斯山（Mount Athos）移到奥林匹亚上，他也会特许。皇帝的唯一目标就是确保自己的安全，认为只要能达到这一目的，所有的努力都值得。[2]安吉洛斯第一项措施就是解散军队，轻装返回君士坦丁堡，他的妻子迎接他进城。议会对安吉洛斯很满意，但也有一些人反对他。尼基塔斯说帝国民众对新皇帝不反对，但也未表现出满意。特权军队被剥夺了选举皇帝的权利。[3]唯一的反对派实际上是一小撮工匠和暴民，当阿莱克修斯的妻子尤弗洛西尼（Euphrosyne）占领大教堂的宫殿时，这些人拥护了一名叫阿莱克修斯·康托斯坦福诺斯的占星家。皇后的拥护者攻击这些反对者，宣布他们厌倦了僭越者科穆宁家族，不想要他们了，并把那位冒充者抓起来投入大牢。教士们看到民心所向，也转向支持阿莱克修斯。一些贵族和教士，连同法官，未经牧首同意，

---

［1］即阿莱克修斯三世（1153—1211），1195—1203年在位。——译者注
［2］Nicetas, p.600.
［3］Ib. 600.

就宣布支持阿莱克修斯。

改姓科穆宁

几天之后，阿莱克修斯·安古洛斯到达首都，加冕为帝。他像之前一样在索菲亚教堂举行了仪式，但他摒弃安吉洛斯这个姓，改为科穆宁。一些人并不喜欢科穆宁这个姓，但只要想起这个家族那些有能力的统治者，这种感觉几乎就没有了。尼基塔斯认为新皇帝为了转移注意力才做出改变，让人们不再关注废除的皇帝是他的兄弟。这种观点是可信的。阿莱克修斯安静地夺取了王位。但是，都城中有一个强大的派别对发生的一切并不满意。帝国皇室兄弟间的互相残杀，放弃抵抗巴尔干敌人的事业，勾结暴民和士兵以及皇帝浪费皇家财产的行为都让那些有能力的人深恶痛绝，特别那些富有阶层。当人们发现皇帝只在乎享受，漠视商业，任人唯亲，而且为了满足他的慷慨，还横征暴敛时，他们的厌恶之情倍增。

阿莱克修斯轻松获得皇位，这又引起一个又一个觊觎者的出现。在他登基后的三个月，有消息说在西西里亚出现了另一个阿莱克修斯，也宣称是曼努埃尔的儿子。安哥拉的苏丹非常乐意地接纳了他，相信他就是那个被安德库洛斯勒死的小皇帝。皇帝征讨此人，但是两月后，无功而返，不久这位冒名者却被杀了。

瓦拉吉亚人的骚扰

在皇帝追捕假阿莱克修斯期间，瓦拉吉亚人在阿桑和彼得的率领下，进攻帝国的军队，帝国的军队被打败，将领被抓。皇帝又派新的队伍前去平叛，但再次失利，将领又被擒。阿莱克修斯接着派他的女婿伊萨克出征。这个伊萨克作战勇猛，然而难改失败的宿命，伊萨克本人最后也被抓，不久他被自己的外甥约翰暗杀。之后，约翰发现必须请求皇帝的援助，以抗击彼得。战争进入拉锯状态，这对帝国军队不利。帝国将领被俘而杀，士兵们不愿意在山里作战，这对敌人有利，他们步步为营。在战争进行时，彼得被其随从所杀。瓦拉吉亚的领导权落入伊万（Ivan）的手中。伊万是彼得的弟弟，他来到君士坦丁堡与皇帝进行和谈，迎来了一年多的和平时期。但是，直到君士坦丁堡陷落，帝国的北部和小亚细亚也没有一刻安宁。1198年，另外一名反对彼得和阿桑的瓦拉吉亚的领导人占领了斯特鲁米察，入侵色雷斯，进行掠夺。帝国军队的进攻非常虚弱，因为突厥人以及首都的阴谋活动都牵制了皇帝。阿莱克修斯提出和解，放弃斯特鲁米察和其他地区，并许诺让皇室的一位成员与叛乱者联姻。

帕齐纳科人的骚扰

两年后即1200年，帕齐纳科人入侵马其顿，此时，伊万也取名阿莱克修斯，因为他娶了皇帝的侄女，他被任命为将领，在菲利波波利驻兵，阻挠瓦拉吉亚人、保加利亚人。但是他却发起了叛乱。皇帝派两位女婿去镇压叛乱，伊万成功俘虏其中一名，并击败帝国军队。皇帝亲自讨伐叛军，但是士兵士气低落，他发现必须与伊万和解。伊万要求以占有获得的领土为基础，否则拒绝任何提议。皇帝接受了所有条件。双方签署和约。皇帝许诺保证伊万的人身安全，引诱他来到首都，将其囚禁，并进攻伊万占领的城池，毫不费力地收复了失地。

科曼人的骚扰

1201年，科曼人也入侵色雷斯，洗劫城池，并顺利地返回原地。如果俄罗斯人不反对他们前进，不来保卫罗马，这些人可能会向君士坦丁堡挺进。俄罗斯人出于好意和主教的原因阻止了这些人的入侵，因为当时的主教看到每年都有大批基督徒被无信仰的人抓走，感到无比耻辱。[1] 俄罗斯的将领罗曼诺斯（Romanos）进入科曼人的领地，逼迫正在入侵帝国的科曼人撤出来。罗曼诺斯在君士坦丁堡时期被当时的历史学家看作宗教的神圣保护者。

保加利亚人的骚扰

1202年四旬斋期间，保加利亚的伊万再次带兵摧毁罗多彼，然后向东进发，在受难节时伊万进攻瓦尔纳。皇帝花钱雇了一批意大利人守卫这个城市，这些人不相信伊万会在圣日发动进攻，但他们失算了。城市被攻下，城墙被毁，敌人一路凯歌回到保加利亚。帝国的将领曼努埃尔·卡米兹（Manuel Camyzes）被俘，关押在保加利亚监狱。曼努埃尔乞求皇帝把自己赎出来。敌军要求皇帝以财产当赎金。阿莱克修斯拒绝了敌人的要求，曼努埃尔投靠保加利亚，帮助敌人攻下普洛萨库斯（Prosacus），直接从马其顿进入提萨利，直达坦佩（Tempe），并洗劫了摩里亚。阿莱克修斯派他的女婿成功地把曼努埃尔赶出提萨利，迫使曼努埃尔和伊万与皇帝和解。

无数的王位觊觎者

阿莱克修斯短暂的统治，就像他的前任一样，面临着众多皇位觊觎者的挑战，同时又必须抗击外敌，但是他最大的敌人却是来自皇室。阿莱克修斯没有子嗣。于是有很多继承人涌了出来，很多支持者都想通过自己支持的候选人来实现其自身利益。在这些候选人中，最有威望的是大贵族曼努埃尔·卡米兹，但是，他遭到了自己的舅舅约翰的

---

[1] Nicetas，691.

强烈反对。皇帝的三位兄弟及其女婿都只有一个儿子。这四位都被安德库洛斯挖掉眼睛，他们都期望并图谋自己的儿子能登上皇位。如果这些竞争者能得到皇帝的推荐提名，他们都愿意等到皇帝驾崩或者至少很高兴那样做。但是皇亲国戚之外的野心家们也想剥夺阿莱克修斯的皇位。有个外号"胖子"名叫约翰·科穆宁的人随贵族随从进入大教堂，从圣坛上拿下小皇冠，宣布称帝。他毫不费力地占领了大皇宫，坐在皇位上，马上分封官位。他的追随者在全城宣布这个消息，这些暴徒们认为既然支持他，就该有所回报，理应洗劫富人的财产。约翰认为自己的地位很巩固，晚上，在宫廷也不设防。皇帝远在布拉海奈宫，召集朋友，从海路夜袭，与那些皇帝的忠实者一起，突然进攻约翰的追随者，闯进皇宫，砍下僭越者的头颅。

当时，约翰的儿子米哈伊尔在米拉萨（Mylassa）征税，试图夺取皇位。帝国派军队进攻米哈伊尔，米哈伊尔被打败。和很多僭越者一样，米哈伊尔投靠突厥人以寻求庇护。他得到苏丹的支持，带着军队洗劫米德安附近的城池。11月，皇帝征讨米哈伊尔。在返回首都的路上，皇帝打算在皮提亚（Pythia）洗热水浴，但是，一场暴风雨又迫使他不得不在普林基波停下，然后从那里回到卡尔西登和君士坦丁堡。

在曼努埃尔·卡米兹帮助保加利亚人洗劫提萨利和陶里亚（Torea）时，另一场叛乱爆发了。叛乱的领导人就是约翰·斯皮里堂那斯（John Spyridonaces）。他出身低微，后晋升为帝国的财政大臣。皇帝的女婿阿莱克修斯领导军队平息叛乱并轻松获胜，皇帝看到不仅叛军被镇压，曼努埃尔·卡米兹被驱逐，而且还收复了几座城池，非常高兴。

塞浦路斯的伊萨克

在这些叛乱者中，还必须加上伊萨克·科穆宁。他属于帝国早期的人物，收复了塞浦路斯，但被狮心王理查打败。尼基塔斯说俘虏者视他为奴隶，伊萨克挣脱锁链，称自己是皇帝，要大胆夺取皇位。皇帝按妻子的建议邀请伊萨克来宫廷，但是伊萨克高傲地拒绝了，说他是君主，不是臣民，他只发号施令并不会服从他人。伊萨克像其他冒充者一样向突厥人请求帮助，并许诺给他们大量恩惠。哪怕是突厥人也不愿与这样一位排斥民众、臭名昭著的没有成功希望的人合作。伊萨克还没等成气候就死了。有人怀疑是皇帝派人下毒害死的。

制造麻烦的突厥人

在阿莱克修斯与这些冒充者斗争的同时，保加利亚人和瓦拉吉亚人在北方不断制造麻烦，海外聚居区和各个公国不断攻击帝国的欧洲领土，还有突厥人也经常地制造麻烦。科尼亚苏丹基利日·阿尔斯兰死时，他的儿子们之间爆发了斗争。阿莱克修斯上台不久，塞尔柱王国的一个重要派别安哥拉（Angora）的苏丹马苏德围困了帕夫拉戈尼亚的达迪布拉（Dadybra）。皇帝此时正亲自带兵在小亚细亚镇压西西里亚的冒充者阿莱克修斯的叛乱，此人接受了安哥拉苏丹的帮助。皇帝鼓励达迪布拉的人民坚持抗敌，他们进行了四个月的英勇抵抗，但是救援仍未到达，不得不与敌人和谈。他们以能携带家眷货物离开为条件交出城池。皇帝发现为了自己的安全，不得不撤回首都，就承认了他们的投降。

1198年，阿莱克修斯与科尼亚的苏丹卡库斯洛（Kaikhosro）爆发战争。战争因为一件小事而爆发，但是双方都愿意妥协，战事得到解决。亚历山大的苏丹送给皇帝两匹马作为礼物，但被卡库斯洛拦下，有一匹马的腿断了。卡库斯洛非常遗憾，愿意换别的马。但是皇帝很生气，感觉受到了侮辱，或者也可以理解为，皇帝正想找一个借口来与这位经常为自己的敌人提供帮助的国君开战。皇帝抓了所有科尼亚苏丹在帝国首都从事商业的臣民们，抢劫了他们的房子。苏丹立即宣战，洗劫了在米安德的帝国领土，俘获大批俘虏。更糟糕的是，他极力推行一项对帝国构成严重打击的政策。在小亚细亚，阿莱克修斯的臣民们赋税很重，他们对皇帝没有好感，他们还害怕帝国的各种要求。苏丹召见了俘虏，根据他们的地位，分封土地和房屋并发放谷物种子以及其他物资，同时承诺要与皇帝修好，但如果皇帝拒绝，他们可以投靠他，免除五年赋役，之后也只缴纳少量的赋税。苏丹对待俘虏的方法起到了预想的作用，他吸引了大批帝国在亚洲行省的移民，使进攻变得更容易。用尼基塔斯的话来说，希腊城市人口下降，人们来到蛮族领地，成为那里的居民。[1] 阿莱克修斯的反抗很弱，一方面是因为其他敌人迫使他返回首都，另一方面是他患有痛风。

12世纪末，塞尔柱突厥人进入了衰弱时期，帝国可以收复失地。科尼亚苏丹统治的分裂对帝国有利，由于阿尔斯兰儿子们之间的矛盾，帝国很快获得胜利。阿尔斯兰的一个儿子死后，其他两个瓜分了父亲的领土，然后争夺他们哥哥死后留下的王位继承权。获胜一方进攻科尼亚苏丹卡库斯洛。因为这位苏丹的母亲是基督徒，所以他们遭到嫉恨。[2] 卡库斯洛与帝国达成妥协，随后又向亚美尼亚的利奥请求援助，但还是被打败，他来到君士坦丁堡以家臣的身份住在都城。12世纪末，

---

[1] 尼基塔斯通常准确地把说希腊语的臣民们视作罗马人。到目前为止，小亚细亚的各个行省几乎都是纯的希腊人，虽然是穆罕默德主义者，他仍称其为希腊人。
[2] 突厥人的苏丹们常常是基督徒奴隶们的子嗣，这对突厥人的历史产生重要的影响。这一点得到了已故的 Scudamore 先生详细的考证。那些无可争议的有能力的苏丹们，成功率领军队来到君士坦丁堡和维也纳，他们的母亲几乎都是基督徒，因此，他们具有纯欧洲血统。奥斯曼的苏丹中从17世纪海盗时代，其能力就在衰落。17世纪，海盗肆虐意大利、法国、西班牙等地海岸，再往前一个世纪，甚至在英格兰的南海岸，都有海盗出现，他们还会俘虏奴隶。

阿尔斯兰的儿子们又爆发了争斗，在教皇和西方政治家的眼里，这是个好时机，可以对突厥人进行有效的打击。

帝国道德败坏

阿莱克修斯并不能成功处理帝国面临的层出不穷的麻烦。这位皇帝曾在一片欢迎声中开始统治，许诺维持前任统治的好局面，破除贸易限制，任用贤能，不会卖官鬻爵。但是，拥立他登基的人希望获得好处，这些人用自己的影响力和皇帝的恩宠换取大笔财富，他们引诱皇帝获得垄断保护，收买最高爵位和行省官职。不仅贵族而且放贷者、斯泰基人和叙利亚人都可以买到恺撒这一头衔。皇后就是这帮贪婪者的代表，这些人利用了皇帝的弱点。皇后的妹夫——米哈伊尔·斯特里夫诺斯（Michael Stryphnus），作为帝国海军将领，以权谋私，夺取财富，出售武器。他确信自己对皇后的影响力，最终确实免受惩罚。皇帝对妻子的行为采取了微弱的反抗，一些贵族支持皇帝，公开指控皇后不忠。皇后接受了公众的审判，被关进修道院，远离宫廷六个月。尼基塔斯下面提到的事件在我们这个时代的君士坦丁堡表现得非常突出，现在的突厥帝国也持续发生着类似的事，但是，从尼基塔斯提到的情况看，即使在拜占庭帝国最糟糕的时期，这种事也并不多见。一名犯人买下牢房，晚上把所有罪犯放出去，然后与他们一起分享赃物。这名犯人被控犯罪，尽管皇帝保证会惩罚他，但最后还是把他放了。然而，当时的民众情绪比现在更正常合理一些。一名工人被这名犯人殴打，行会中的同伴们一起想抓住施暴者，并处死他，但却发现犯人逃跑了，工人们试图进入大教堂，宣布新皇帝登基。但是大教堂门卫不让他们进来。局势紧张起来，消息传到阿莱克修斯那里。当时，皇帝在索利波斯，他下令袭击这些人，这些人用石头作为武器，驱散王军,冲进监狱,释放犯人,还摧毁了撒拉森寺庙。皇帝的女婿带兵出现,虽然没有盔甲武器,但是这些人与王军进行了凶猛的战斗。有些人用屋顶瓦片做武器,有些人用石头做武器。战斗持续到晚上,暴民散去。有些地方的人们示威游行,反对王室非法剥夺私人财产。很多记载都表明首都人民不能忍受这种压榨。

尼基塔斯本人指控皇帝与海盗为盟。他说阿莱克修斯派了六艘船,上面有一些法兰克人,打着搜救在凯拉苏德(Kerasund)的沉船为幌子进入黑海,但事实上,他们对居住在阿米诺斯(Aminsos)的商人进行抢劫。不管这些船去首都还是从首都出发的,法兰克人抢劫了能找到的所有船只,一些商人逃到君士坦丁堡,跑到大教堂里,他们手拿蜡烛祈求正义。皇帝把责任推到海盗身上,帝国的臣民们没有得到任何赔偿。阿米诺斯苏丹的船只也被抢,不过他们很幸运,因为皇帝被迫把小亚细亚北部的50座银矿当作赔偿给了他们。就像其他皇帝一样,帝国的基本收入都用于满足皇帝个人和他身边的人的花销,这让皇帝特别不受民众的欢迎。皇帝还向人民课以重税,人民深恶痛绝。为了增加税收,皇帝也限制贸易,破坏合约,排挤威尼斯人、比萨人,同时也有本国的商人。为了保住皇位,皇帝贿赂贵族和人民,为了筹集钱财,对抗突厥人、瓦拉吉亚人、意大利人,皇帝强征暴敛让人无法容忍。在赋税下,商人阶层被压垮了。都城在他的统治下没有获得收入,很多时候,皇帝是把收入分摊到人民身上,这使得民众感到生活在一个皇帝课税繁重的城市。苛捐杂税促使人民渴望改变,希望新皇帝会比现任少征一些税。行省的居民非常不满,他们得不到保护,没有安全感,几百年来,他们都处于新罗马的包围中,他们失去了对帝国的尊重。他们在十年内目睹了那么多变化,现在想推翻统治者。帝国的收入被最后三位皇帝挥霍了,一方面是他们追求奢华的生活，另一方面也是为了巩固自己的政权。全民丧失爱国精神，因为他们认为现任政权不值得维护。帝国的行政机器处于紧绷状态，不得不处理内乱。国内道路得不到修缮，桥梁、港口、水坝以及城墙变成废墟。帝国频繁更换统治者，且军队缺乏纪律，尤其海军已经消耗殆尽。人们对法治、公平丧失信心。国内斗争导致无政府主义，也削弱了民族主义。内乱伴随着外扰，帝国经常受到攻击，会出现诸如坦克雷德远征、安德库洛斯上台后的突厥人入侵这些事件，这都是由内乱引起的，当然也伴有其他原因，诸如帝国的公国分裂、主动邀请外族进入等。帝国统治者与皇位觊觎者们的斗争以及皇室内部的斗争，再加上外部的入侵极大地削弱了帝国。

第五章
十字军与帝国的衰落

第三次十字军东征对帝国的衰落有非常大的影响。当撒拉森人、突厥人不断入侵并对帝国造成影响时，西方对伊斯兰教的前进警惕起来。虽然教皇曾召集基督教的贵族们，拿起十字架，但是以教皇为首的这种运动事实上一直属于自发性质的。第一次十字军东征是最成功的，但没有经过精心的组织，十字军历史学家米肖（Michaud）把它比作共和国运动。第一次东征的成员充满了宗教热情，这成为军队纪律的基础。

十字军与帝国合作中的困难

东方的皇帝们一开始时非常高兴地想要利用西方的这次东征来打击与基督教世界的共同敌人。我考察了第一、二次十字军东征对帝国的影响，发现小亚细亚塞尔柱人是西方士兵们碰到过的最厉害的敌人。1137 年，皇帝约翰积极参与十字军运动，夺取了好几个城池。他的目的是把安条克变成对抗伊斯兰教的阵地，但是东西方教廷不久就表现出互相嫉妒的情绪。约翰认为那些从撒拉森人手里夺过来的城池，都被帝国的人占领了，而这些地方应该归他统治。这干涉了在教皇宗主权领导下建立一个基督国的计划。因此，东西方士兵们对彼此的征服行动都分外忌妒。教皇自然站在拉丁士兵这边。1137 年，教皇下令如果约翰仍然坚持占领安条克以及十字军夺取的领土,所有承认他权威的人们就离开君士坦丁堡。

但是,帝国的皇帝还想继续获得十字军的支持,在曼努埃尔的统治时期,帝国的教会寻求教皇和西方基督徒的帮助。曼努埃尔对君士坦丁堡的拉丁殖民区偏爱有加,特别是1166年,他不断试图建立一个联合基督教会,为此,甚至不惜牺牲旧罗马主教的权威,这表明这位有能力的皇帝想利用西方这次伟大的宗教运动。但是两种教会的敌对情绪太强烈,两支军队也无法和谐相处。东西方基督教会在几百年里的隔阂越来越大,东罗马教会接受的教育程度很高,经常思考哲学和神学问题,而西方教士更重视基督教的扩张,而非具体教义。东方教士把自己称作东正教,西方则称自己为天主教,名称上的不同表明每个教派的倾向不一样。迪恩·米尔曼(Dean Milman)说,东方创立信条,西方创立教规。[1]东方忙于思考,西方忙于实践。东西方教廷不断出现分歧,天主教与东正教发生了分裂。

十字军宗教精神的衰落

12世纪后半叶,曾经是第一、二次十字军东征的主要动力的骑士精神和宗教狂热在西方迅速消失。西方的贵族中开始形成一场在国内谋求官职的运动,这个风气蔓延到了英格兰。在约翰时期,这场运动在拉尼米德(Runnymead)产生了持久的利益关系,西方的男爵们与反对无能君主的人民达成一致。早期十字军战士尽力实现的崇高理想,在圣路易时期曾得以复兴,但如今已大多被遗忘。戈弗雷以后的那些

---

[1]迪恩·斯坦利(Dean Stanley)指出:东正教教堂有特别的庆祝教规仪式,在大斋期开始时,对异教徒的绝罚取代了对罪犯的诅咒;在英国教会,这一切在圣灰星期三(Ash Wednesday)才举行—*Eastern Church*, p.22。

十字军战士曾经梦想建立一个基督王国，虽然他们认为这是一项几乎不可能完成的任务。[1] 戈弗雷肩背十字架，来表示对上帝所受苦难的敬重之情，他抑制欲望，在救赎中与上帝融为一体。[2] 对于我们来说，耶路撒冷是一个古城，不管是看作圣城还是当作考古的目的地，我们都可以从马赛乘船到达，也可从加法坐火车到达。但是，对于12世纪的基督徒来说，耶路撒冷的距离非常遥远，而且是一块充满神奇色彩的土地，这里到处都是遗迹和圣物，是当之无愧的天国耶路撒冷。在实际行动中，十字军帮助西方年轻的国家摆脱公国的枷锁并吸收了东方的文明，他们考量的对象不再局限于家庭和封建领主之间的争吵。十字军阻止了西方文明的具体化，他们保持着一种理想，期待有一位正义的、和平的国王统治国家，在这样的国王统治下，战争、流血、残暴等这些十字军在自己人民中发现的半开化民族般的状态都会终止。因为在西方国家中，十字军战士们感受到了普通人的生活气息，他们拥有崇高的理想，也赋予了西方文学诗歌动力。

12世纪末，十字军的崇高理想终结了。西方各国准备收获自己付出努力后的果实，发展民族生活、艺术以及文学。十字军精神虽然还存在但已经没有了新鲜感，每次当基督军队想向撒拉森进攻时，他们的兴趣却变得越来越淡，越来越没有宗教精神，也逐渐失去自发性。

十字军与罗马人

在十字军东征期间，西方人不断接触东罗马帝国居民以及其他拜

---

[1] 十字军的这项工作被一再称为"Opus Dei"，Anon. Suessionensis, p.5, *Exuvioe Sacroe*，还有很多地方也是这样的称呼。"Gesta Dei"是对十字军工作的记录。十字军自己就是"Dei populus"（Recueil, i. 256, and elsewhere），他们英勇地献身于上帝（pour la party de Dieu），*Lect. Long. Exuv.* Ii.14.

[2] *Lections Longiprat. Exuv. Sac.* ii. II.

占庭的统治者。安娜·科穆宁、后来的尼基塔斯、提尔的威廉以及维尔阿杜安的威廉等其他当时史学家的作品清楚地体现出西方人的不同。西方人相对来说比较野蛮，他们攻入并摧毁了精致的文明城市。东方和西方在美德与邪恶方面各有明显的特点，与十字军所感、所言、所行相对应的不仅仅是文明，还有奢华以及拜占庭宫廷的残忍与虚伪，这些经历与英国人在远东宫廷的经历相似。十字军粗鲁、放荡、喝得大醉，他们有时还很虚伪、残忍，但与拜占庭相比，十字军的虚伪与残忍就像把一个普通的英国士兵与东方最糟糕的君王一贯表现出的特别残忍、狡猾和虚伪相对比一样，前者远比不上后者。十字军战士有着宗教信仰，有了这种精神上的支持，他们在做事的方式上坚信自己在完成上帝的职责，因而他们倍感鼓舞，他们厌恶说谎、懦弱和残忍，因为那是罪恶的。西方的宗教虽然有大量的迷信，但也赋予了一种责任感。对于十字军战士们来说，东方的宗教不仅有大量迷信，而且没有道德。东方教会的最大缺陷就是对人生的影响非常小。东方人对道德漠不关心，他们带着嫉妒对最后选择的东正教保持着戒备。拜占庭的人们愿意花时间来讨论无名者的贡献，对信条中某句话的意义或者一项仪式进行争论，他们的智慧有时就消磨在这些无足轻重的事情上了。与在本加利（Bengalee）的英国士兵相比，西方的十字军战士受不了与希腊人的辩论。尽管拜占庭人想用滔滔不绝的话语欺骗十字军，但十字军却能看到本质，辨别出真假。十字军有时会失去耐心，当他们看到对手试图用言语蒙骗时，就会大胆地告诉对方他们不会上当。十字军认为，他们比拜占庭要强大得多，无论在财富还是在学识上，他们都鄙视后者。但是，拜占庭人也把对方视作野蛮人，虽然他们承认在体力和能力上十字军比他们强，但却认为十字军是无知、狂热的。

第二次和第三次十字军东征失败了。但把原因归咎为新罗马帝国的敌视和干涉是不公平的。

与第二次十字军东征战士之间的问题

第二次十字军东征开始于1147年，分别由士瓦本家族的第一位国王康纳德（他也是罗马帝国的西方分支的士瓦本皇室的创立者）和法国国王路易七世率领。十字军受到了热情的接待。因为此时东罗马要比西方更热衷于抵制、击退伊斯兰各族的进攻，所以他们邀请十字军参与抵抗。康纳德和曼努埃尔进行联姻，期待能互相援助，协同作战，但是他们却又彼此嫉妒，再加上家族内部纷争，这二人之间的问题很快就表现出来了。值得注意的是西方军队进入巴尔干半岛而不引起不满是不可能的。曼努埃尔的信使估计有9万十字军战士跨过多瑙河，拜占庭的军队立即接应他们，帝国这么做的目的是检查一下十字军的人数是否符合进入的条件。但是，这支部队与当时的其他军队一样，士兵们都是远道而来，军纪涣散。很多朝圣者跟随康纳德，但他们很难管理。至少目前东方的朝圣者们是最放纵的。如果大批战士没有钱，为了生存就不得不抢夺，军中的那些朝圣者准备洗劫经过的地区。另外，当地居民也抬高物价，想尽办法去欺骗十字军战士们。康纳德和曼努埃尔尽力维持秩序，但都无济于事。那些被抢掠的行省，不久之后就成为敌对势力。保加利亚人和帝国的其他臣民开始进行报复。康纳德的一个亲戚在亚得里亚堡的修道院被拜占庭士兵杀死。康纳德当时已经离开那里两天了，于是他派了一队人马，在他的侄子著名的"红胡子"腓特烈带领下，讨伐凶手，焚烧了修道院，拜占庭军队受到攻击，杀了几个人。但帝国军队要阻止这次报复行动。该事件使两军交恶。最后，十字军到达了君士坦丁堡，他们在都城外行动就像要攻入敌军一样。拜占庭的贵族和商人在城外的城堡遭到洗劫。在渡过博斯普鲁斯海峡之后,由于十字军管理不善,以及这次冒险本身存在的困难,他们开始遭遇一系列严重的灾难。在这个人口稠密的国度,由于把这个地区的人民当作敌人来对待,所以十字军寻找补给非常困难。夏季在这里行军,士兵们容易患上疟疾,这让他们难上加难。当十字军不能征服伊斯兰的时候,他们早就在内部做好了准备,要征服基督徒,可不幸又降临到了希腊人的头上。

路易七世领导的十字军与康纳德的军队在尼基塔斯会合了。但是法国军团的敌对情绪一点儿也不比条顿军团的少。路易发现皇帝曼努埃尔的属下抢的东西并不比康纳德的士兵们抢的少。据说,路易用强有力的手腕平息了骚乱。一旦发现士兵抢夺东西,严惩不贷。有的被判处刖足、断手之刑。王公贵族们发现路易的军队比康纳德的军队更具有十字军精神。路易阻止出现像康纳德军队的情况,不让大量朝圣者和追随者加入军队。尽管这样,路易向君士坦丁堡进军也面临困难。[1]路易的军队对希腊人表现出极端的敌对情绪,这种情绪越演越烈,最后十字军拿起武器准备进攻。他们在都城外安营扎寨。当西方的基督徒们听说曼努埃尔已经与科尼亚的苏丹达成协议,他们非常震惊。联盟者叛变了基督的事业。我们假设美国南北双方纷争的唯一起因就是奴隶制,北方的唯一目的就是解放奴隶,而英格兰却与南方联盟,我们从现在这个时代那些正直诚实的人们的情感出发,去判断法国十字军的感受,就不难理解他们当时的心情。法国十字军召开会议,表达了他们强烈的耻辱感。朗格尔主教提议在夺回基督圣物之前,应该先惩罚君士坦丁堡的敌人。他们又进行了精心的商议,结果所有的怒骂、屈辱以及主教和同僚的说辞最后都没有达成结果。法国贵族们

---

[1] 海德(Heyd)(*Geschichte des Levantchandlts*, p.243)认为,由于曼努埃尔受到拉丁人的抱怨,所以他就容许十字军经过帝国,这一点尤其引人注意。

宣布他们作战的对象是那些没有信仰的人,是为了保卫耶路撒冷,惩罚异教徒,所以摧毁基督城市不是他们要做的事。

法军跨过博斯普鲁斯海峡,向小亚细亚的突厥人的领地进发。但是士兵高烧、粮草缺乏、道路破坏严重,导致行军放缓,很多患病的士兵被抛弃,损失大量人员。路易带着军队从安塔利亚向安条克进发,有七千人留在原地。他们从海边向安条克进军,很多人丢掉了性命,造成了灾难性的结果,只有几名信仰伊斯兰教的得救了。

十字军失败归因于帝国

路易、康纳德和耶路撒冷的鲍德温一起试图进攻大马士革,但彻底失败。人们对这次十字军东征寄予厚望。西方两个大国做了大规模的准备。最后,可怕的疾病以及战败的消息传到欧洲,人们的心为之一沉。西方把此次失败归咎于东方基督徒的分裂,谴责分裂者背叛了基督去支持神的敌人,与突厥人、撒拉森人结成联盟,击败基督的事业。西方士兵军纪涣散、互相嫉妒等这些原因被统统忘掉。东罗马皇帝与非基督徒联合的变节行为更加深了西方的偏见,激起西方反对希腊人叛变的情绪。西方把随后不断传来的恶果都归罪于东方的异教徒般的分裂。

第三次十字军东征

1187年开始第三次十字军东征。这次东征的失败进一步加深了西方对帝国人民的仇恨。

萨拉丁成功地把埃及归入巴格达的哈里发的统治下。1187年,萨拉丁攻下耶路撒冷,几乎全部巴勒斯坦再次处于伊斯兰的统治下。作为一名编年史家,提耶尔的大主教威廉为我们留下了第三次十字军东征的详细记载。教皇任命威廉为"圣战"动员者。威廉来到法国，见了英国的亨利二世与法国的腓力·奥古斯都，他们表示愿意放下武器加入"圣战"。威廉指出东方基督王国的职责就是保护西方不受撒拉森的入侵，现在这些王国只剩下提耶尔、安条克以及特里波利（Tripoli），40个国家的基督徒们被驱逐出家园，他们的财物被抢，现在在亚细亚那些匪徒中间流浪，他们在那里没有立足之地。根据彼得伯勒的修士所说，他的动员非常成功，英法两国放下武器，结束敌对并决定出征。英法两国为了东征开始征税，征税对象主要是那些不参加东征的人，税款的名目是"萨拉丁什一税"。但是，英法两国的友谊非常短暂。亨利死后，他的儿子理查全身心投入十字军的准备工作中。国王和教皇吸取前几次军无纪律的教训，制定了严格的军纪，禁止赌博，同时由于女性在第一次东征的军队中引起了麻烦，这次也禁止女性跟随。

德国军队由曾经进入过圣地的腓特烈率领。这支德国军队踏上了新皇帝伊萨克·安吉洛斯的领地。腓特烈不仅有经验而且能力非常强，他成功阻止了在康纳德领导下出现在德国军队里的最糟糕的情形，他在确保自己有足够的资金供两年使用的时候，才容许朝圣者跟随十字军。这支部队军纪良好，为保证食物供给，他们精心制订计划，坚决避免在十字军与拜占庭军队间产生任何麻烦。腓特烈派使节去萨拉丁那里，请他交出耶路撒冷，结果引发了战争。腓特烈派使节到科尼亚的苏丹阿尔斯兰那里，这次取得了巨大成功。这位突厥人苏丹被伊斯兰的哲学家们谴责，就连教皇亚历山大三世也认为他悄悄皈依了基督教。这位自称突厥人、亚美尼亚人和叙利亚人的苏丹许诺给腓特烈各种帮助。当欧洲人看到有50个伊斯兰骑士出现在十字军内时震惊不已。腓特烈派人去见曼努埃尔，请求进入拜占庭，并保证会阻止任何骚乱,也会给那些帮助十字军的人报酬,他们就此达成了一项条约。腓特烈畅行无阻。匈牙利国王贝拉在著名的格兰(Gran)要塞举行了盛大的欢迎仪式。当腓特烈到达帝国领土时,麻烦开始了。瓦拉吉亚人、保加利亚人、希腊人等对上一辈人遭受的十字军灾难还记忆犹新,所以就阻止这次军队的行进。塞尔维亚人请求腓特烈帮助,以抗击伊萨克。伊萨克·安吉洛斯时期的历史学家尼基塔斯同时兼任菲利波波利的总督,承认是希腊人引起了麻烦,破坏了协定,送给腓特烈的供给被送了回来,所有关卡都用树干挡起来。尼基塔斯承认这些是受伊萨克的指使。[1]但是德国人于1189年8月成功从一条陌生的道路到达菲利波波利,并占领了这座城市。十字军发现这里的居民早就得到通报,把他们看做敌军,有大批人已经逃离城市,但长期以来住在这里的亚美尼亚人留在了自己的聚居区上。[2]

后来,大贵族在伊萨克命令下试图给德国人意外一击,抢劫他们的供给。亚美尼亚人提前告诉了腓特烈。德国人与伊萨克的军队相遇,最后击败了后者。德国人攻击了亚得里亚堡和迪迪莫提卡(Didymotica),并侵袭了马其顿和色雷斯。现在伊萨克无奈地发现不能消灭十字军,就与腓特烈重新签订条约,同意十字军从达达尼尔进入小亚细亚,并送回900名人质,同时为十字军准备了1500艘小帆船、26艘大帆船,乘着这些船,腓特烈的军队撤出了帝国的领地。根据阿拉伯作家的记载,伊萨克仍然与萨拉丁维持着友好关系。伊萨克玩的是一个弱者的两面派游戏,在他向腓特烈伸出友谊之手的时候,还给萨拉丁写信说德国军队非常虚弱,必定一事无成。腓特烈到了科尼亚

---

[1] 尼基塔斯与伊萨克一直处于敌对状态,因此他的说法并不值得相信。
[2] 尼基塔斯在其书(BOOK II e. iv)中指出,德国人与亚美尼亚人在宗教观点上有很大的相似性:吃未发酵的面包,某些习惯受到东正教的影响。

苏丹的领地，突厥人想拖住德国士兵的步伐。但是，德国人没有停止脚步，经过一场激战，打败了苏丹，夺下科尼亚。突厥人不断抵抗。一名朝圣者写信给教皇说：我们杀死的突厥人越来越多，但是这些人又成倍地出现，多日里我们从早到晚都在打仗，因为没有食物粮草，军队士气低落，疾病又让很多士兵失去生命。突厥人想和德国人和好。西方的编年史家评价说突厥人比希腊人更善于掩饰。在这次十字军东征中，曾经纷纷投靠天主教军队并给予援助的天主教信徒们都逃跑了，在西方的士兵眼里，帝国的臣民们已经丧失了与伊斯兰对抗的信心。

第三次十字军东征彻底失败

随着军队继续前行，腓特烈的十字军面临的困难越来越严重。虽然突厥人屡战屡败，但他们每天都来骚扰。十字军的处境十分艰难。由于没有水，只能屠杀战马取血饮用；即使是含有疟疾病菌的气味难闻的沼泽中的水对于极端形势下的士兵们也如甘泉。有些人甚至抛弃了信仰。但是，腓特烈军队的纪律没变。亚美尼亚的牧首在给萨拉丁的信中写道："德国人不一般，他们英勇无比，有严苛的纪律，犯法者必被惩。"腓特烈从小亚细亚到亚美尼亚打到西西里亚，直到安条克，他似乎能把巴勒斯坦攻下。但是，德国军队在安条克受到牵制。

腓特烈去世

据记载，1190年6月腓特烈在塞琉西亚（Seleucia）的格克苏河（Calycadnus）洗澡患上风寒而死。但是尼基塔斯认为腓特烈是溺死在河里的。希腊历史学家像西方作家们一样对腓特烈的能力是肯定的，他们肯定腓特烈对基督教的热忱以及他的勇敢和无私。

腓特烈死后，他的儿子小腓特烈成为德国十字军的将领，但是所取得的成果微乎其微。在腓特烈死后第六个月，他的儿子及其随从也丧生了。

上万名十字军战士离开了欧洲，只有5000人到了巴勒斯坦。战争和疾病成为他们的克星。一位阿拉伯作家说，在叙利亚北部，一个家庭有三四名德国奴隶。用米肖的话来说，德国的军队虽然打败了他们的敌人，但是在克服了艰难险阻后消失了。萨拉丁人到处取得胜利。

在耶路撒冷的康纳德

在英格兰的理查去往巴勒斯坦的时候，康纳德在君士坦丁堡保护着伊萨克·安吉洛斯，而后他拒绝与皇帝去亚得里亚堡，而是赶往圣地。1191年，他来到提耶尔，击退撒拉森的进攻。但他的父亲已经投降，被撒拉森人关押在大马士革。萨拉丁许诺只要康纳德打开提耶尔的大门，就释放他的父亲，并赠与他丰厚的叙利亚财物，但如果康纳德拒绝，他的父亲就会被押往前线。康纳德回复说他鄙视那些财物，他父亲的生命比不上基督的事业，如果苏丹野蛮到连一个投诚的老人也杀的话，那他作为烈士的儿子将会感到十分光荣。提耶尔城得救了。

康纳德就像绝大多数他的家族成员一样雄心勃勃地想做耶路撒冷的国王。居伊·德·吕西尼昂（Guy de Lusignan）的妻子西比拉（Sybilla）死后，王位由其姐妹伊莎贝拉继承，伊莎贝拉是图伦的汉弗莱（Humphrey of Thoron）的妻子。康纳德决定与伊莎贝拉结婚，但他面临一个障碍即二人都已结婚。康纳德说服伊萨贝拉以嫁给汉弗莱是违背她的意愿为借口与她的丈夫离婚。杰弗里说康纳德拥有尤里斯般的口才。康纳德贿赂教廷，买通教士。坎特伯雷大主教以重婚罪或者如杰弗里所说的三婚罪并且威胁了教会的权威来反对离婚，但是并未奏效，教士委员会宣布伊萨贝拉的婚姻无效，康纳德虽然在君士坦丁堡就已经结婚，而且妻子还健在，但还是娶了第二位妻子。[1]

大主教将所有订立婚约和同意这桩婚事的人都逐出了教会。这件丑闻加重了十字军之间的分裂。居伊·德·吕西尼昂宣称耶路撒冷的王位是他的。在巨大的困难面前，十字军同意把选择权交给理查和腓力。但是这两位国王出于敌对状态，他们谴责对方叛变，其臣民自然都支持自己的君主。

英格兰加速了帝国的衰弱

4月，英格兰的理查带领150艘船离开西西里的墨西拿（Messina）并向圣地进发，因此，英国在拜占庭的衰落中也有所参与。伊萨克·科穆宁攻下塞浦路斯，宣布称帝，如果他没有进攻英国人，可能会继续当皇帝。理查的舰队在暴风雨中散失，有三艘在塞浦路斯遇难，那些幸免于难的英国人被抓了起来，戴上镣铐，他们的财物也被没收了。这一行为让萨拉丁确信伊萨克是他的朋友。不满足于只进行这一暴行，他挑衅地说像理查这样勇敢的人是不可能宽恕这种侮辱的。理查的妹妹和他的妻子纳瓦拉的贝伦加丽娅（Berengaria of Navarre）在

---

[1] 康纳德有三次婚姻。第一任妻子情况不详，第二任妻子是皇帝伊萨克·安吉洛斯的妹妹。据尼基塔斯记载，伊萨克向博尼法斯提亲，但信使发现博尼法斯已经结婚，而康纳德妻子正好死去。伊萨克认为妹妹与后者结合更有利，因为康纳德是哥哥。康纳德答应了这门亲事。康纳德在帮助伊萨克击败布拉纳后拒绝跟随皇帝去亚得里亚堡，他认为自己没有收到应有的荣誉，而且自己与西奥多拉的婚姻也是偶然性的，并不看重这场婚姻。尼基塔斯的记载与其他史学家相符。但是，罗伯特·德·克拉里认为康纳德逃跑是因为知道伊萨克谋划背叛他，伊萨克让他攻打布拉纳，康纳德取胜后，意识到待在那里不安全。

关于康纳德与西奥多拉结婚时，其第一任妻子是否还活着值得怀疑。杰佛瑞与尼基塔斯相反，认为康纳德第一任妻子当时仍然活着。对我来说，可以证明的是西奥多拉是第二任妻子，参见 Itinerary of Richard I 第141页。由康纳德家族记载的这部分要比其他家族更为重要。

利马索尔(Limasol)躲避暴风雨。但反叛的皇帝拒绝让他们待在自己的领地。英国的船行至罗德岛(理查后来就居住在这),然后向塞浦路斯进军,要求伊萨克交出英国人,但遭到拒绝,于是理查带军队登陆,最后,占领整个岛屿,俘虏了伊萨克。理查押着这位篡位者,前往巴勒斯坦,把伊萨克当作奴隶赠予一名随从。理查用西方形式统治塞浦路斯,建立封建制度,不久就把一个富裕的地方变成了一个贫穷的行省。后来,理查把塞浦路斯给了圣殿骑士团的骑士们。

1192年,康纳德在提耶尔被暗杀。刺杀他的是山中老人(the Old Man of the Mountain)卡西斯派来的使节。有人怀疑这样做是为了激怒理查,但据阿拉伯的作家们记载说这种怀疑是没有根据的。十字军的领导权落入理查之手。理查是个急性子,在统治英国时,就显示出政治才能不足,所以他通过勇猛取得的胜利果实最后都化为乌有。1193年,教皇写信给英国教士说由于十字军领导者意见不合,辜负了教皇的期待。随后,理查立即离开了巴勒斯坦。

第三次十字军东征的失败

萨拉丁与理查签订了停战协定,结束了第三次十字军东征。英国、法国和德国的联合军队被彻底打败。在这之前,没有哪一次从欧洲出发的远征,人数如此众多,装备如此优良,但也没有哪一次遭受如此大的失败。德国人丧失了一支伟大的军队和一位伟大的国王,法军和英军失去大批骑兵,西方士兵身患疾病,这次远征让人感到可怕。德国人、法国人和英国人通过这次的经历意识到拜占庭面对的敌人是多么地不屈不挠、多么地危险。阅读这样浩大的战败史,我们就会意识到独自抵抗突厥人的帝国是多么地强大。在面对相同的敌人时,十字军也有相同的经历。帝国的军队几乎每次都能取胜,对突厥人造成沉重的打击，帝国一次又一次地收复失地，但是，从中亚进入小亚细亚的新的游牧民族又使敌人的伊斯兰事业取得成功，不断出现的斗争耗尽了帝国的力量。

理查离开两年后，即 1195 年停战协定被打破。萨拉丁在这一年突然去世，他的王国分裂，一个儿子阿齐兹（Aziz）占领埃及，大儿子阿夫达尔（Afdal）夺取了巴勒斯坦和大马士革，三儿子达伊尔（Dahir）占领阿勒颇。萨拉丁的兄弟马利克·阿达尔（Malek-Adel）夺取了美索不达米亚。阿齐兹和阿夫达尔爆发冲突，马利克·阿达尔利用这一时机成为苏丹，统治了埃及，这成为第四次十字军东征的一个原因。

再次出征

1196 年年末，腓特烈的士瓦本继承人亨利六世决定再次进行东征，他派了一名特使到君士坦丁堡，向新皇帝阿莱克修斯提出极高的要求。这次东征被看作第三次东征的补充，但只持续了几个月就以失败告终。新罗马帝国皇帝害怕十字军进入自己的领土。尼基塔斯说在拜占庭历史上皇帝第一次决定用金钱换和平。皇帝许诺给亨利 5000 英镑的黄金作为年金。皇帝为了补充年金而向臣民们收取德国税。皇帝为此召开了由元老院、教士和行会组成的三级会议。但是，人民拒绝缴纳新税，皇帝为了增加必要的税收，只能把手伸向教会财产。1197 年，亨利死在墨西拿，西西里与君士坦丁堡的人民松了一口气，因为他们的税收免除了。

对帝国的仇恨加深

第三和第四次十字军东征的失败加深了西方对新罗马帝国的仇恨。

有人疾呼那个异端帝国已经背叛了基督。人们谴责阿莱克修斯不仅没有支援西方还援助撒拉森人和突厥人。十字军内部产生了纷争，腓力与理查不和，后来理查与康纳德也发生了争吵，突厥人与撒拉森人的反抗等都被看作拜占庭皇帝们的阴谋，甚至在小亚细亚和叙利亚的十字军的丧亡也被归罪到拜占庭身上，他们认为希腊人在井里投毒，污染供给物，并且改变水渠流向。所有可怕的罪行都被归于那些消极旁观十字军遭遇的人的身上。一位编年史家写道：不与我们在一起的就是反对我们的。

教会分歧

在十字军东征期间，直到最后，这种敌对情绪一直在增加，因为教皇也一直在强调东正教教会的分裂行为。12世纪，教皇一直试图说服甚至恐吓拜占庭的统治者承认罗马主教的权威。这些努力失败后，从12世纪末期开始，教皇又试图把那些承认教皇的教会从拜占庭分裂出去。亚美尼亚的情况表明这次努力取得了成功。英诺森三世倾其所有继续进行分裂教会活动。1199年，他在达马提亚成立了一个行省委员会，接受罗马仪式，许诺对抗匈牙利国王。同一年，他派使节去君士坦丁堡，又派代表去见保加利亚的约翰以协商设立主教职位，为僭越皇位者加冕。两年后，他派使节去塞尔维亚，把塞尔维亚人从君士坦丁堡分离出去。英诺森三世像他的前任一样多次试图说服帝国的统治者接受旧罗马权威。所有这些都表明教皇对这个教会问题是多么重视。教皇对十字军的失败深感愤怒。十字军内部也对教会分裂深恶痛绝。这种仇恨很容易就能看出来。在新教徒反抗罗马天主教的行为中，或者是后者反对前者的行为中，都比不上希腊教士及其在信仰上的遭遇，这就是宗教仇恨。由于对异端教会的极度仇视，在第三次十字军东征中，西方将士把他们的失败和罪行都归咎于仇恨，第四次十字军东征开始后，这种情绪导致了苦果，运动的矛头从预先的合法目的而转向攻击基督城市。

十字军在其他方面也直接导致了君士坦丁堡被攻占。十字军向西方证明了拜占庭帝国已经被严重削弱。君士坦丁堡这座过去攻不破的城，由于皇帝们的软弱，频繁的王位更迭，城市内乱缠身，西方将领认为它抵抗不了海陆进攻。因此，十字军在很大程度上削弱了帝国，而帝国的衰弱直接导致西方的入侵。

第六章
帝国的衰弱与西方的入侵

西西里诺曼人的入侵

在君士坦丁堡陷落前的 150 年,欧洲也侵略了帝国,影响最大的是由意大利人发起的。那时,英国感受到来自法国诺曼人的巨大压力,拜占庭帝国也被意大利诺曼人削弱,同时,帝国还得集中力量对抗涌入的亚洲游牧民族。

诺曼人进军西西里

11 世纪时西西里的人口中主要还是希腊人。除了说阿拉伯语的伊斯兰教徒之外,还有说意大利语和希腊语的人。意大利南部的几个城市承认新罗马的统治。但是,诺曼人已经征服西西里并定居在南部的很多地方。1062 年,诺曼人从撒拉森手里夺取了西西里岛。罗伯特·维斯卡德和他的儿子博希蒙德(Bohemund)率领诺曼人进入伊庇鲁斯(Epirus)和提萨利,向皇帝阿莱克修斯宣战,他们大获全胜。1085 年,罗伯特去世,诺曼人在拜占庭的征服才终止。这场战争让帝国付出极大的代价。虽然在长期围攻中,希腊将领曾大败诺曼人,但都拉斯最终被西西里诺曼人攻下。夺取都拉斯之后,由于阿莱克修斯对将领的嫉妒,罗伯特很快就攻下了拉里萨(Larissa),帝国却很难收复失地。阿莱克修斯处于困境时得到尼西亚苏丹苏莱曼7000轻骑兵的支援。1107年，博希蒙德再次进攻帝国。芬雷评论说："博希蒙德的军队就如诺曼人威廉征服英格兰时一样。"[1]为了抢夺战利品，有经验的军事冒险者加入了博希蒙德的部队。博希蒙德的军队从亚得里亚的最窄处进攻，围困都拉基乌姆（也就是现在的都拉斯）。阿莱克修斯与威尼斯总督法列罗（Faliero）签订条约。威尼斯帮助帝国对抗博希蒙德。阿莱克修斯精力充沛，再加上共和国的支持，让对手筋疲力尽。1108年，博希蒙德提出和谈，并接受屈辱性的条款。在这个条约[2]中，这位入侵者对自己所做的一切进行忏悔，希望未来对帝国称臣，作为帝国的子民愿意为帝国而战；对于皇帝可能赐予他的城市，他不会接受他们的效忠，他们只能效忠皇帝。他发誓要以基督的热情发誓，以无敌的十字架发誓，以曾征服世界的福音发誓，以基督殉难的圣物发誓，自己会恪守诺言。

1130年，诺曼的罗杰（Roger）成为西西里的国王。他的授衔仪式由教皇的使节主持，这是对新罗马帝国宗主权的否定，同时双方都认为这是正式而成功地将该王国从新罗马分离出来。此时，西罗马帝国的权力落入德国皇帝手里。罗杰与康纳德结盟以对付东罗马。经过一次散漫的战役之后，罗杰的儿子威廉继续领导对东罗马的战争。威廉就像英格兰的威廉一样精力充沛、意志坚定，他夺取科夫岛（Corfu），派船队进入爱琴海，洗劫了柯林斯和多个岛屿。1156年，一支由40艘船组成的船队向君士坦丁堡进发，宣称威廉是西西里、亚居拉（Aquila）、卡普阿（Capua）、卡拉布里亚（Calabria）和邻近岛屿地区的领主。船队进入博斯普鲁斯海峡，来到金角湾进攻布拉海尔奈宫。

---

[1] Finlay, ii. 145. *Byzantine and Greek Empires*.
[2] 全文见 Anna Comnena, Book xl。

士兵们向宫殿射镀金的弓箭,面对聚集起来的居民,他们傲慢地赞扬自己的君主。

威廉进攻帝国

在接下来20年里,西西里人没有骚扰帝国。安德库洛斯于1180年登上皇位。曼努埃尔的侄儿阿莱克修斯担当曼努埃尔的斟酒者,他被"僭越者"安德库洛斯驱除出去。阿莱克修斯逃到西西里。用尼基塔斯的话说,阿莱克修斯调集一切恶势力进攻帝国,反抗安德库洛斯。阿莱克修斯毫不费力地就获得了诺曼国王威廉二世的支持。罗杰曾全力以赴地洗劫巴尔干半岛南部地区,势力扩张到亚得里亚地区。罗杰的继任者及其臣民们持有相同的目的,他们对君士坦丁堡的富庶土地虎视眈眈。他们可以毫不费力地找到借口,与阿莱克修斯联合入侵这个与教皇和真正的罗马帝国分裂的国家。现在有了这个极好的借口。长期以来人们指责皇帝曼努埃尔牺牲臣民利益来满足拉丁殖民者。阿马尔菲人(Amalfians)、威尼斯人、比萨人、热那亚人都深得曼努埃尔的厚待,他们都很富有,人们认为他们的财富是以牺牲希腊人为代价换来的。皇帝本人娶了两名法兰克人,其儿子阿莱克修斯娶了法国国王腓力的女儿,他的女儿嫁给了蒙特弗特侯爵。在十字军入侵时期,曼努埃尔请求教皇派使节带领军队,并对亚历山大三世表示,希腊人、拉丁人就是"牧羊人手下的一群羊"。所有这些对西方的认识让拉丁殖民者在帝国的其他居民中不受欢迎,另一方面,拉丁人也非常喜欢曼努埃尔,因为他值得如此厚爱。[1] 但是,帝国的民众认为拉丁人是入侵者、信仰的敌对者、新罗马的敌人,是乡巴佬、宫廷的宠臣。人们

---

[1] William of Tyre says so. *Western Historians. Recueil*, vol.ii, p.1079.

谴责拉丁人几乎垄断了金角湾的所有码头，谴责他们说服皇帝把首都最好的商业区给了拉丁人。1180年曼努埃尔去世，斗争爆发。安德库洛斯上台后，那些拉丁殖民者贵族们就消亡了。拉丁人的首领被瓦洛人卫士抓住。尼基塔斯详细记述了这件事：手拿双刃斧头的卫兵，捉住了首领，把他投入大牢，[1]几天后，他被挖眼。

1182年屠杀

拉丁首领的去世标志着屠杀拉丁人的开始（此时有六万多拉丁人[2]）。在皇位觊觎者们陷入争斗时，拉丁人选错了对象，他们的支持者失败了。安德库洛斯派康托斯坦福诺斯带领船队跨过博斯普鲁斯海峡去进攻拉丁殖民者，同时帝国首都的暴徒也攻击他们。希腊历史学家说，拉丁人没有能力抵抗这些进攻，他们抛弃了房舍，里面装满了金银财宝，这些东西只能等着被抢夺；有些人从海路逃跑，有些被抓杀害了。拉丁历史学家对攻击的细节的描写，比尼基塔斯的记载更清楚。他们对有钱的外国人以及得宠者充满仇恨，对那些时而威胁时而引诱他们背叛宗教的人充满敌视，但他们又承认古罗马主教的权威，这导致野蛮与残暴。当拉丁人知道大贵族被抓时，他们既期待，但也害怕被攻击。提耶尔的威廉说有人知道存在阴谋，但是，这不一定是有组织的抢劫。每次当掠夺者得胜称王时，拉丁人就成为失败者。绝大多数拉丁人想逃离首都。有一批拉丁人在港口发现了44艘桨帆船，他们夺下这些船，还有的拿下了在金角湾的船只，然后乘船逃走。那些老弱病残的，还有一些不相信会发生大屠杀的就留下了。这些留下

---

[1] Nicetas, 323, ed. Bonn.
[2] So says Eustathius of Thessalonica, who speaks of the Sicilian expedition as war of vengeance for the massacre of 1182.

来的人为了保卫自己的财产而进行斗争，但不久就被压制。提耶尔的威廉说男女共计有4000人被希腊人卖给突厥人或者是其他没有信仰的人。[1] 很少有人能幸免。女人和孩子都成为肆意燃烧的残酷怒火的受害者。安德库洛斯的士兵加入暴动行列，抢劫拉丁区。在曼努埃尔时期建起来的教堂中，神父被打倒。有的圣约翰医院的病人，被从病榻上拖出来烧死。拉丁区被摧毁了。红衣主教约翰被派来协商教会联合，但却被砍头。主教的头被系在狗尾巴上，游街示众。西方作家的记载无疑是夸张的，但暴动演变成无情的屠杀，在意大利和西西里引起极大的愤怒，他们准备为那些受难者的同胞报仇雪恨。

任命坦克雷德为首领

威廉国王的表亲坦克雷德被任命为对抗帝国的将领，1182年，他带兵开始报复行动，1185年，夺取都拉斯。坦克雷德比博希蒙德更加成功，他攻占了这个城市，然后勇往直前，跨过半岛进入萨洛尼卡。

洗劫萨洛尼卡

在海上军队的支持下，坦克雷德经过九天的围困夺取了都拉斯。希腊人遭到了大规模屠杀，而西西里人的丧亡不过3000人。诺曼人用他们臭名远扬的方式洗劫了这座城市。大批居民成为刀下之鬼。教堂也难逃洗劫，遭遇了奇耻大辱。残忍的士兵们想尽方法来对抗异教徒，他们把圣物用作日常所需，或者捣毁后炼制金属。城市以及邻近地区的财富都被看作大门敞开的天堂，以供他们掠夺抢劫。城中的居民们受尽凌辱折磨，被迫交出财物。有的士兵对帝国民众施以最恣意野蛮

---

[1] William of Tyre, xxii.c.12, p.1083; *Recuil*, vol.ii; and Eust. Ch.28—30, ed. Migne.

的暴行，仅仅是出于羞辱。士兵们弄脏水井，用秽物污染食物。当希腊教士在教堂祈祷时，士兵们高声嘲笑着。教堂的颂歌淹没在下流的歌声里。有两位希腊历史学家记录了这些事件：野蛮的士兵恶意取乐，专门侮辱那些他们自认为在文明上没有他们优越，但在外形上却比他们强的人。接着，马其顿和色雷斯也被洗劫。安德库洛斯绞尽脑汁应对从四面八方而来的进攻，与萨拉丁达成协议，容许后者入侵巴勒斯坦，但撒拉森却把巴勒斯坦看作帝国的一块封地。另一方面，萨拉丁援助帝国，从突厥人手里夺回科尼亚。同时，帝国皇帝准备了一支由100艘船组成的船队，进攻西西里人。但是安德库洛斯的统治很快到了尽头，伊萨克上台，战争继续。在莫西诺波利斯，西西里人遭到攻击，在德梅特里萨被打败。萨洛尼卡被收复，爱琴海的船队几乎毁灭。西西里国王丢弃了都拉斯，在亚得里亚海的诺曼船队也被暴风雨摧毁。在极短的时间内，西西里人的远征彻底失败。和之前的突厥人一样，在战争中天生勇猛的诺曼人面对帝国纪律严明的军队时，彻底失败了。但是，远征削弱了君士坦丁堡对半岛南部的统治，但也让意大利人意识到帝国并不是不堪一击的。西西里人依旧垂涎帝国的领土，1194年，在帝国处于内部斗争时期，当伊萨克的统治趋于末路时，西西里的国王亨利宣称收复都拉斯和萨洛尼卡之间的领土，同时伊萨克的女儿艾琳（Irene）被囚禁，成为逼迫皇帝承认西西里要求的人质。伊萨克忙于应付其他麻烦，与亨利达成协议，答应支付西西里赔偿金，结束困难局面。但是，1197年，西西里国王去世，协议未能签署，伊萨克松了一口气。

一个多世纪以来，西西里人始终是帝国的一根刺。西西里人对帝国的进攻，部分原因是出于冒险，部分原因是想夺得土地，但最重要的一次出征则是为了惩罚1182年的屠杀者们。古挪威人（Norsemen）

入侵帝国的原因，与其父辈进攻诺曼底以及他们的兄弟进攻英格兰的原因一样。帝国不得不从本来派去对抗突厥人的军队中抽调大批兵力来对付挪威人。在当时，巴尔干半岛南部被视为帝国最难进攻的领域。自从西西里人出现后，帝国不得不派大批军队前去阻止新的入侵。这样，诺曼人也构成了帝国衰弱的一个原因。

在君士坦丁堡内部有很多意大利人的聚居区，在12世纪最后几年，聚居区的骑士们也削弱了帝国。但是，在谈及聚居区以及他们引起的麻烦时，应该注意到那些生活在帝国内的外国人的遭遇。我冒昧地认为，这是一个被忽视的问题，不过事实是意大利人和其他人在中世纪的生活方式一直延续到了现在。

君士坦丁堡的外国聚居区以及帝国内外国人的生活条件

君士坦丁堡在每个阶段都是由不同民族、拥有不同信仰、说着不同语言的人组成的。其地理位置决定了其人口是世界上最多样化的，到目前为止也是如此。这里也是东西方的交汇地。

君士坦丁堡内的分裂因素

君士坦丁堡有英国人居住区，拥有自己的行政部门和法官，遵从英国律法。德国和法国居住区也拥有自己的管理者，并按照母国体制进行统治。所有欧洲的民族都能在这里找到。而且还有波斯人居住区，按照波斯人的律法统治，遵守什叶派教规。波斯人的统治被博斯普鲁斯所借鉴。一位博格里（Bokhariot）的贝伊[1]统治着在斯坦布尔（Stamboul）的博格里人。莫西亚人和库尔德人、卡布利

---

[1] 贝伊（bey），"总督""省长"之意，是旧时土耳其和埃及人所用的词语。——译者注

斯人（Cabulese）和印度人与黑山人（Montenegrins）、伊庇鲁斯人（Epirots）及阿尔巴尼亚人彼此之间互相斗争。在有这么多民族居住的城市中，没有哪一个像君士坦丁堡这样，每个民族都保持了自己的特点；也没有哪一个欧洲的城市，所有的外来因素像君士坦丁堡那样，如此难以融入居于统治地位的民族，对其如此排斥；但是，也没有哪个城市的外来民族在一个国家的历史中扮演如此重要的角色，外来民族正是现代君士坦丁堡的特点。

君士坦丁堡的人口实际上很难只由一个民族组成。君士坦丁堡拥有海港，其重要性不言而喻，因此被选作军事要地和政府所在地。像所有海港一样，君士坦丁堡吸引着来自世界各地的外国人，但它又不像其他城市那样，这里虽然吸引了很多人却不能吸收他们。我们现在看到美国以及英国的聚居区是如何轻而易举地把英国人、爱尔兰人、德国人以及其他民族变成了美国人和英国臣民，当然需要注意的是在胡格诺教徒被接纳并融入主流人群很久之前，威尔士人依然保留着自己的古老语言。说希腊语的民族，像英国人和法国人一样，凭借其语言和宗教，拥有强大的力量，吸收了在其影响下的人们。但是，当这些人成功占领巴尔干半岛南部时，各民族在语言、宗教和身份上却互相排斥，而且这些特质比希腊人本身更难接受，君士坦丁堡无法同化在各个世纪被吸引而来的大批民众。值得称奇的不是在11、12世纪这些人没有被同化，而是他们成功地保留了自己的特点。就民族而言，拜占庭人并不是希腊人，只是曾经说希腊语。在从帝国政府向新罗马过渡时，拉丁语似乎处于主导地位。意大利移民说拉丁语。巴尔干半岛北部的人们说的语言类似拉丁语。拉丁语成为宫廷用语，但希腊语最终获胜，它经历了像1066年诺曼人征服英格兰后英语和法语的斗争。在这个过程中，用更为古老、适宜的词来说，意大利语就是拉丁语,逐渐被来自意大利的商人和定居者使用。来自叙利亚和小亚细亚的亚裔希腊人大批来到首都。亚美尼亚人也是首都人口的重要组成部分,他们中有很多人在帝国政府出任高官。在奈尔斯(Nerses,贝利撒留的继任者)时期,有一个也叫奈尔斯的人当了主教,正如主要的一个民族亚美尼亚人所说,如果他们在这个国家不占主要地位,在君士坦丁堡的城市历史中就不会有一席之地。来自北方或者中亚地区的瓦洛吉亚人、俄罗斯人好几个世纪以来在博斯普鲁斯海峡根本没有据点。

只要帝国还强大,各民族的聚居点就会处于皇帝的统治之下。当皇帝变得虚弱的时候,特别是在12世纪,大量人力、物力用于对抗塞尔柱突厥人以及其他敌人,外国人的作用越来越重要。外国人在帝国臣民中所占比例越来越大,而且在各个领域其权力也越来越大,远远大于人们的想象。12世纪末期,与以往相比,这些人成为帝国重要的组成部分。欧斯塔修斯(Eustathius)在1182年说,拉丁人有6000万,而在我们今天大约有25000人。

如何统治外国人

外国人很久以前就可以定居在君士坦丁堡。那么,对他们是如何统治的呢?旧罗马的法律对于罗马公民的特权法和适用于所有民族的法律规范的市场法有很大差别。市场法主要用于解决罗马人和外国人的纠纷,而不用于解决外国人内部矛盾。罗马人不愿意把罗马法律的特权给外国人享用,除非涉及罗马人的利益。但是,对于新罗马的法律,法学家们通常会考虑"罗马法"这个词是什么时候使用的,从查士丁尼时代到君士坦丁堡之后的200年,两种法律体制合二为一,这在很大程度上与英国司法权案例融于普通法和平等法体制类似。但是,在罗马或者君士坦丁堡的历史上,外国人没有享有罗马公民的全部权利。但为了贸易，外国人可以享有一定的特权，帝国与外国民族签订一系列商业条约，这些外国人受邀，参加他们的案件审判，但是，不论什么案件，这些人在受自己政府的管理，他们不能享受帝国公民的全部或大部分权益。这些外国人来到帝国与当地人进行贸易，会受到保护，但是他们必须自己管理自己，根据帝国的某些规定，只能获得被保护和进行贸易的权利。

对被统治者的规定

对于那些已经成为帝国臣民的，这些限制有一定变化。皇帝必须在行政上立法，管理不同的民族、宗教、宗族和地区。最后，部分罗马法律规定的权利和义务适用于所有的帝国臣民，当然不包括外国军民。卡拉卡拉[1]由于想增加税收，将帝国的臣民全部变为罗马的公民。但是，用罗马法统治罗马公民最便利的方式，用伟大的西奥多里克（Theodoric the Great）的大臣卡西奥多罗斯（Cassiodorus）的话来说，就是罗马人成为罗马的法官，哥特人成为哥特的法官，各种各样的法官，对所有的人都是司法公平。[2]

在这样的体制下，帝国的每一位臣民都享有其所属民族应有的权利与义务。他们受帝国的法律约束，但是各级法庭也关注每位臣民的民族和习惯。外国人处于不同地位，罗马法为他们提供保护，但除此之外，他们根据自己的喜好解决纠纷，管理自己的事务。君士坦丁堡的亚美尼亚人占据罗马领土，不得不服从罗马法律，确保公共秩序，

---

[1] 卡拉卡拉（Caracalla，188—217），罗马皇帝。他在212年给予罗马帝国所有自由居民公民身份。——译者注
[2] 原文为 Romanis Romanus judex erat, Gothis Gothus, et sub diversitate judicum una justitia complectebatur。

交纳某些赋税。但是，婚姻、遗产继承等则由亚美尼亚人或者由皇帝任命执掌亚美尼亚法律的法官来处理。[1]

尊重外国居民的协定

这样的规定对其他城市来说并不陌生，但是在君士坦丁堡得到了充分发展，在和突厥宫廷签订的条约中，这种体制已经存在，现在仍存在着，这证明了历史的延续性。换言之，对于今天生活在土耳其的外国人来说，条约的体制就是让他们仍住在那里。我认识的作家还没有谁注意到这个事实，所以有必要简要描述一下条约的历史。

相关历史

我能找到的第一个保证治外法权的条约是与瓦洛人签订的，在后文还会谈到。905和945年，签订治外法权条约的时候，瓦洛人被称作俄罗斯人，在执事利奥和其他希腊作家的记载中，可以看到对这些人外貌的描述，看出瓦洛人和俄罗斯人之间的联系，从那时起，有关条约不断出现，直到1453年的穆斯林征服。威尼斯人在11世纪初期得到这样的条约，阿玛菲亚人在1056年获得条约，不久之后，热那亚人于1098年也获得了这样的权利，[2]比萨人在1110年也获得这样的权利。条约非常普遍，赋予外国人更多的居住特权，12世纪后半期，金角湾的君士坦丁堡沿岸被外国人占据，希腊人抱怨没有他们自己的

---

[1] 查士丁尼给予在其领土上的亚美尼亚人与自己臣民一样的法律权益。这就是一种"保证、特许或者协议，这与英国对外国人的审判法案用词类似。这些特许对亚美尼亚人来说非常有意义。如果没有这样的特许，亚美尼亚人还处于自己法律的管辖下。查士丁尼批准的法令给了外国人不曾拥有的权利。

[2] 我对治外法权在此时是否是一种特权持怀疑态度。从阅读早期很多与意大利城邦签订的条约中可以得知统治者很乐意把纷争上诉到皇家法庭。相关条约见 Sauli's *Colonia di Genovese* and Gatteschi's *Manuale di Ditritto Publico et Private Ottomano*。

码头。我们现在看看1453年的穆斯林征服，那时热那亚人获得条约，他们占有了加拉塔城，成为入侵者的危险的联盟。伊斯兰教徒入侵时，征服者穆罕默德给予热那亚人条约，在其后的一个世纪里，威尼斯人通过条约成功获得了赋予的特权，明确规定威尼斯人的争端应该由自己的官员解决，威尼斯人与奥斯曼臣民之间的问题必须由威尼斯人作为解释者在场，免除阿拉赫（harach），对他们只征收基督税赋，而不用服兵役，他们有权任命自己在君士坦丁堡的地方官员。

现代形式

这些特权也体现在伊斯兰的帝国于1536年与法国签订的条约中，但具体条款常被修改，与其他欧洲国家签署的很多条约都体现出这些特权。其他补充条例也体现出条约的核心内容。帝国与法国签订的条约中形成的体制并没有保留到现在。每个民族与突厥人都签订了条约，但是每个条约都包含有利于这个民族的条款，整个条约形成了法律体系，这个体系决定了外国人在奥斯曼帝国时代如何生活，他们的政府如何行使司法权。[1]

这些权利在突厥人统治时期持续的原因

在拜占庭最繁荣的时候，各个民族出现了融合。但是，在拉丁征服之前，随着新的民族的到来，民族繁多、语言各异、习惯不同等阻碍了各民族的融合。因此，保留条约体制非常必要，尤其要鼓励信仰基督教的外国人在帝国定居。突厥人不得不承认这一点，他们发现条

---

[1] 在突厥帝国与外国居民签订了一系列条约，因为条约的内容是在各个领导者指导下制定的。有的条约承认特权，君主赋予另一种势力统治下的臣民权利；有时，这些条约规定，每个国家的君主赋予另一个国家臣民以权利。

约力量强大，1453 年，他们攻占加拉塔城时，此地在外国人手中，城防固守，突厥人不得不保留这一制度。君士坦丁堡最后的 450 年，见证了条约体制的发展。

实行这样一种特别的司法体制是可能的也是可以接受的，尤其当外国人对政府在保护自己生命和财产上不自信的时候，但其他民族忍受不了这个体制，例如突厥人。尽管其他欧洲民族的发展已经超出之前的法律概念，他们依然在其法律里保留了自己旧体制的很多特点，使馆领地的额外权利以及领事人员特权就是这一体制的表现。在奥斯曼帝国，外国人享受的司法权被分类，并与各个领事人员的权利紧密相关。值得注意的是，君士坦丁堡的现存体制，直接源于中世纪的领地额外权，这一权利在罗马时代已经得到发展，在法国或者其他欧洲国家的英国人遵循所在国的规定，但是，英国人在很多情况下不得不在陌生国度依赖早期殖民形式，19 世纪，在印度、里斯本、圣彼得堡的工厂，以及在日本和中国的领事馆，其司法体系建立了类似于君士坦丁堡的条约法案，最后，在国外的这些领土成为大英帝国的一部分，形成了一个基地。

这些权利是留传下来的，而非发明

我已经谈了君士坦丁堡的政治思想，即外国人不该享有罗马公民的特权，但可以运用自己的律法。穆罕默德也没有进步到超越这一想法。所有的基督徒在某种意义上对于伊斯兰信徒来讲都是外国人，伊斯兰法不能应用于他们。但是，在拜占庭帝国的外国人居住地，在突厥人统治时期建立的外国人居住地，以及在现在君士坦丁堡存在的外国人聚居地中，外国人在生存上并没有感到太大的困难。这些外国人有自己的喜好，他们按照自己的法律办事。

这再次表明在君士坦丁堡的额外领地上，不存在外国人没有权利的时期，也不存在外国人被列为残障人士的现象。现存的条约体制是复兴而不是为了适应突厥人的一种新发明，也不是由于突厥人领袖苏丹深明大义，做出重大退让，以此来吸引外国人进行贸易或者定居。条约既不是给外国人贴上低下的标签，也不能证明苏丹有过人的智慧。实际上，在奥斯曼统治下，外国人在首都的地位与基督皇帝时一样并不重要，特别是在12世纪末期。在最后的600年里，当地人口已经停滞不前，外国人也不像以前那么多了。

现在，我要说说拉丁征服前在君士坦丁堡存在的主要外国人居住区，以及在帝国其他主要城市存在的外国居住区。

瓦拉吉亚人

截至1204年，已经在君士坦丁堡定居时间最长的外国人中，有瓦洛人，又叫瓦拉吉亚人。

这个民族与英国人的联系

他们与我们同族，这里有比现在有说服力的物证进行了更为全面的描述。塔西佗说过"Angli et Varini"，[1] 即英国人和瓦洛人。在塔西佗时代，这些人都是巴尔干南部国家的居民，所以在塔西佗时代后期，这片地方又叫瓦洛海。当英国人开始大移动，移民到不列颠岛时，一些瓦洛人也参与其中，与他们相伴的还有贝德所说的俄罗斯人。[2] 后来，瓦洛人与俄罗斯人，就被随意地称为同一个民族。俄罗斯的修士奈斯特（Nester）说，一些瓦洛人被称为俄罗斯人。瓦洛人在英格兰的痕迹可以从遗留下的一些地名看出来，例如："Warwick（沃里克）""Warnford（沃恩福德）"或者"Warington（瓦林顿）"。他们

---

[1] Germannia, vii. ch. Xl.
[2] Hist. Eodes. ii. 9.

的历史记录表明与英国人同族,但有人质疑英国人是否与条顿人或者诺斯人有关。[1] 他们在外貌上与英国人和丹麦人相似,语言上也一样。他们对大海的探索、他们的传说、他们的习惯,以及他们的姓名,都告诉我们他们的确与我们的祖先是同一个民族。

从巴尔干来

当英国人西去的时候,瓦洛人中有的向巴尔干东扩散,有的向南扩散。他们向邻近的部落征收税赋,尤其是向斯拉夫人征税。德威纳河(Dwina)和德涅斯特河是瓦洛人主要的商业通道,也是他们远征掠夺的通道。很多时候历史学家从他们各自的情况出发关注这些人的掠夺,而不考虑他们从事商业的事实,总体来看是错误的。斯拉夫人把其主要的产品出口到君士坦丁堡,带回了瓦拉吉亚的丝绸、香料,还有其他西欧商品以及拜占庭的金子。

基辅和诺夫哥罗德(Novgorod)的斯拉夫人开始的时候有自己的统治,就如在英格兰的诺曼人一样,他们开始慢慢地融于被征服的民族。在863年到869年之间,斯拉夫人参与了掠夺东罗马遥远的行省行动。一个世纪内,他们对君士坦丁堡展开了四次攻击,这些大胆的举动表明了一种民族精神,即他们是外来者、探索者,也是海上流浪者。瓦洛人奥拉夫(Olaf)有时把他的盾牌挂在君士坦丁堡的城门上,有时挂在圣索菲亚教堂的圆顶上。904年,奥拉夫再次进攻帝国,由瓦洛人、英国人、诺斯人以及斯拉夫人组成的军队,领先开道,他们乘坐2000艘船进攻都城。之后,皇帝与侵略者签订了和平条约,这就是已经提到的在君士坦丁堡存在已久的条约的范例,条约容许外国人按照他们自己的法律行事,免除该地统治者的某

---

[1] Rafn 教授在他的著作 *Antiquiths Russes et Orsemtaks*,认为英国人属于诺斯人。Royal Society, NorthernAntiquaries, vols.1850—1852.

些限制。该条约订立于907年，之后在912年、945年又签订其他条约。所有这些都记载于奈斯特编年史中。[1] 代表瓦洛人进行签字的是"Sigiborn""Adun""Swain""Adolf""Antiwald""Furst""Brumwald""Ingeld""Alden"以及"Swain"，这些名字足以证明他们的祖先来自什么民族。有一名签字者的名字源于一位商人。瓦洛人在帝国进行自由贸易，但他们必须携带通行证，如果俄罗斯王子和他的卫队愿意，他们能驾驶的船只和携带的货物数量可以与他们的副官或者客人一样多。瓦洛商人每个月都有补助金，违法者按照瓦洛法进行惩罚。瓦洛官员可以占有有遗嘱或没有遗嘱的财产。这些条约在基督教誓言下进行了修订，他们既代表希腊人，又代表皈依了基督教的俄罗斯人，同时也代表那些虽然没有受洗，但放下武器的俄罗斯人。

斯维登斯拉夫人的远征

利奥对瓦洛人也进行了有趣的记载，他的描述颇具现代性，清楚地说明他把瓦洛人称作俄罗斯人，[2] 既承认这些人的价值也指出他们的残暴。像其他希腊作家一样，他提到瓦洛人使用的独特的武器战斧。利奥说瓦洛人红发蓝眼，从不屈服，宁愿自杀也不会成为俘虏。利奥记载了与一位名叫斯万德斯拉夫（Swendoslav）的将领有关的最瞩目的战役。这名将领带领军队进入帝国，开始了他的掠夺之旅，占领了多斯特伦（Dorystolon）和锡利斯特拉（Silistria）地区，控制了通往巴尔干的德温德（Derwend）通道。他作战勇敢，以少抗多，最后他发现不太可能突破由帝国皇帝约翰一世的军队所驻守的防线，而

---

[1] *La Chronique de Nestor*，法语翻译，刘易斯，1834，vol.i, pp.36—44, 57—64。同时参见 Zonaras, ii.173。

[2] "Pws". 利奥引用的《圣经·旧约》用了相同的词（Russian），Ezekiel xxxix.1 和 2，里面写道，Prophecy against Gog, and say, Thus saith th Lord God. Behold I am against thee, O Gog, chief prince of the Russians, Mesech and Tubal. Leo, *Dia.* P.93, ed. Reg.

且八千随从被杀,因此被迫接受条约,不得不离开帝国,返回到自己的领地。另一方面,罗马人承诺给那些在君士坦丁堡的俄罗斯商人像以前一样的安全保证。在这位曾率海上力量穿过黑海进入多瑙河的将领与帝国皇帝签署和平条约之后,他表示希望拜访强大、英勇的敌人。他们的会面就在多瑙河边。拜占庭史学家记载下了这一罕见的画面。每位将领都穿着本民族的衣服。帝国皇帝身着铠甲,饰以珠宝金银,乘着坐骑而来,前面是拿着亮闪闪武器的士兵,他们训练有素,胜任重责。另一方面,斯万德斯拉夫也乘船驶来,他与众士兵一起划桨,直奔会面地。斯万德斯拉夫一身白衣,简单朴素,只是他的衣服比其他人的更干净。这两位将领及其随从分别代表新旧时代两种精神:一方有严明的帝国纪律,为了少数人的荣耀而牺牲大多数人,帝王一人之下,命令规定形如机器,这使罗马称霸世界;另一方平等、自立,所有人们关注国家的安危,最终他们的后代形成了伟大的现代民族。皇帝看到眼前这个人中等身材,长着浓眉毛、淡蓝色的眼睛、厚实的鼻子、薄薄的嘴唇,他的胡子又长又浓,短头发但有两绺长发飘到面颊。他是瓦拉吉亚的贵族,有着结实的颈项、宽阔的胸膛。他表情坚毅,两只耳朵饰以珍珠耳环,每个耳环的两颗珍珠间又有一颗红宝石。两位将领寥寥几语,皇帝坐在马背上,这位瓦拉吉亚人坐在船板上,后者凝视着皇帝,双方互致尊敬。

应征入伍

在拜占庭帝国的早期,很多瓦洛人,可能也有英国人前来服役。[1] 这些人成为皇帝得力的护卫,取得了比更早的皇室护卫更响的

---

[1] 阿拉伯作家 Mahsoudi 和 Abul-feda,确定瓦洛人、俄罗斯人被号召入伍,加入东方伊斯兰统治者的队伍。这些人受到褒奖,许许他们定居。瓦洛人值得好好研究。海德·克拉克先生已经收集了有关这方面的大量有趣的事实。

名望。拜占庭的作家们常把他们说成野蛮卫队或者持斧头者，因为他们用的武器是丹麦战斧，也可看作钩刀但又不像戟，它只有一个向上的钢尖，这个武器既能攻击又能射击。[1]安娜——阿莱克修斯一世的女儿，把这些人称作瓦洛人或瓦拉古亚人，[2]尼基塔斯把他们看作德国人，[3]西方的学者则称他们为丹麦人，或者英国人和丹麦人。[4]

诺曼人威廉征服英格兰后，很多英国人移居俄罗斯，也有人跑到君士坦丁堡，他们在那里加入了瓦洛人护卫军。[5]

诺曼征服的影响

虽然诺曼征服使得很多人成为帝国的护卫军，但是在这一事件之前也有瓦洛人加入这个职业。1034年和1035年，护卫军在小亚细亚以西过冬。[6]罗曼努斯·戴奥吉尼斯在1078年到1071年称帝，重新组织了瓦洛军，成立了皇帝贴身卫队。

---

[1] Nic. 323, ed. Bonn. 莫德曼博士（Dr. Mordtmann）对来自瓦洛人卫兵做了描述，他们所持的是单刃斧头。刺刀形状没有镰刀弯曲，与斧头相背。莫德曼说这还不是瓦洛人通常用的斧头——*Bipennis*。我认为刺刀既可以砍也可以刺，应该称作双刃刺刀。见 Archives de l'Orient Latin（1881），vol.i, p.698。

[2] Anna.i.120, ed. Bonn.

[3] Nicetas, 323.

[4] Les Anglois et Danois mult bien combattaient avec leurs haches, Villehard.

[5] Ordericus Vitalis 说，英国人失去自由，他们想办法要摆脱牵制，有的逃到丹麦国王斯韦恩那里，激起了国王恢复其祖父克努特的大业的勇气。还有一些逃到其他国家，他们既为了逃脱诺曼统治，也是为了掠夺财富，期待着有一天杀回英格兰。一些年轻的跑得更远，来到君士坦丁堡服役，加入皇帝的军队以对抗罗伯特·维斯卡，这大大增强了帝国的兵力。英国流民受到极大的欢迎，他们与诺曼人作战，对于这些人来讲，他们碰到的希腊人太弱了。希腊人认为他们是英国血统。*Du Cange*（see vol. Ii. Anna Com., p.462）；英国人和丹麦人才是瓦洛人（*Observations on Villehardouin*）。*Recueil des Croisades* 的编辑也持有相同的结论：这些人几乎都是从英格兰来的逃亡者，他们有的是在忏悔者爱德华上台时，有的是在诺曼征服时出逃的。

[6] Rafn 教授认为，挪威国王哈罗德在 Stamford Brig 被击败，在1043年当他离开君士坦丁堡时，成为瓦拉吉亚卫队的首领。

瓦洛人对女性的尊重

在帝国，护卫军不仅忠于职守而且尊重妇女，对此科德瑞诺斯（Cedrenus）有例证明：一位农妇抵抗一位护卫的暴力，拿起护卫的刀刺死了他，当他的同伴们得知事情真相时，不仅原谅了这位妇人，而且把那个护卫的财产给了她，尸体也没掩埋，就像他是自杀的。[1]瓦洛人，在希腊神父见证下皈依基督教，属于东正教，加入瓦洛人的英国人承认罗马的精神统治，在新罗马建有教堂，致敬坎特伯雷的圣奥古斯丁。[2]瓦洛人和英国人，虽然占据希腊宫殿，但他们仍然说着自己的语言，使用自己的法律，有时候还会任命自己的官员。[3]掌权的人被称为助手（acolyth）[4]或者追随者，因为其地位紧随皇帝。没有哪个王国的护卫能比得上瓦拉吉亚人值得信赖，确实也没有人比他们更值得信赖。在腐败的宫廷中，他们保持着独立。在安娜·科穆宁和她的父亲以及那些柔弱的臣民眼里，他们就是野蛮人，而且像在印度本土宫廷里的英国士兵一样，被视为好战民族的堕落代表似的野蛮人。

---

[1] Cedrenus, p.735.

[2] 他们的教堂是献给坎特伯雷的奥古斯丁和圣尼古拉的，据说是由一位英国流亡者建立的。这名流亡的英国人在黑斯廷斯战役之后来到君士坦丁堡。1453年，这个教堂改成清真寺。教堂位于皇宫和亚得里亚大门之间。Paspati在这个大门的一个城楼上，发现了很多与瓦洛人有关的墓志铭。1865年，英国大使想方设法想把这些移到在斯库台湖的英国人公墓，但没有成功。突厥人政府用这些石头来搞建筑。更不幸的是，留存下来的两块在1870年的佩拉大火中毁于一旦。*Historie de l'Eglise Latine de Constantinople*, M.Belin, pp.4, 20. *Constantinop. Christ.* p.130. *Dr. Paspati's Meletai*, 308.

[3] Cedrenus. 读者们应该记得瓦尔特·斯科特先生在 *Count Robert of Paris* 里对君士坦丁堡的瓦洛护卫队的生动描述，书中大量具有地方色彩的描述和情结来源于安娜。在 *Count Robert of Paris* 里，他形象地描述了君士坦丁堡的瓦洛守卫。概述的地方色彩及大部分故事源于安娜·科穆宁，他描写了皇宫监狱、都城的生活，虽然偶有错误但已相当精确。在十字军准备跨过博斯普鲁斯海峡前，他让他们等待潮水退去再说，实际上在博斯普鲁斯海峡和马莫拉不会有海潮。

[4] Anna Comnena对此的称呼不一样。Codinus对这一职务也做了描述。

虽然他们尽自己的士兵职责,但却鄙视自己效忠的对象,在这些士兵中,英国人对诺曼人一直不满,他们决定为帝国的领土而战。在第四次十字军东征中,他们尽力抵抗对帝国首都的进攻。[1]

作为这些守卫的同族人,我们看到希腊作家们不断指出帝国皇帝们在瓦洛人的保护下十分安全,而且他们虽然离开英国,但却没有接受外人的统治,我们感到万分欣慰。[2]

虽然很难确定瓦洛人、英国人和俄罗斯的商人是否会继续住在君士坦丁堡,但是可以确定的是,与其他已经在新罗马的族裔相比,他们没那么重要了。

君士坦丁堡的意大利居住区

最重要的殖民区是意大利人的。他们一直是君士坦丁堡一个重要的意大利因素。首都一些地方以及其他的一些城市的人们已经懂得拉丁语。

港口地区懂拉丁语

十字军懂法语,法语与意大利的拉丁语相近。而且法语也可能混合了君士坦丁堡及其后继者的拉丁方言,还有殖民者引入的意大利语,以及类似于拉丁语的语言。这种语言在君士坦丁堡时代之前,就在巴尔干半岛存在了。罗马尼亚人在今天还使用拉丁方言,我认为这种语

---

[1] 在征服之后,帝国存在瓦洛人的一些痕迹。*Nikephorus Greg.*, pp.187 and 243, ed. Reg. Busbeck 提到了在克里米亚的一支孤立的瓦洛族人,这些人说的一些词几乎与英语一样,或者与德语一样。这是在 1557 年。英国或者瓦洛护卫不断从北欧而来。在 *Recueil*(vol. vi, p.518)里,讨论了这些人使用的语气。希腊的作家们认为那是丹麦战斧。

[2] Page 120, Anna Com., ed. Bonn. Bryennios 同意赞扬这些人的忠诚。William of Malmesbury, Book ii. ch. 13, *De Gest. Angl.*, 称这些人为英国人。Saxo Grammanticus 和其他人称他们为丹麦人。

言是在新罗马统治下的广大罗马尼亚地区很重要的语言。无论现代的这种语言是达基亚（Dacian）殖民区拉丁语的退化，还是如我所说（当然也有更多能得出这一结论的理由）是来自普通的雅利安体语系的独立分支，它都与罗马的发展密切相关，至少在帝国的沿海地区，准备接受拉丁方言是能够理解的，在巴尔干半岛内陆的独立居住区，就形成了这种使用语言的意愿，这也极大地促进了贸易的发展。

拉丁区

12世纪后半期，拉丁人控制了帝国的大部分商业，他们在重要的城市都有据点。很多威尼斯人定居在萨迪斯（Sardis）、小亚细亚的西海岸，最远直至达达尼尔海峡，甚至在阿比多（Abydos）也发现了他们的居住点。其他人定居在罗多斯托（马莫拉北部城市）。在伊萨克统治时期，拉丁人已经在亚得里亚海定居了。拉丁人更古老的定居点在菲利波波利。

在萨洛尼卡

萨洛尼卡是马其顿的天然港口，是该地区一座重要的城市，很多道路汇聚于此。在圣德米特里厄斯（St. Demetrius）集市的前后，这里聚集着许多商人。叙利亚、埃及、意大利，甚至西班牙的商人都来到这个集市，他们与俄罗斯、保加利亚、希腊和阿拉伯的商人进行交易，他们用俄罗斯过冬的皮毛和盐鱼交换马其顿的谷物，或者换取伯罗奔尼撒的丝绸、西班牙的刺绣。威尼斯人、比萨人和其他法兰克人在这里的聚居地很大，他们也很富有。

在各岛屿

在萨洛尼卡以南的沃洛（Volo）也有大批的拉丁定居地，大多数是威尼斯人。威尼斯人已经占据了沃洛以南希腊半岛上的很多城市。拉丁人也定居在阿米罗（Almyro）和柯林斯，阿拉伯的商人把他们的商品带到海峡这边,拉丁人则把自己的商品带到另一边。在尤比亚(Eubocea)、安德罗斯(生产丝绸)、利姆诺斯(Lemnos)等岛屿,威尼斯人建立了永久的聚居区。罗德岛、希俄斯岛(Chios)、克里特岛也容许拉丁人做生意。在所有的重要商业城市,当地人发现帝国的敌人成了他们最重要的竞争对手。

在君士坦丁堡

但是重要的外国商人都涌入了首都。意大利人在首都有自己的可汗(Khan),当地人称为"Emboloi",这些建筑形如城堡,内部有广场,四周是商店。这些意大利人的聚居区内的街道和都城的一样,建有拱廊,用来遮风避雨。

热那亚人在帝国宫殿附近占有聚居区,向宫殿往西,在之前的军火库大门周围是比萨人的聚居区,再往西,毗邻大桥的斯坦布尔(Stamboul)一端的地方,在派拉玛瑞斯门(Porta Peramaris)周围,几个世纪以来就是从加拉塔(Galata)而来的人们出入首都的主要地方,这里则是威尼斯人的聚居区。在威尼斯人和比萨人之间,阿玛菲亚(Amalfians)聚居区中还有许多意大利人的殖民区。[1]热那亚人和威尼斯人也可能在加拉塔定居。君士坦丁堡的居民抱怨拉丁人占有了都城中最好的商业地段。以上列出的这些地点,证明这种抱怨是有理有据的。除了以上提到的拉丁聚居区,安科尼亚人(Anconian)因为数量众多,还拥有自己的教堂,还有拉古沙人(Ragusans),他们可能属于斯拉夫民族,获得了君士坦丁堡市民特权,因此他们帮助帝国反抗威尼斯。

---

[1] 有关第四次十字军军征时期君士坦丁堡的地形,A.Paspati 博士做了仔细的研究(见 *Meletai*)。Mordtmann 博士也做了研究。在此特表感谢。Heyd 的 *Geschichte des Levante-Handels im Mittelalter*(1879)对我所关注的这一时期来说是一本权威的书。

要了解外国聚居区是如何管理的，必须指出大使代表该国成为定居点的管理者，重要的事项咨询该区的重要人物，每个聚居区除了政治大臣之外，还有其他官员，虽然他们名称各异，但实际是法官和政府长官。每个聚居区都很富有，他们还必须向母国缴纳家税，而阿玛菲亚地区的人则向威尼斯的圣马可缴税。

各殖民区间的嫉妒

12世纪期间，君士坦丁堡意大利人的商业对于意大利各个城邦、帝国乃至整个欧洲来说，都特别重要。但是，12世纪后半期意大利各个正在兴起的商业城邦对帝国产生了严重的嫉妒情绪，很多年来，君士坦丁堡成为强劲的意大利城邦的战场，这正如印度一样，后者在19世纪是英国和其他欧洲人的战场。现在这些邦国已经不受外部力量控制，就像希腊城邦一样，彼此可以签订和约或者宣战。君士坦丁堡的商人对这些很快就夺取了他们商业机会的竞争对手，自然不耐烦，他们不在乎这些人是什么意大利城邦的。导致希腊人日益嫉妒的原因有很多。当新罗马统治者对抗不在自己控制下的罗马领土时，传统的反对东方皇帝的情绪又迸发了。这些统治者遭受着新兴邦国，诸如意大利南部诺曼王国以及北部强大的共和国带来的失败刺痛。在西方，罗马皇帝宣称是罗马恺撒在世俗世界中唯一的继承者，教皇宣布是精神世界中的统治者，而这一声明在东罗马被予以否认。

联合起来对抗帝国

因为希腊人拒绝承认教皇的权威，所以拉丁聚居区总是联合起来谴责他们。虽然拉丁人在自己的国土上四分五裂，但他们却联合起来对抗拜占庭。宗教、种族和语言上的纽带使拉丁人在外国的土地上能共同生活，然而他们又因为各自的影响力而互相嫉妒。威尼斯人对比萨和阿玛菲亚人享有的特权倍感气愤，热那亚人随时要反抗威尼斯人。

这些民族内部的争吵也给帝国带来麻烦，帝国一旦与某个意大利民族达成妥协就会引起其他民族的敌视，直到他们也取得同样的好处。

威尼斯和帝国

虽然阿玛菲亚很早就派商人到了帝国首都，但在帝国首先取得特权的是威尼斯共和国。威尼斯对新罗马一直实行友好政策，也得到了最大的商业贸易机会，因此与其他意大利城邦相比，君士坦丁堡文明对威尼斯有更深的影响。因为威尼斯是第一个在君士坦丁堡产生影响的意大利城邦，它的影响也大于其他城邦。威尼斯人与其他城邦的人相比，在导致新罗马的灭亡问题上影响更大，同时它也成为保留新罗马文明最多的欧洲城市。

白从威尼斯政府建在那个环礁湖里，它的首要兴趣就是与君士坦丁堡进行贸易。两座城市之间的贸易量非常巨大，而且博斯普鲁斯海峡成为波斯人、中亚、俄国以及东欧与西方的主要通道。君士坦丁堡统治时期，国家稳定、君主开明成为吸引商人前来冒险的原因。为了维持海上秩序、阻止海盗，帝国在群岛周围都安置了装备齐全的船只。君士坦丁堡与威尼斯人就行政公平达成协议，这表明与其他欧洲国家相比，帝国的文明程度很高，在君士坦丁堡陷落前，它的金币标准一直未变，恒定的价值给了商人极大的信心。有两三位皇帝，特别是尼基弗鲁斯（963—976年在仕）曾干预货币制造，但帝国的金币一直没有贬值，因而威尼斯人和其他外国人一样没有受到影响，而其他外国商人会因为发行纸币或者很多类似的公共抢夺形式而损失惨重，尤其后来突厥人政府就通过公共抢夺使军民损失上百万英镑的财富。当帝国的皇帝们干涉货币铸造时，人们就发出强烈的抗议，这表明对危害贸易的行为得到了重视，这与那些在西方世界发生的以及随后面对帝国遭受的掠夺时，默默承受的人们形成了鲜明对比。威尼斯人在帝国的优势让他们对与帝国的关系持积极的态度，因而早在查理大帝时代，尽管这位皇帝对他们有威胁，但威尼斯人仍然对帝国保持着忠诚。

早在1056年，威尼斯人即获得了商业条约。[1]12世纪末他们与拜占庭达成一致，联合起来，帝国的敌人就是他们的敌人。来自西班牙和非洲的撒拉森人进攻西西里，帝国和共和国的舰队联合起来予以还击。在阿莱克修斯一世时期，帝国与威尼斯的关系最亲密。作为诺曼人的首领罗伯特·维斯卡德曾经占据了西西里，入侵帝国，威尼斯人立刻对其警觉起来，担心他们的贸易受到这些大胆的海盗的控制。如果诺曼人成功占领都拉斯，他们就会控制亚得里亚海最狭窄地带，因此，威尼斯人愿意与帝国缔结和约反对罗伯特。

博希蒙德率领的诺曼船队被击败，都拉斯的驻军与外界的联系被切断。之后，在博希蒙德骚扰大陆的帝国军队，夺取都拉斯、洗劫伊庇鲁斯和提萨利，攻下拉里萨之际，其父罗伯特把西罗马的皇帝驱逐出罗马，洗劫了罗马城。罗伯特再次把注意力转到新罗马帝国。威尼斯人再次帮助了希腊人。希腊人和威尼斯的船队围困科夫岛。罗伯特击败这两支船队。不久，威尼斯人重振气势，在布特洛提斯（Butrotis）进攻罗伯特，取得胜利。[2]不久，罗伯特死于凯法利尼亚（Cephalonia）。威尼斯人对在科夫指挥海军的总督不满意，更换了领导人，但帝国皇帝授予该总督大贵族头衔并赐予他津贴，同时，他成为共和国驻达马提亚和克罗地亚君主。皇帝命令君士坦丁堡内的阿玛菲亚人向威尼斯的圣马可教堂缴纳年金，在金角湾地区最好地段划出四分之一的商铺给予威尼斯人，把君士坦丁堡和达拉斯最好的土地划给他们。安娜·科穆宁认为，虽然这些礼物价值非凡，但都无法与自由

[1] Mur. 81.
[2] Anna Com.

贸易特权相比，威尼斯人获得除了黑海之外在帝国进行任何商业活动的权利，而且他们还不用缴纳任何费用。[1]帝国对威尼斯人的妥协，很快引起君士坦丁堡和意大利其他城邦商人的不满。威尼斯在海上的势力非常强大，比其他意大利城邦更能维护自己商人的安危。威尼斯人获得免税权利，出口自己想出售的商品，几乎形成垄断贸易。因此，阿莱克修斯一死，他的儿子约翰·科穆宁（1118—1143）拒绝承认威尼斯人的垄断地位。[2]还有其他因素引起威尼斯人不愿与君士坦丁堡继续维持友谊。1095年，教皇乌尔班宣布发起"圣战"。1099年，耶路撒冷被攻下，戈弗雷称帝，帝国与叙利亚的贸易变得重要起来，贸易是通过埃及的古老路线而不是途经博斯普鲁斯海峡。1124年，约翰把威尼斯人驱逐出帝国，后者进攻希俄斯岛、萨莫斯岛和罗德岛，[3]洗劫这些地方，俘获大批少男少女，卖做奴隶。随后两年，战争继续，彼此损伤惨重。

1126年，战争结束。皇帝宣布如果威尼斯人许诺保卫帝国，他愿意忘记威尼斯共和国的过错。共和国的总督被授予大贵族头衔。君士坦丁堡内的阿玛菲亚定居地每年被迫向威尼斯圣马可教堂缴纳300磅黄金，威尼斯人继续在帝国首都、黑海南岸重要港口进行自由贸易。黑海南岸这些重要港口，在其他条约中，一直不对外国人开放。在曼努埃尔统治时期，政策发生了显著变化。威尼斯人在帝国的地位远远高于其他外国人，在一些城市，他们拥有绝对的贸易权利，纳税少，占据首都和港口的好地段，但他们并非事事都是帝国可以信赖的朋友。

---

[1] Anna Com. 287, Bonn.
[2] Dandolo, 269.
[3] Cimn. vi.10; Fulcher, p.470, *Recueil*. 尽管Fulcher既反对皇帝也反对威尼斯人，但更倾向于归罪于后者。

其他意大利共和国成为威尼斯越来越强的竞争者，而且曼努埃尔也为了帝国的利益，鼓励与所有外国人进行贸易，并能和威尼斯人争取到有利的条款，利用外国定居点之间的斗争，增加帝国的财政收入。在与突厥人以及西西里的战争中，帝国的收入大大减少。

在帝国，比萨人和热那亚人仅次于威尼斯人，曼努埃尔争取他们的好感。尽管比萨人给博希蒙德以援助，但1111年，他们取得了一项重要的条约，[1]然而他们仍是让人头疼的定居者。在与博希蒙德的斗争中，热那亚人对抗希腊人，直到曼努埃尔时期，他们才获得条约。但是，比萨人和热那亚人看到威尼斯人取得巨大利益，他们为了获得类似的特权同意向帝国称臣。1154年，曼努埃尔颁发金玺诏书，向比萨人和热那亚人让步：热那亚人缴纳百分之四的进出口税。当时除了备受恩宠的威尼斯人之外，其他外国人的税率是百分之十。[2]比萨人和热那亚人将在君士坦丁堡以及其对岸聚居区委任给一位可汗，其中后者发展成为加拉塔城。但是，1157年，他们抱怨许诺的可汗和码头都没有兑现。[3]在随后的四五年里，帝国与热那亚人以及比萨人之间的友好关系不断受到冲击。热那亚人联合腓特烈·巴巴罗萨，而威尼斯人与比萨人支持曼努埃尔。

曼努埃尔政策的失败

君士坦丁堡拉丁人的历史充满了争吵与斗争，这种斗争既有他们彼此之间的也有他们与帝国之间的。皇帝希望与拉丁居民们和平共处。尼基塔斯说他想团结这些人，与他们结成友谊。皇帝支持教皇亚历山大三世与意大利城邦，反抗腓特烈·巴巴罗萨，邀请意大利居民来都

[1] Buchon, *Nouvelles Recherches*.
[2] Sauli, *Storia della Colonia dei Genovesi in Galata*.
[3] Pro exigendis scalis et embolo promissis——Caffarus, Annales Janeneses.

城并许诺保护他们的生意。但是，这些意大利的居民在君士坦丁堡从未停止争吵，所以曼努埃尔的政策并没有收到预期的效果。

1169年，曼努埃尔与热那亚人联合，1178年，又签订了一项条约，容许热那亚人在除俄罗斯外的帝国所有地方进行贸易活动。[1]

在1180年曼努埃尔去世时，热那亚、威尼斯和比萨与帝国实现和平。据欧斯塔修斯所说，曼努埃尔的政策是成功的，在君士坦丁堡，大约居住着六万名拉丁人，其中威尼斯人、比萨人和热那亚人占多数。曼努埃尔去世后，王朝斗争开始，削弱了帝国。不久拉丁殖民者之间也爆发了嫉妒之战，有的人投靠了大贵族阿莱克修斯，反对篡权者安德库洛斯。阿莱克修斯的军队有大量的拉丁士兵，用尼基塔斯的话说，阿莱克修斯有船，有人也有钱。阿莱克修斯握有国家财富，同时也占有大批的驳船和拉丁军队。1182年，安德库洛斯上台，君士坦丁堡的军民反抗拉丁人，很多拉丁人被谋杀，残忍行径前文已有描述。

三年后，拉丁人又处于风光时代。懦弱的伊萨克·安吉洛斯登基。布拉拿镇压瓦洛人和保加利亚人的起义之后，发现皇帝并不受欢迎，抓住时机自立为帝。如果君士坦丁堡没有康纳德这位蒙特弗特侯爵，布拉拿也许会成功。

在150名拉丁骑士和一队拉丁投机商人的支持下，康纳德把布拉拿的军队击退。拉丁军队以比萨人为主。因为君士坦丁堡周围地区与叛乱者站在一起，皇帝容许拉丁人以及支持他的人们对这些地区进行劫掠，劫掠的对象也包括那些受到怀疑的希腊贵族，但是这些贵族的确是帝国的支持者。拉丁人吹嘘他们解救了皇帝，他们遭到了希腊人的攻击，很多拉丁人伤亡，他们的居住区也遭到袭击和抢掠。伊萨克

---

[1] Sauli, *Documenli*, ii. p.192.

很高兴与威尼斯人签订和平条约,确保后者之前的特权,但他们必须支援皇帝100艘驳船。不到一年时间,热那亚人也得到了类似特权,在君士坦丁堡建有社区、码头以及教堂,进行自由贸易。

但是,这些特权不再有以往的价值。首都的商业已经衰落,王朝叛乱削弱了帝国。帝国与突厥人及其他敌人的斗争,进一步证实了这种削弱。在最后20年中,意大利聚居区上的意大利人与帝国之间冲突不断,这些人先被驱逐,后又被召回,但双方已经互不信任。

意大利海盗对帝国的进攻

君士坦丁堡的商人和市民开始制造事端,拉丁人因拜占庭海军力量的衰弱,与帝国展开斗争,大肆掠夺岛屿和海岸,在最后几年里,拉丁人一直与帝国处于战争状态。1192年,尽管比萨和热那亚海盗在爱琴海肆虐,但比萨人和热那亚人的古老特权再次得到承认。这些海盗分属于比萨和热那亚城邦。一艘威尼斯船在驶往君士坦丁堡的途中被这些海盗截获。在船上,有从埃及返回的伊萨克大使,还有一位萨拉丁大使,他携带着献给帝国皇帝的马匹和各种野生动物、琥珀以及其他宝贝。两位大使被杀。皇帝对谋杀和抢夺十分不满,向热那亚和比萨提出抱怨,并扣下商船,要求赎金,之后,热那亚同意交付赎金,但比萨没有给予满意答复,比萨政府不能也不愿意控制那些海盗。1194年,来自比萨和热那亚的强盗在达达尼尔海峡围堵,掠夺帝国船只。帝国皇帝无能为力。比萨议会也无意阻止海盗。1198年,海盗击败一支由30艘船只组成的帝国军队。帝国皇帝刚刚满足热那亚人的条约,结束了他们的抢夺,但却引起比萨人的进攻。

热那亚人一直都是帝国的麻烦。有个叫卡法罗的热那亚人海盗,费尽周折才被抓到处死了。卡法罗死后,皇帝让热那亚派使者来进行协商,收复热那亚在君士坦丁堡占有的建筑和码头,但直到君士坦丁堡被十字军拿下时，协商还没有结果。

对意大利各个城邦来说，伊萨克二世上台后的帝国，特别是在海防方面非常虚弱。帝国海岸线已经成为海盗的目标。比萨人和威尼斯人在12世纪的最后几年内经常互相争斗，但比萨和威尼斯的海盗也时常联合起来进攻帝国，君士坦丁堡被看作中心地带。

帝国与意大利的这种敌对关系，逐渐削弱了帝国，威尼斯变得更加强大，在很大程度上导致帝国陷落。随着比萨和其他意大利城邦在曼努埃尔时期获得越来越多的让步，希腊人与威尼斯人之间的猜忌变得越来越深。截至1171年，一系列事件导致在帝国所有的威尼斯人被捕，他们的财产被没收。一场历时虽短但很激烈的战争开始了。

与威尼斯开战

1172年，威尼斯共和国派了一支由100艘船组成的队伍，进攻驻守在达马提亚的帝国军队。拉古萨（Ragusa）被困，他在第二天就投降了，达马提亚失守，内格罗蓬特（Negropont）、基诺（Chinos）、塞洛斯（Seyros）和其他地方被洗劫。一切都似乎有利于共和国。但是，威尼斯人又受到市民们的抵抗，部分威尼斯的船队被毁，但剩余的队伍在三年里一直盘踞在爱琴海各岛，从事海盗活动。帝国的敌人在各个方面都有利。虽然塞尔维亚人被平定，但代表巴巴罗萨的美因茨（Mayence）主教包围了曼努埃尔军队占领的安科纳（Ancona），尽管随后援兵到达，安科纳却被一支威尼斯海军封锁。西西里的威廉也与之结成了同盟。但是，威尼斯共和国的努力却没有结果。

击败威尼斯

希腊人在饮用水中投毒，威尼斯士兵中毒患病变得十分虚弱，到处都有反对他们的力量，因此不得不求和，但曼努埃尔拒绝和谈。1170年，帝国军队进攻埃及失败，但是仍保留有150艘驳船，在这些船队面前，共和国撤军了。在离开威尼斯的120艘船只中，仅剩下17艘得以返航。威尼斯人大怒，暗杀了这支征伐帝国军队的首领——维达利·米茨里（Vitali Micili）。在离开半岛前，威尼斯又派使者去帝国求和。

亨利·丹多罗

失明的亨利·丹多罗肩负使命来到君士坦丁堡。不管威尼斯人的损失是一部分还是全部；也不管这次可怕的疾病在战争初夺去了三千还是四千爱琴海岛屿上的威尼斯人的性命；更不管丹多罗是由于头部伤导致失明，或者如他的下属所说是在君士坦丁堡时帝国皇帝下令用烧红的玻璃弄瞎他的眼睛；可以肯定的是，丹多罗直到死，都满腔热忱要对帝国复仇。但是，如他的前任一样，这样的使命最后也没成功。

1175年，威尼斯人发现除了在达马提亚之外，其他地方都以失败告终。帝国夺回安科纳，塞尔维亚人被击退。威尼斯人的船队被击溃。威尼斯人再次求和。曼努埃尔正受到突厥人的威胁，也愿意与威尼斯人和谈。曼努埃尔同意恢复威尼斯人在1171年时取得的特权，并偿付1500磅的金子，作为对威尼斯人损失的补偿。但是，这笔赔偿是否支付，值得怀疑。1189年，君士坦丁堡的有些建筑给了威尼斯人，这可能也属于赔偿。

威尼斯与君士坦丁堡的关系

12世纪末，共和国与君士坦丁堡的关系得以改善。1198年，双方使节签署了联盟协议：当时已成为总督的亨利·丹多罗提出联合，帝国许诺的赔偿随后也达成，威尼斯人不会支持被废除的伊萨克皇帝的儿子阿莱克修斯。但是，旧痛依然。威尼斯人对比萨人越来越受帝国偏向心生妒忌，帝国许诺的赔偿也未兑现，这都引起威尼斯人的不满，而且丹多罗年老积怨。威尼斯人再次夺回帝国收复的土地，威尼斯的商人数量与帝国的几乎一样。威尼斯人意识到，其特权也朝不保夕，帝国也不再给予他们特别权利。这些事实，加上怨恨，再凭着对自己和帝国实力的了解，威尼斯人对帝国充满敌意。帝国与威尼斯的亲密联盟使一度强大的帝国变得虚弱。君士坦丁堡曾经力图在东部、北部和西南部，集结军队对抗威尼斯；帝国也从未忽视海军，而且威尼斯人也因此在 1171 年和 1175 年间损失惨重；但是帝国形成了一种习惯，在海上一遇战争总想求助威尼斯，自己的海军力量逐渐变弱，最终无力抵抗曾经的雇佣盟友。意大利各个城邦使帝国不断处于海上战争，通过战争，威尼斯的海上力量变强了，新罗马的却变弱了。

在威尼斯出征君士坦丁堡之前的 50 年里，它对帝国的敌视和嫉妒与日俱增，曾经的联盟传统被忘却。后来威尼斯靠自己的势力获得利益，与新罗马合作对威尼斯来说已无必要。联盟已经被破坏帝国、削弱其影响力、夺取贸易代替。与新罗马的亲密关系让威尼斯更好地认识到自己商业价值的重要性，也意识到一旦海陆开战，其资源受到何种程度的影响。在威尼斯发起最后反击之前的十年，对帝国的敌视相当顽固，这导致了其他意大利城邦的反对，更导致帝国的衰落。

帝国削弱的原因及 1200 年帝国的地位

在拉丁入侵前的 150 年，新罗马帝国遭遇了前所未有的攻击。罗马城邦与旧罗马的长期敌对以及西班牙人对摩尔人进行的长达五个世纪不屈的斗争，都与君士坦丁堡面对的战争不一样。对于旧罗马和驱逐摩尔人的西班牙，利益和民族让他们各自团结起来，各个民族交流也容易，彼此之间产生怜悯也很自然，因为人口少，大家都认为战争就是自己的事。帝国就没有以上的优势了。帝国人口组成复杂，历史背景不同，彼此也很难有怜悯产生。南部的希腊人从内心上绝没有忘记他们的古老文明，虽然他们已走向末路。半岛北部，保加利亚和斯拉夫人还没有摆脱野蛮状态。瓦洛人、匈牙利人以及其他定居在帝国的人，被迫服从帝国的统治，他们对生活在自己周围的人没有丝毫的同情心。帝国所有的民族，因为这个国家的财富和贸易，而心生嫉妒，最后发展为敌对。面对连绵不断的战争，源于爱国主义和宗教的那种社区精神，并不存在于拜占庭帝国中。帝国土地广袤，在当时，任何一种共同的情结，都不能很快地对大众产生影响。但在帝国时期，各个民族的分离程度、语言隔阂程度并没有像在奥斯曼突厥时期那样彻底。但在奥斯曼时期，希腊人、突厥人、保加利亚人各自独立生活，既无通婚也无交往。帝国曾显示出相当强的吸纳各个外来民族的能力，但是，由于涌入的民族数量巨大，组成复杂，这一吸收过程比我们认为的要长久。帝国派了大批军队前来维持秩序，这就形成了不和谐的因素。

通过前面的分析，可以看出，来自外部的人对帝国进攻是自然而然的。西西里和意大利城邦的诺曼人进攻成为常态，来自东方的攻击变得特别引人注目。在1200年前的150年里，有两股亚洲蛮族势力涌入欧洲，他们分别来自黑海的北方和南方。帝国独自承担起抵挡他们的重任。这些入侵者提出的财富要求都得以满足。我并不总认为这些入侵是由于宗教的狂热引起的。英国在苏丹进行过的一些战争表明伊斯兰的宗教热忱对于新皈依者的影响是多么巨大，虽然进攻帝国的亚洲势力也拥有狂热的信仰，但他们比在其后面的居无定所的人优越，一旦取得战争的胜利，将会有大量财富等着他们抢夺。第三次十字军东征的德国军队在马莫拉和叙利亚击败了突厥人的进攻，随着时间流逝，这种成功逐渐化为乌有，帝国的军队也凭借其无上的纪律，一次又一次地击败突厥人。然而几个月后，又一批入侵者出现，新的战争再次打响。这些战争以及十字军和帝国所取得的胜利，西方和拜占庭的作家都有记载，而且都得到了伊斯兰的历史学家的证实。西欧基督教与伊斯兰之间对峙的历史除了在西班牙有好几个世纪之久，其余就是两三次大的战役。我们以查理·马特以及约翰·索别斯基的英雄主义为荣。但是，对抗新罗马的这种斗争是由一系列战役以及不断的对峙组成。几个世纪里，敌人不断赢得阵地。阿拉伯对君士坦丁堡的围困可与当代的图尔战争相比。但是，在西方历史上，就坚忍和持续性而言，没有哪场战役能够与帝国对抗突厥人的斗争相比。以小见大，就像《圣经故事》里的菲利斯坦不断被击败，之后，这种形势再次出现，新罗马在150年里，不断击败进攻的亚洲蛮族，但几个月后，发现又有其他蛮族出现，不得不继续与这些新出现的入侵者做斗争。

帝国在小亚细亚、巴尔干地区以及巴尔干半岛西岸展开了一场漫长的战争，也取得了主要的胜利。帝国经过了5到20年的王朝斗争，消耗了力量；从绝对统治到寡头政治，帝国被进一步削弱了。12世纪后半期，只有不到三个月的时间，没有王位的觊觎者。但不幸的是，在这一期间在位的皇帝都是不称职、愚蠢的。尽管如此，帝国还是团结的，所有的侵犯都以失败告终。如果没有特别的综合因素，陆路的进攻也会失败的。帝国鼓励与意大利进行贸易，对待其他外国商人也格外慷慨。意大利半岛每个兴起的国家都分享了帝国的繁荣，同时也得益于帝国的困境，他们抓住时机，获得东方贸易，但君士坦丁堡却与欧洲开战。威尼斯是新罗马最青睐的城市。威尼斯的舰队一直是帝国海军的组成部分,这种情况一直到皇帝道德衰败,宫廷宠臣开始掠夺海军备用品为止,从此后,帝国事实上不再拥有海军。帝国那些在陆路的抗击活动让我们佩服。但它的严重错误就是忽视海上力量,这直接导致海路受攻。如能及时反击,这些进攻都可击破。当时,这个世界上唯一需要充足海防力量的国家就是帝国,鉴于君士坦丁堡的特殊地位,统治者原本应该意识到只有在达达尼尔海峡进行积极防御才可以获得稳定,但是,帝国的昔日盟友最终对君士坦丁堡发起了进攻,威尼斯船队进入了帝国薄弱的防线。

第七章
1200年君士坦丁堡的形势

1200年，君士坦丁堡是西方世界的主要城市。多重因素促成该都城的突出地位，其中首推地理因素。多个世纪以来，还没有哪座城市像君士坦丁堡这样，对欧洲和亚洲产生主导型影响。

君士坦丁堡的优势

君士坦丁堡的地理位置尤其反映了罗马曾经要建立世界帝国的雄心。西欧与黑海沿岸各国的贸易以及海上通道必须经过该城。马莫拉和博斯普鲁斯海峡，也叫圣乔治海峡，是与邻国贸易最便捷的通道。君士坦丁堡的天然港口——金角湾——成为都城的天然避风良港，它的一边可以让大船泊近，另一边又可停靠大量的小船。君士坦丁堡居于三角形的半岛之上，地势缓缓斜入大海，形成两道长长的天然堤坝。博斯普鲁斯海峡经过这个三角的顶端，水流因风而急。南风、北风让君士坦丁堡的空气非常新鲜健康，这解决了卫生条件不好而导致的健康问题。这个地方空气清新，便于防守，利于商业，因此，君士坦丁堡就被选为新罗马的都城，经过9个世纪的财富积累，迎来了奠基者赋予的辉煌。

首都的优越性

君士坦丁堡作为东罗马的都城，不仅是皇帝和贵族的居住地，也吸引了大量的民众。帝国各地的艺术家和科学家汇集于此。基督教堂里的记录见证了高度发达的人类智慧，通过讨论解决了大量的神学问题。法学学生们都承认新罗马的法律体系，即后来的罗马法，归功于君士坦丁堡法官们的劳动，这些法律详简得当，要领突出，极具概括性。当今世界仍然可见君士坦丁堡的影响，比如基督教世界的至高无上性和议会制。西欧一直实行的罗马法在拿破仑时期得以改革，成为文明世界的律令（英语世界除外），即便这样，英语世界的法律也加入了这些已经实施过的法律规定，有些已经证实，有些还未被承认。巴黎和柏林所吸引来的那些有能力的教授和专家，都是由君士坦丁堡培养出来的，他们曾生活在这个重要的城市里。雕塑家、画家、建筑师在君士坦丁堡找到发挥他们才华的地方；诗人、圣者、摔跤运动员以及演员在这里找到了观众。

商业的优越性

君士坦丁堡的财富最大来源还是商业。博斯普鲁斯和达达尼尔通道是世界上最重要的海上交通要道。没有哪一座城市能够像君士坦丁堡那样在各个方向都有通道，通向那么多国家。从中亚最直接出口港巴统（Batoum）通往欧洲最好的路线经过博斯普鲁斯海峡。这个海峡，宽约半英里到一英里，易于防守，船只航行18英里，就到达君士坦丁堡。美丽、方便的马莫拉湖，就在都城的一边，完全处于都城控制之下。君士坦丁堡的外围是达达尼尔海峡，这里的防御设施与博斯普鲁斯的一样重要。在爱琴海上，欧洲、非洲、小亚细亚都可以与君士坦丁堡进行海上贸易。君士坦丁堡进口自己所需的商品，出口自己的产品，交易数额相当巨大。为了与外国人进行贸易，君士坦丁堡的统治者出让了很多特权。这些退让增加了君士坦丁堡的财富，同时，帝国的商人也拥有了黑海贸易的特别权和进口产品的权利。君士坦丁堡一直以来都是商品的集散地。亚欧之间的大量贸易活动都通过博斯普鲁斯海峡。波斯人和亚美尼亚的商人把货物带到君士坦丁堡，然后从这里发往西欧。君士坦丁堡长期以来在大量贸易中独占鳌头，12世纪末，君士坦丁堡不仅仅作为帝国的首都为自身，也为西欧、中亚，甚至印度提供金币。

所有的外国商人，无一例外都住在君士坦丁堡城外。[1]12世纪拉丁殖民者的目标就是在君士坦丁堡获得居住地。[2]这些居民区被西方人称为区，被东方人称为汗，而希腊人的称呼又有所不同。[3]所有的拉丁区，除了两个小区之外，都在城市城墙之间，低劣的房舍则位于城墙与金角湾水路之间。两块小区变成加拉塔城。所有的拉丁区位于通向港口的斜坡上。殖民区之间的竞争具体来说是拉丁人与拜占庭人的竞争，目的是夺取码头。在整个港口，在佩拉的斜坡上，在加拉塔城，[4]都有犹太人定居点，因为他们被禁止进入君士坦丁堡，也被禁止进入威尼斯和热那亚人的定居点。

皇帝的政策鼓励发展贸易

皇帝的更迭产生的政治经济影响也推动了贸易的发展。这些皇帝

---

[1] 1200年的君士坦丁堡实际就是现在的伊斯坦布尔。伊斯坦布尔是突厥人对君士坦丁堡的缩略称呼。突厥人容许外国人在伊斯坦布尔建作坊，但不容许他们都住在那里。所有的使团都设在佩拉。
[2] Paspati博士是君士坦丁堡一位博学的考古学家，他成功绘制出了12世纪该城的地形。本书有相当多的参考内容来源基于Paspati博士的成果。
[3] 在君士坦丁堡还幸存着几处这样的地方，其中值得一去的就是波斯商人的居住区。
[4] 关于"Galata"这个名字有两个版本。Dr. Paspati认为它来自"牛奶"这个词，这个城市是买牛奶之城，这就像其他这样名字的城市一样。我认为这个名字来源于意大利语"calle"或"galle"，在热那亚那里是斜坡的意思，在威尼斯那里是封闭之地的意思。

不限制商业，不赞成垄断，他们鼓励发展商业，商人权利得到了保护。帝国政府让商人自由发展，不给他们施加没用的限制，而且也不会试图保护那些阻止贸易的民众。帝国以利益为先。由于伊斯兰教不容许谈利益，那些曾经属于伊斯兰的资本都流入君士坦丁堡。帝国也容许奢侈，对商品的价格也不会限制。与其他国家相比，这里的商品进出口税不高。早在西奥菲勒斯（Theophilus）时期，这里就宣布商业利于民众，任何干涉商业的行为都是对公众的侵犯，也是对受害人的侵犯。

商业产生自由

首都规模巨大的商业带来的是对外自由交往。阿拉伯商人可以住在都城。来自西方的外国人看到撒拉森人可以在都城建清真寺，他们认为这是丑闻，因为在一座基督城竟然建起了伊斯兰的圣堂。一位著述拉丁征服的编年史作家说："完全应该把这座城市夷为平地，因为如果相信传闻，那么清真寺就是一种污染，那位不忠的皇帝这样做，是想与突厥人结盟。"[1]

曼努埃尔希望摈除教理问答对伊斯兰真主信念的可恶看法。[2] 意大利商人、亚美尼亚人、迦勒底人，以及其他没有与东正教联盟的人，都可以奉行自己的宗教信仰。不仅意大利聚居区有自己的教堂，社区的首领也在大教堂里拥有自己的官职。即使是犹太人，他们在东方一直是东正教厌恶的对象，但在这里也得到很好的待遇。在我们知道约克、林肯以及英国其他地方的犹太屠杀事件时，欣慰地发现图德拉的本杰明（Benjamin of Tudela）觉得在这里对于自己族人最难容忍的困

---

[1] Geoffrey of Vins Cauf, *Chron. Of Crusade*, p.94.
[2] Nicetas, *Man*, Book VII.

难就是不让他们骑马，因为按照律法，临近他们的那些皮革商人把污水倒在大街上，这样会把马弄脏。犹太人很多都是制造商、买卖人，他们生活得特别好，有的甚至非常富有。

君士坦丁堡是东罗马的财富聚集地

因为君士坦丁堡是帝国的政治中心，也是最大的贸易中心，那些富人才涌入首都，除此以外，12世纪首都的巨大财富也得益于几个世纪以来的积累，这里成为东罗马帝国的财政中心。有钱人蜂拥而至，他们来这里消费、投资或者积聚财富。突厥人入侵小亚细亚后，富人们感觉越来越不安全，他们携带财富，跑到一个他们认为防御不虚弱的城市。几百年来，君士坦丁堡是一个基督之城，这里的财富越积越多。曾经拥有很多城市和邦国的小业细业众人皆知，他们财富可观，但后来这些财富逐渐流向君士坦丁堡。西班牙犹太人图德拉的本杰明在1161年造访君士坦丁堡，他发现从海、陆两路来这里的有巴比伦人、美索不达米亚人、埃及人、巴勒斯坦人、俄罗斯人、匈牙利人、伦巴第人和西班牙人。据本杰明所言，除了巴格达，没有一个城市能比得上这里，这里商业兴隆，城市繁华。每年君士坦丁堡都会收到各种贡品，包括丝绸、金子、紫色的布，这些贡品堆满很多塔楼。君士坦丁堡的财富和建筑举世无双。当地居民拥有大量的丝绸、金银以及宝石。他们穿金戴银，骑着大马，俨然是王公贵族的派头。本杰明似乎对金子特别钟情。曼努埃尔建的布拉海尔奈宫，墙壁和柱子都贴满纯金。皇帝的宝座是由金子和宝石做成的。金质的王冠也缀满宝石。本杰明认为，世界上其他地区的朝拜地都比不上神圣教堂的财富，该教堂的柱廊是金银铸成的，上面的灯也是金银做的，所以这里的财富无法计数。从本杰明时代到1204年之间，帝国的财富稍有减少。本杰明所到之处都很富有，出产各式各样可口的面包、美酒还有各种肉类。当地居民安居乐业，家家种有葡萄和无花果树。帝国的近邻虽然土地肥沃，但在奥斯曼400年的不当统治下，仍然没有摆脱贫困，每年都得向帝国进贡。

与西方城市在财富方面的对比

君士坦丁堡的财富的确可观，即使与西方城市相比，也相当巨大。由蒙特弗特侯爵和鲍德温伯爵率领的十字军，初次看到君士坦丁堡时，在远山上望着城墙，十分惊讶，以至于维尔阿杜安无法用言语形容。他们所处的地方，还是1878年俄罗斯军队所驻扎之处，俄罗斯人也惊讶地不能前进。君士坦丁堡的财富、恢宏的城市规模、强大的帝国力量都给他们留下了深刻的印象。维尔阿杜安说："一想到要进攻这样一座城市，没有人不为之颤抖，因为它那么富有，那么强大。"当他们进入城里时，所见又远远超出预期。各种宫殿比印象中的更富丽堂皇；教堂比他们所见的更宏伟。君士坦丁堡四周有高高的城墙和瞭望塔防守完备。不管塔有多高，都会加上两到三层的木制楼层。在这位西方十字军战士的眼里，没有哪座城池防御如此好。通过对比，维尔阿杜安对君士坦丁堡的富有做了更为详细的描述。他谈到了一场大火：在他们围攻君士坦丁堡的时候，该城遭遇了自法兰克人进入这片土地以来的第三次大火，被烧毁的房舍比法国的三座最大的城市总和还多。布克里昂（Bucoleon）宫殿大的无可丈量。布拉海尔奈宫设施相当完备。"（那里）有满足所有人的金银，容器里装满了贵重金属，丝绸还有各种皮革，以及世界其他地方能见到的每样东西。"

12世纪末，君士坦丁堡无论是在财富上，还是在城市规模上，给西方旅行者的印象都远远大于他们所熟知的故乡的那些城市。每一位当时的游客第一眼看见这座城市时，就会把君士坦丁堡的优美与庄严深深印在心中。12 世纪时到访的游客对帝国的印象也是庄严恢宏、繁荣昌盛的。

君士坦丁堡的主要建筑

从海上来的十字军第一眼就看到那么多教堂的拱顶、塔楼以及磅礴的公共建筑，其中，最为著名就是索菲亚大教堂，这座教堂是献给神圣的智慧之神的。其他的教堂还有神圣和平教堂、圣复兴教堂。[1] 教堂的拱顶金光闪闪，建筑物与大地浑然一体，拔地而起，掩映在柏树和其他淡色的树木丛中，从海上望去，君士坦丁堡是这个世界上最富魅力、给人印象最深的城市。在观赏者面前，教堂、柱廊、宫殿、城堡、塔楼以及雕像，还有大片的房舍，就是一幅缤纷的画作。当旅行者走在窄窄的街道上，悬伸的房舍对他们来说不会产生像现代游客对君士坦丁堡那样的不和谐感，对于当时的游客来讲即使还不太熟悉这里的街道，他们已经被首都的财富震撼了。帝国的所有恩宠都集于君士坦丁堡。帝国从希腊、小亚细亚以及半岛上的神殿和公共建筑中劫掠的物品都用来美化这座民众口中的皇后之城了，甚至埃及也献上了方尖碑和其他很多纪念碑。

---

[1] 君士坦丁是这三座教堂的建造者。在建造这些教堂的时候，君士坦丁本人可能正在犹豫是否皈依基督教，因此他给这三座教堂取了适合不同事件的名称。智慧与和平这两座教堂可能是复制罗马的。后期，人们普遍认为这些教堂是为了纪念圣人。中世纪的时候，索菲亚大教堂的全名为 the Great Church of the Divine Wisdom of the Incarnate Word。这些教堂最能证明君士坦丁本人的犹豫不决。君士坦丁雕像是以阿波罗作为自己的代表，却又用十字架作为光环。君士坦丁时期的硬币，一面是十字架，另一面又是阿波罗。和平教堂可能建于 9 世纪。复兴教堂可能用于庆祝仪式，但已经不复存在。

索菲亚大教堂

索菲亚大教堂是君士坦丁堡最著名的建筑，也是最具特色和最让人感兴趣的。大教堂的拱顶被称为建筑的奇迹，令人膜拜，教堂内部的设计和对称结构一直未被超越。它不仅是以后东方教堂建筑的典范和当时世界上最著名的教堂，也是君士坦丁堡生活的中心。大教堂的墙壁和殿堂里发生的历史也是君士坦丁堡的历史，从它建成后到失去光环一直都是权力竞争者们的神殿。

为了超越所罗门神庙的辉煌，同时，也为了完成基督教建筑史上1000年来的杰作并为东欧的教堂树立一个榜样，索菲亚教堂的建筑者们掠夺了很多著名建筑的东西来对其进行装饰，他们从以弗所的黛安娜[1]神庙运来了八根巨大的青花岗岩柱子；从奥勒利安（Aurelian）的罗马太阳神庙带回了八根斑岩柱子，这些柱子上有白色的字母和基座；从埃及运来24根支撑大厅的花岗岩柱子。大教堂里满是价值连城的东西，这些东西来自帝国各处。拜占庭的建筑师用金子和马赛克的画来装饰天花板。现在为了符合伊斯兰的羞体要求，这些画遭到毁坏，可以想见600年前，这些画对观众产生的影响多么巨大。祭坛和神龛也非常精美，神龛上耸起八角塔，塔端是一朵金色的百合，百合附着在宝球和十字架上。隔开高坛的屏障有12根银柱子支撑。主教的宝座和其他七位神父的座位都镶满了宝石。法衣室内有数量可观的圣杯和花瓶，还有42000件镶着珍珠和宝石的僧袍。用东方字体写着二十四圣徒的名字的羊皮卷保存在巨大的金盒子里。吊顶也是金质的。教堂内部的所有东西都可称得上壮观。宗教仪式也很壮观。蛮族的使团被

---

[1]黛安娜，罗马神话中的女性守护神。——译者注

仪式所震撼，甚至感到惊愕，他们说看到的一切简直是世上不存在的。可以看出，索菲亚大教堂给西方的访客产生的影响是多么巨大。[1] 教堂的外部用大理石装饰，产生富有、和谐的效果，而内部呈现出统一美，这是哥特式教堂所不具备的。现代建筑专家甚至怀疑任何时代的基督教堂内部是否会像拜占庭创造的艺术那样精美。1322年，约翰·曼德维尔（John Maudeville）参观了索菲亚教堂，那时教堂已被严重破坏，但他给出的评价是"世界上最为精美和高贵的教堂"。[2]

其他建筑

虽然索菲亚教堂是壮美的代表，但还有很多让游客注目的建筑。巨大的建筑成就了拜占庭的宏伟。在索菲亚教堂东北方不远处就是皇宫，这是一大片建筑，它们位于大教堂和马莫拉之间。从君士坦丁堡选址以来一直到目前为止，这片地方不仅以美闻名，也因为很多历史事件都发生在这里而为人所知。帝国广场是一个古老论坛，与大教堂和皇宫紧挨着，四周有双排柱廊。在教堂对面，有一尊铜基座，基座下面是七个拱门，上面是查士丁尼的雕像，这尊雕像非常巨大，右手雄心勃勃指向东方，左手握着象征统治世界的权力球。

竞技场

教堂的南面是一个竞技场，这部分如今已经不见了，但残存的遗

---

[1] 参见 Stanley 的 *Eastern Church*, p.299. 作者说，拜占庭的史学家为到访索菲亚教堂的俄罗斯使团做解说："什么！你们还不知道有天使来参加我们的仪式么?!"因为没有见到，这对蛮族人影响显著，简直是震撼与惊恐。类似的疑惑还有耶路撒冷圣火奇迹。当然，这个奇迹是虚假的。希腊教堂仍然举行纪念上帝引发大火这一仪式，就我看来是对教会的背叛最糟糕的例证。

[2] Fergusson, *History of Architecture*, vol.ii, p.321; 同时可参见 *The Nineteenth Century* of December, 由我所写的文章, *The Proposed New Cathedral for Liverpool*。

迹足以展示它的规模：900 米长，450 米宽。竞技场看台部分的材料被用于建造旁边的清真寺和其他建筑了。到 1201 年竞技场还没有太大变化，从西弗勒斯（Severus）开始，历代皇帝不断扩建、装饰，竞技场里有著名的铜马，现在放置在威尼斯的圣马可教堂，还有一尊埃及的正长岩方尖碑，通过底座的文字可判定方尖碑在此平放很久之后，在狄奥多西皇帝时期才立起来。在方尖碑不远处有一座金字塔，这是战车赛的终点。在方尖碑的另一边伫立着著名的三蛇柱，[1]这座古迹是在君士坦丁堡时期运到这里的。三蛇柱可以追溯到波斯人入侵希腊时期，希腊人在普拉提亚战役之后，在敌人的营地里找到这个金色的三角架，把它献给阿波罗。希罗多德和修昔底德目睹了君士坦丁把它搬到竞技场。拜占庭的观众与后来的突厥人，都怀着敬畏之心，看待这根柱子，因此它才会保留至今。

君士坦丁堡纪念柱

竞技场往西不远处是著名的班岩柱，也是纪念柱。据记载，1200 年虔诚的曼努埃尔·科穆宁对它做了修缮。君士坦丁堡的其他地方还有一些柱子和雕塑，其中雕塑是希腊艺术最高峰时期的代表，数量比任何城市的都多。除了竞技场之外，游客在各处还会碰到大型建筑，它们见证了君士坦丁堡的繁荣。在东北的塞拉各利奥角，有大量的教堂、浴室和宫殿。在这个地方的后面、邻近索菲亚大教堂的地方坐落着前面提到的建筑群以及大议会宫和现在著名的突厥浴室。在通往马莫拉的斜坡上，有一座查士丁尼时建的美丽的教堂，现在叫小索菲亚，

---

[1] 柱子仍在，但头部已经不见了。关于柱子的头部因何不见，众说纷纭，但都不可信。有一部分保存在 Situ，直到 1621 年，还有一部分是近来才发现的，保存在伊斯坦布尔的皇家博物馆。

还有一座主教宫，名为"三线宫"，因为有三段楼梯到达那里。在这个斜坡上，还有其他建筑。这些建筑的西面是法庭、贵族宫殿，还有其他的柱子和雕塑。浴室和这些宫殿证明这些建筑是多么坚固、多么庄严，而且它们的设计颇具现代性。

佩德里奥

塞拉各利奥角的金角湾海岸有一半的领土被本国和外国商人占据。另一半直至南边的城墙，形成城市的防御，由神职人员和教堂占据，后者由墙而围，称作"佩德里奥（Petrion）"。

丰富的遗迹

还有一类财富不是由商业或以上提到的方式创造的，但也不能忽视。在十字军的眼里，君士坦丁堡的历史遗物多于它的艺术作品。虽然西方人不太了解利菲迪亚斯和利西波斯[1]，但他们却是历史遗物的行家。多年来，西方的教堂争相夺取基督纪念物。如果一名游客从这里旅游回去得到这样的宝贝，就会被视作教会的受益人。社区以庄严肃穆的宗教仪式来举行接受仪式。很多事例表明，如果教会拥有了这样的宝贝，这就会成为其财富的来源，因此寻找遗物成为热潮，有的人热衷寻找不同的郁金香或者古瓷器。君士坦丁堡就是最大的古物仓库。君士坦丁堡的市民是所有基督教王国中最富有的，他们以拥有这些物件作为自己财富的象征，并把基督遗物赠送给教堂来获得教堂的厚爱。第四次十字军出征的时候，君士坦丁堡还没有那么多的遗物，只不过那些希望得到的人总会看到这些宝贝。[2]撒拉森和突厥人在小

---

[1] 菲迪亚斯（Phidias）和利西波斯（Lysippus），两人都是古希腊雕刻家。——译者注
[2] Ingulphus, *History of Croyland.*

亚细亚和叙利亚引起连年不断的混乱，有钱的基督徒把财富转移到这个世界上最强大的城市，尤其要把圣物从非信仰者手中转移出去。无论是在东方还是在西方，教堂和邻近的建筑常常成为存放贵重物品的地方。为了防止偷盗和火灾，这些地方建造得很坚固、很安全。开始的时候教堂保存这些物品，拥有极大的合法性。这一点我们从亵渎圣物法里能找到痕迹。那些拉丁旅游者在教堂内看到大量的财富，夸大了这里遗物的数量。但是在13世纪初期，不可置疑的是即使在罗马，也没有像君士坦丁堡那样，拥有大量的圣物。一位作家就这么说："圣器宝物的数量相当巨大。"[1]维尔阿杜安说："这个城市的圣物是世界的总和。"[2]我们可能因为怀疑这些物件的权威性而鄙视他们的神圣性。但是，我们描述的是一个信仰时代，十字军们完全相信这些物件的特殊性和有用性。拉布罗克里（La Brocquiere）说："对我来说，上帝就是为了圣物而创造这个城市的。"[3]

城　墙

君士坦丁堡拥有那么多财富和宝贝，城墙、塔楼环绕，城防牢固，这是世界上其他城市没有的实力。在马莫拉和金角湾，只有掌握了海上权力的敌人才可以靠近城池。在陆地上，两边的城墙都有坚固的城楼，城楼之间的距离很近。沿着城墙走四分之三的距离，还有第三道墙和一道沟。这些城墙的终点是马莫拉海和金角湾，在马莫拉有一座

---

[1] "Lectiones S. Petri Insulensis," *Exuviae Sacrae*, vol.ii, p.9.
[2] Villehardouin, p.192. 类似的描述也参见：Histoire de la Sainete larune, *Exuviae Sacrae*, vol.i, p.189/原文为：Erat enim Constantinopolitanna civitas plurimorum sactorum consecrate reliquiis et munita corporibus, quorum praesidio primatum gloriae meruit inter omnia regna。
[3] Bohn's Translation, p.341.

防御工事，由著名的七塔组成。在布拉海尔奈宫也有另一座防御工事。城墙很高，内城墙高 60 英尺，沟深 25 英尺、宽 35 英尺。即使在目前状态下，这些防御工事在没有使用枪炮的时代，也起到了很好的保护作用，这些工事可能是欧洲最庞大的遗址。

蓄水池

为了能让君士坦丁堡经得住围困，该城有很多地下的和其他的蓄水池，现在成了废墟，但仍有一座蓄水池还没有被挖掘出来。蓄水池的地下水管不易被发现。曼努埃尔·赫里索罗拉斯（Manuel Chrysoleras）说："这些蓄水设施就像湖泊甚至大海。"[1] 虽然这是夸张的评论，但还是可以理解的。君士坦丁堡使用这些古老的水利工事，这些工事在瓦林斯（Valeas）和查士丁尼时代得到修缮，有一处至今仍用于为伊斯坦布尔供水。

君士坦丁堡的大多数宫殿和公共建筑是由白色石头建成的，现在，这座城市主要使用大理石。

穷人的居所

君士坦丁堡也有与以上截然相反的景象。贵族富贾住在大理石宫殿里，而工匠与贫民挤在狭小的街道中。正如曼努埃尔时期的一位作家所描述的：他们被遗留在恶臭和黑暗中。[2] 低等阶级住的是木制的房子，虽然他们住在同一个城市里，但是在君士坦丁堡周围缺乏低廉的建筑材料。宫殿与贫民区共存，几个世纪以来，西欧的所有城市都是这样的。与巴黎或任何一座西欧城市相比，君士坦丁堡的财富使得

---

[1] 据康士坦丁统计，有 11 座大型蓄水池，最著名的叫 1001 根柱子。
[2] Odon de Deuil.

贫穷和富有的特征那么明显,西方作家非常熟知这种情况,而且他们的后代在威尼斯、马赛、巴黎和伦敦也看到了君士坦丁堡的情况。

惬意之城

君士坦丁堡和邻近地区的富有阶层的生活非常惬意。在博斯普鲁斯沿岸、在马莫拉通向圣斯特凡诺地区(San Stefano)以及卡尔西登沿岸都有别墅。人们在乡下别墅里一住就是半年,来避开炎炎夏日,同时,君士坦丁堡的宫殿在冬季则温暖而舒适。居民们赞同这些特权,他们以君士坦丁堡而自豪。拜占庭的贵族一旦离开就盼着回来。他们热爱这座圣城:西风轻吹,泉水宜人,浴室恢宏,海豚和鱼儿不时浮出水面,夜莺和海鸟愉快地高歌,世界各地的人们蜂拥而来,聆听这鸟悦之声。[1]

君士坦丁堡既是一个商业之城,也是一座娱乐之城。这里可以买到一切想得到的商品,就像如今那些在遥远世界的人们挣了钱之后,都会去巴黎和伦敦,过奢侈生活一样,当时在君士坦丁堡可以保证得到任何享受,甚至来自塞浦路斯的商人都到君士坦丁堡生活。更多的西方作家称之为罗马尼亚居民的人也被吸引到君士坦丁堡,这远远大于如今被吸引到伦敦和巴黎的曼彻斯特或马赛的居民。财富在当时的都城中就如同在现在这些主要城市中一样安全。在小亚细亚的士麦那或其他城市,财富容易受到突厥人的攻击,因此在密特里尼、爱琴海的其他岛屿或帝国沿岸的货物必须得到邻近海盗的保护。当时没有哪座城市能像君士坦丁堡这样安全,富人们在此能发现稀有的丝绸、上等的麻、印染成纯紫色的毛皮、丰盛的佳肴以及昂贵的上乘红酒。各

---

[1] Nicetas, *Alexis Comnenos*, ii.I.

种宝石、首饰，包括如今还可以在大马士革和其他遥远的突厥城市看到的日常佩戴的颇受亚洲和东欧居民喜爱的珍珠链，非常引人注目，在这里人们可以更放心地佩戴，也更容易被人们接受。

十字军认为拜占庭的华美服装很女性化，就像土库曼的游牧民族，身着羊皮衣服，行进在巴黎时把这座城市看成没有男子气概一样。但是，拜占庭人把这些粗俗的十字军看作粗鲁的野蛮人，认为他们对科学、文学和艺术一窍不通，对那些先进的文明是完全陌生的。十字军非常关注君士坦丁堡的奢华与财富，并不感到厌烦。这个时期的历史学家尼基塔斯讲了好几个故事，反驳十字军认为他的同胞奢华、柔弱。拜占庭人的观点肯定非常不一样。尼基塔斯认为对自然和艺术的享受才是拜占庭人的性格。

这里的气候，不像士麦那那样炎热，也不像黑海那边那样冷。金角湾、马莫拉以及博斯普鲁斯一年中有六七个月风和日丽，水面上有很多装饰华丽的小舟，与现在的相比，他们的桅杆和船尾更高一些，因而看着特别优美。船上有训练有素的桨手，他们来自希腊岛或者邻近海域，挣的工资也很少。每户贵族家庭都有自己的船员，配有鲜艳的徽标。君士坦丁堡附近发掘的废墟展示出贵族们在海边别墅过的生活。世界上没有哪座城市像这里一样自然地拥有愉快生活的条件。明净的天空、马莫拉湛蓝平静的海水、生产葡萄的海岸、有夜莺和鹌鹑（鹌鹑每年飞来两次，有时会落在君士坦丁堡的大街上）的森林、无尽的海鲜、漂亮的鸟儿以及悦耳的鸣叫，这都构成君士坦丁堡的幸福生活。

仪 式

我们现在不要管那些在孩提时对东方宫廷盛况的模仿表演，也能看出宫廷盛会的壮观。教堂和国家仪式都值得仔细研究。让我们试着想象：都城的大门在城墙的南端，城墙几乎南北走向，构成一个三角形的底边，君士坦丁堡被圈了起来，皇帝从金色的大门出来，沿着向陆地的方向检阅军队，来到金角湾，站在这儿的最高处的是艾郁普（Eyoub）；艾郁普与穆罕默德联合，但在668年阿拉伯围困君士坦丁堡的时候，他被杀死在这里；展现在皇帝眼前的是该城在陆地上的最佳景色，一个又一个海角、一座又一座拱顶层层叠叠，景致如画，一直延伸到塞拉各利奥角；国王的脚下是宫殿与塔楼，再往下就是布拉海尔奈监狱；帝国的旗帜在空中飘扬，旗帜上有一弯新月，这是君士坦丁堡的古老象征。有的旗帜上是帝国鹰或者白狮子。当皇帝向下走向金角湾时，部队集结起来，向皇帝致敬。在旗帜之下，有达马提亚人，他们穿着在欧洲堪称风景般金色的刺绣服装，手握长矛。还有一队宫廷卫士（Scholarii），由贵族组成，一些卫士穿着玫瑰色的丘尼卡；另一队是侍卫（Candidati），他们从宫廷卫士里面选出，穿着淡色的漂亮衣服，还有一队是由马其顿人组成的，他们是典型的西方人，拿着剑，系着银腰带，配有镀金的盾牌，还有双刃金斧。在皇帝身旁，还有一队外国护卫，他们是斯基泰人、[1]英国人还有其他民族的人，他们有着淡色毛发，这些特征表明他们是北方民族，属于著名的瓦拉吉亚人；这些人拿着巨大的双刃战斧，在自己的辅职人士带领下，簇拥着皇帝。比起那些贵族侍卫和高傲的马其顿人，皇帝更信任这些人的武器和他们的忠心。

　　皇家船只的桨手站在水边，扛着旌旗。旌旗镶着金边。皇帝的旗帜，也有类似的绣花，它在前面引道。船头是一只鹰，展开双翅，其

---

[1] Scythians 这个词用得很模糊，它用来指中亚的部族，但不是鞑靼，现在主要代表是特克—土库曼。

形状就如现在我们天主教的一样。皇家船员们穿着制服,步伐整齐,迎接坐在华盖下皇帝的到来。他们立即站到金角湾的中央,大家都不敢正视皇帝的面容。[1]贵族穿着丝绸。随从船队与皇帝的相比,装饰得没那么华丽。贵族的生活就是彼此攀比,他们穿金戴银。游行的队伍沿着金角湾行进,乐声响起,偶尔从所经之处的其他船上传来游乐者的呼声,他们有的是威尼斯人或者热那亚人途经这里去贝拉或者加拉塔。

学习不可忽视

都城的生活奢华,但人们也没有忽略科学、艺术和文学。君士坦丁堡曾一直是学者和艺术家的庇护所。君士坦丁堡颁布运输敕令,把装饰过希腊、小亚细亚的主要艺术品运到新罗马的都城,从那时起,柱子、雕塑不断送到首都,到12、13世纪,这里艺术品的数量让来访的游客惊讶。作为帝国在东方的重要教区,大量基督教作家涌入这里,每座修道院都有自己的收藏。在新罗马的不同时期,希腊哲学精神达到影响基督教的程度。这里的人们很熟悉古希腊的文学作品,而且这些作品几乎没有做任何改变,他们一再被印刷、收藏,成为新知识的源泉。如果君士坦丁堡提供的那些超出任何欧洲城市的奢华享受还不能满足那个时代的智者,那么这些人会在文学领域获得满足感,因为这里比任何城市所提供的的文学的质量都更高,内容都更丰富。希腊的哲学家常常把精力浪费在吹毛求疵的哲学和神学问题上,这些问题对我们来说是难以理解、无法容忍的。即使我们知道这是对智力的浪费,这些话题也毫无价值,我们必须承认有相当多的人对这些问题感

---

[1] 该传统一直流传到现在。毫无疑问,著名的苏丹游行就是最接近皇家的复制品。苏丹船队仪式仍然在其尾部保留着罗马鹰。

兴趣，这表明教育和文学发展到了一定程度，而西方人却对此一无所知。大批民众热衷于讨论宗教问题表明人们拥有希腊思想家的敏锐，同时，也会引起宗教改革运动，对宗教教义的改革可能会发展成为一场东方宗教革命，这也可能对西方基督教产生深远影响。

对高深晦涩的问题缺乏热情

宗教问题以前在君士坦丁堡只会偶尔进行无休止的讨论，12世纪时，大众对这种讨论的兴趣已经消失。在东方，这种讨论并没有引起任何宗教或文化运动。最初这些讨论曾惹恼了教会，形成蓝、绿两派，很多形成了异教派别，他们中有人还参入了圣像破坏运动的争议中，但现在这些讨论已经消失，对绝大多数人来说，这些讨论已经变成不可理解的信条，或者成为那些被放逐到半岛山区和小亚细亚人的受迫害派别，这些人像保罗派教徒一样注定会残存好几个世纪。从君士坦丁堡建立到13世纪的800多年时间里，有过热烈的宗教讨论，这展示了都城的知识分子的生活和活动。在查理一世的时候，伦敦居民表现出对这些抽象问题的同样热烈的兴趣，弥尔顿毫不夸张地证明了英国人敏锐大胆的精神。可以理解的宗教信仰问题已经得到解决，但是悬而未决的问题几个世纪以来都没有迎来黎明。教会成为既定律令的一部分，宗教就是一个机构，就像帝王凌驾于法律之上一样，这个机构受皇帝的绝对领导，再没有必要对宗教进行讨论。皇帝颁发敕令，成为法律，甚至具有无可争辩的权威与威慑力。对于法律，所有臣民就是服从，对于宗教，他们为我所用。人们在教堂受洗，成为基督的伴侣，让肉体得到重生；他们进行供奉以求纯洁，没人会怀疑走完尘世之路后，那具净化过、具有复生能力的躯体是否能重生。对于救赎，人们能理解即可，而且对此他们是接受的，他们乐于追随。因此，宗教就这样轻松凌驾于帝国的居民之上，他们没有抱怨。我认为宗教并没有对民众产生多大影响。民众没有激情，没有激烈的问题，也没有渴望，有的只是些许的虔诚。如果要比较一下帝国与现代的宗教条件，我认为应该把它与俄罗斯相比。在俄罗斯，东正教被广大农民所接受，教规与人们的行为交织在一起，教会渗入陆军、海军，还有民事法令，这些都是12世纪时，新罗马东正教廷形势的复制。俄罗斯与帝国不同的是，斯拉夫的精神非常严肃，甚于希腊或者希腊文化影响下的民众。阿里乌斯教派的希腊精神在尼西亚惨败，但却征服整个东方基督教世界，用希腊基督教代替了希伯来。

世俗和精神的混合

现代西方的宗教地位与12世纪时最大的不同在于：第一，东正教的教义是不容置疑的；第二，皇帝既是教会领袖也是国家元首。第一个特点削弱了教会的智慧，第二个特点把宗教仪式融入民众生活。英国在名义上拥有世俗和精神领袖；实际上，君主从来不会像沙皇或者君士坦丁堡的皇帝那样拥有主导权力。我认为如果皇帝在官方上不再具有神圣性，但他处于基督教廷之上，这使他仍具有神圣的特征。需要指出的是如果这种观点与理论上选出的君主互不包容，选举出的教皇的地位也毫无损失。东方统治者是集皇帝与教皇于一体。国家首领曾是宗教领袖，这解释了在西方人眼中君士坦丁堡是世俗与精神的结合的奇怪形式。教堂是财富聚集地、商品集散地。集市就在教堂的门口。君士坦丁堡的索菲亚大教堂不仅仅是基督教的最大教堂，也是这个城市生活的中心。在中世纪的时候，英格兰教会在社会和市民生活中也发挥着相当大的作用。但在新罗马，索菲亚教堂就是市政厅，既是教廷也是选举皇帝的地方，同时还是教会议事的场所和废除不受欢迎皇帝的场所。除了奢侈之外，索菲亚大教堂宽敞的前厅、外厅以及辅助建筑都被用于商业目的，满足城市的普通需求。还应该记住的是，教士一直都可以结婚。教会在城市的世俗生活中起着重大作用。教士可以签署合同文书，用教会律令规范买卖，因此，保障了在这一期间的贸易诚信。

教　士

对于那些追求严格践行宗教的人们，修道院是开放的，而且它们数量庞大。在君士坦丁堡的帕特里亚区，有几座修道院，城墙外面以及附近的山上也有一些，从留下的废墟来看，当时一定有相当多的修道人士。在东方的教会，修道主义从未像西方那样严格而阴郁。

对这里财富的描述，以及西方人听说过的奢侈、艺术与知识之城等都表明这里的文明程度与英格兰的理查一世和约翰时期相比都很高。

都城的安全感

首都和邻近的文明地区中最重要的要素就是安全，这决不可忽视。在图德拉的本杰明以及希腊和其他西方作家的书中，我们读到，经过帝国，看到了富饶的景象；虽然四方受敌，那里的人们却显示出政府对其保护的自信。当封建主义组织西方大众投身从戎，鄙视商业、手工业的时候，帝国的军民则自由地从事买卖，耕作土地。帝国没有封建塔楼，农奴和零售商随时准备参战，这个国家到处都是农场，一派繁荣安定的景象。在帝国内维持着和平罗马的局势，首都四周还未受到侵扰。新罗马比旧敌更富有，国内也未看到一支充满敌意的军队。

接下来，我们谈谈1200年君士坦丁堡的财富与奢华。十字军惊讶于首都的各种奢华。对于君士坦丁堡的居民来说，这种奢华是文明的外在表现，是自然而然的结果，也证明了其文明程度。对于十字军来说，这种文明的表现就相当于当现在英国士兵进入北京所看到的繁华一样。狮心王理查与保障《大宪章》的贵族们、法国国王腓力以及腓特烈·巴巴罗萨都惊讶于他们所看到的一切，但他们认为这些奢华一文不是、太阴柔；他们不仅看到了财富，也看出了帝国的懦弱，他们看到了奢华生活方式里充满了叛变，而且少数人的光荣是以牺牲多数人为代价的，这里缺乏公共精神，这都是政府统治的结果。

宫廷虽华丽、大方，但没有气概，十字军认为这个帝国已经衰落。君士坦丁堡的作家以及西方的游客都有大量有关这种阴柔特征的记录。对于西方人来说，勇气是最高的品德，它是品德之首，它是一个民族气概的源泉。当然，他们有时错误地低估了敌人，认为敌人奢华就意味着懦弱。1147年，德国人在士瓦本国王康纳德的带领下进攻新罗马军队，结果被他们所鄙视的敌人用高超的战术击退了。

亚洲对君士坦丁堡社会的影响

十字军发现帝国的错误就在于社会生活的长期腐化，这也是历史发展的结果。新罗马在亚洲的成功却是它虚弱的主要原因，导致了最终的衰落。只要这个国家能够保持城邦民主组织，只要地方政府的希腊思想还在继续，帝国的危险就小一点。在帝国向东征服之后，财富使得皇帝们能够摆脱欧洲各省，变得独立；同时，财富也使得他们逐渐剥夺主要城镇的独立性。君士坦丁堡的贵族们统治着叙利亚和小亚细亚各省，他们是这里的君主，但臣服于皇帝，统治权力逐渐落入那些受亚洲模式影响的人手中，希腊人保持城市独立的传统已经被忘记，政府中央集权化。在行使职权时，有些新的影响即威尼斯特点的政府，各行省的人民开始忘记君士坦丁堡的利益就是他们自己的利益，但十字军对此并不了解。总的来说在帝国首都，亚洲的影响是有害的。统治者在需要征求民情民意的时候，却很少那样做。对于民众来说，财富大量涌入首都时他们要求不征收新的税赋。市民们对政治已经不感兴趣，他们只参与帝国繁盛时期的王朝更迭。从新罗马的建立基础来看，帝国政府一直拥有奢华的想法，这削弱了台伯河边这座古老的城。新的政府形式引进到拜占庭，它完全具有恺撒特性，即使在意大利，这样的政府形式也具有与东方一样的阴柔与奢侈。但是，君士坦丁堡城的地位与他之前的都城相比，更易于受到亚洲王子们不思进取的影响。波斯人和印度宫廷的华贵在博斯普鲁斯得以重复，这种奢华也出现在了底格里斯河和幼发拉底河的穆罕默德哈里发的城市里。随着新罗马统治地位的确立，对于臣民们来说，帝国的辉煌使这些人黯然失色。帝国的不断征服在此取得成功。

我们并不想追溯结果是如何产生的，特别是不想追溯一系列冗长的事件，它们使中央集权的思想逐渐削弱为如在村一级、城市一级的地方政府体制。但是，为了理解12世纪末的帝国政府地位，有必要看一看亚洲对新罗马的影响。

类似于亚洲后宫的生活

亚洲的后宫生活被介绍到宫廷甚至贵族家中。女性们隐退于家中，就像亚洲的女性那样。重要的是，亚洲最糟糕的制度之一——太监也被引入。如果一种制度让男性和女性都处于落后状态，而且影响远远超出其他制度，阻碍了一个民族的发展，那么这个制度就值得拷问了。太监不仅仅作为贴身随从，有时还是主要的出谋划策者；如果太监不能获得以上如此高的职位，那么他也会在这个家中承担不可小觑的任务。因此，太监成为事务的主要干预者、贪污的根源。一个出身低微的人，一旦被擢升到宫廷宦官这样的职位，就可能会影响一个国家的命运。这种力量和影响在这个国家发酵。东方的蛮族不断出现，而且在帝国内部不断更新它的腐蚀与毒化能力，宦官就成为险恶影响的中心。

13世纪开始，君士坦丁堡的宦官已经名声在外。只要提到有他们的地方，都可以看到其影响力非常巨大。1199年，阿莱克修斯三世要进攻普洛萨库斯，将领们强烈建议不应该攻打这座城池，但是太监们却推翻了这一建议。[1] 太监们被擢升为大使，[2] 有的成为议员。拉丁征服时的五年里，有的太监成为君士坦丁堡的行政官员。在竞技场上，他们与贵族同列。阿莱克修斯听闻十字军向君士坦丁堡进发并要摧毁都城，这位皇帝的反抗是无力的，因为阿莱克修斯已经完全沉迷于奢华，把帝国交于宦官手中。尼基塔斯说："这些东西在皇帝狩猎时把守着山脉森林，就如年老的异教徒替众神看护着果园那样极其用心，他们又像破坏天使看守着天堂之门那样非常虔诚地工作，他们威胁任何一名要伐木造船的人。"[3] 在十字军取得第一次胜利后，当阿莱克修斯逃跑时，宦官召集军队捉住了皇后和她的朋友，他们把瞎眼的伊萨克从狱中救出来并推向王位，并派人去加拉塔告知敌人，他们为这位前皇帝做了自己所能做的一切。当时这位前皇帝的儿子年轻的阿莱克修斯还在敌军里。

君士坦丁堡的宫中充斥着宦官、小丑、喜剧演员、音乐家以及情妇。尼基塔斯提到情妇们与皇帝同坐一桌进餐。[4] 要在这个国家取得成功的捷径就是得到这些宫廷宠臣的支持。

---

[1] Nicetas, *Alex.* Book III.
[2] Cinn. VII. ii, p.296.
[3] Nicetas, p.716.
[4] Nicetas, *Issac*, Book III.

教会的屈从

在教会中，只有学识和品格有利于晋升。但即使在教会，宫廷的影响也大于主教，高级教士的崇高生活、他们受人敬重的品格以及学识都抵不过宫廷情妇、小丑和宦官。亚洲影响带来的另外一个最糟糕后果就是教会的衰落。旧罗马的主教成功成为西方的精神贵族，他们比那些代表世俗贵族的皇帝更有威望，但在新罗马，皇帝更有权力。当君士坦丁堡宣布把基督教作为帝国宗教的时候，其继任者一直没有放松对教会的控制，因为教会在帝国的影响比西方大。这些滥用职权的现象从一个地方开始蔓延到另外一个地方。皇帝随心所欲地更换大臣和宗教领袖。虽然皇帝不能在两方面都取得成功，但会成功地让教会变成附属。例如，尼基塔斯提到伊萨克·安吉洛斯在很短的时间内更换了四任主教：第一任被免的理由是在安德库洛斯时期强迫出家的修女离开修道院；第二任虽然得到命令，但他年老体弱；第三任尽管是皇帝任命的，但却假装是圣母透露的提名，他退位是为了把当时的宠臣放在父权的宝座上；最后一位遭到暴力反对，不得不让位于新的宠臣。[1]

柔弱的帝王们

1200年前的20年，帝国处处表现出柔弱和腐败。尼基塔斯说，少年皇帝阿莱克修斯·科穆宁醉心于玩耍与狩猎。皇后的近臣盛装打扮，卷发扑粉，香气好似女性。皇帝榨取国家财富用于宫廷的放纵。皇帝安德库洛斯·科穆宁虽然是一位老年人，但却沉迷于竞技和赛马；在行宫中纵欲声色，有无数情妇陪伴，他日夜醉酒，隔几日才会回到首都，每次回到都城，那里的情况会变得更糟，因为他会颁布一些残

---

[1] Nicetas, *Issac*, Book II.

酷的法令。安德库洛斯的继任者伊萨克·安吉洛斯像女性一样喜欢炫耀，他每日穿新衣，每餐必浪费。尼基塔斯说，宫廷里"有成森林的猎物，成海的鱼、成河的美酒、成山的面包"。皇帝每隔一天都要去东方的浴室，尽享芬芳；他衣着华丽如孔雀，喜欢歌曲，宫廷的大门永远对演员和杂耍艺人敞开。虽然宫廷的收入连年下降，但皇宫的花费却从未减少，皇帝被迫不得不依赖暴政，因而货币贬值，税收增加。官员们被派去管理政府或执行命令本应是合情合理的，但却无法支付他们自己的费用，尼基塔斯说，这些人就像使徒一样，"身无分文，前往任职"。皇帝知道他们称不上诚实，但是他们会向宫廷进贡。教堂被掠夺，圣器为宫廷所用，装订《福音书》的宝石和饰品被剥离，仪式用具和十字架被用来制作项链和手镯。阿莱克修斯三世取代了铺张浪费的伊萨克，但他无所事事，配不上帝王的尊严。

　　整个帝国政府的管理组织，包括司法机构，都借鉴古罗马的体制，但仅仅流于形式。东罗马的法律与古罗马的一样，但是行政管理已经腐败。如果英国的法律被亚洲国家所利用，让他们自己发展，形势会发展得很复杂，相当微妙，虽然有足够的力量解决很多法律问题，但是，是否诸如人身保护令以及陪审团等这些与民族安全要求和个人自由保障同时发展起来的法律形式能得以继续，且不会产生英国人曾出现的妒忌，是否能确保他们所保护的权利不被践踏，这些都值得怀疑。即使创立这些安全保障的民族可能会维护措施实行，然而是否其他的民族就愿意保持或者觉得有必要保持这些安全措施呢？在东罗马，旧罗马的行政体制在运行，但是，这种体制在后期已经与创立者的初衷不一样了。如果有足够多的人还处于拉丁的影响之下，或者他们还保持着希腊精神，这种体制会运行良好，但是拉丁的精神在当时的统治者中已经消失殆尽，在各个行省中希腊城邦精神也在很大程度上崩塌。

虽然有时看起来旧的组织形式还保留着,但宫廷律令不再赢得信任。政府各个部门,包括司法领域出现了腐败。皇室家族直接从腐败中获利。皇帝派出的使节身无分文去搜刮子民,有的皇帝虽然没有派船去劫掠子民的船只,但却分得利益。犯人出去替人做工,有时还会为狱长偷窃。

阿莱克修斯三世于1195年登基发布诏令:禁止买卖公职,官职应该给予最适当的人。但是那时的历史学家说,虽然这样的改革值得称道,但是连皇帝最亲近的人都不支持。拜占庭的贵族势力让皇帝倍感无力,就如一个改革派的苏丹遇到帕夏势力的影响一样。尼基塔斯说成为这种势力范围的人相当富有,他们希望通过干预使政府妥协。城市和行省的最高职位公开售卖。货币兑换商、没有文化的人,甚至斯基泰人都可以购买恺撒头衔。债权人可以通过各行省的委托人接受还款,这样的委托人在君士坦丁堡有一个名称——"haveles"[1]。

人们忍受着这样的政府和耻辱,他们既比不上几年之后在兰尼米德(Runnymede)出现的有气概的男爵,也不及共和国盛世或是希腊共和国时期的罗马军团。事实上,精神上的不满不仅造成了国家伤害(这种伤害已经从拜占庭贵族身上消失了),也伤害了自尊、爱国和勇气的品德。统治阶级不再有丝毫的罗马和希腊精神。阴谋奸诈成为最高的政治家品格。帝国与外国签订合约,目的是不再设防,便于他国进攻。外交政策就是装糊涂,背信弃义代替了勇气。政府存在的功能就是榨取各个行省的财钱。这样的结果也自然而然地出现在人民中间。

政权的存在是为公众利益,这样的罗马古老的理想已经消失了。对法律和公平的崇拜也消亡了。希腊城邦为全体人民利益而奋斗的精

---

[1] 词根来源于阿拉伯语,其意思为"转交",突厥语意思"委托",所以名词应为委托人。

神不见了。亚洲的影响充斥在各个统治阶层，到处是谎言和虚荣，这些都是东方宫廷的弊端。人民视这些阶级为公敌。

迷信盛行

亚洲的柔弱影响产生了大量的迷信活动以及犹豫不决。护身符被广泛使用。国家的大事小情都会先求助于星相占卜者，如果这些占卜者的预测是正确的，则会得到荣誉，反之，就会继续求助其他占卜者，不管怎么样，星象预见未来的地位还是没有动摇。对魔力的信仰非常兴盛，城市的雕塑被看作能影响人和事的神秘力量。弥涅耳瓦[1]的塑像似乎有招呼西方的能力，但在十字军进军君士坦丁堡的时候，它被摧毁，因为这里的人们相信是她把十字军引入都城的。阿莱克修斯三世的妻子皇后尤弗洛西尼命令拆毁一座野猪与狮子搏斗的铜像。该铜像是都城著名的建筑之一。拆毁的原因就是为了保证皇后成功占卜。曼努埃尔统治时期，君士坦丁堡凯旋门上的一尊雕塑在对匈牙利宣战后也被拆掉。这座雕像是一位罗马人。而在其不远的另一座雕像，因为代表马扎尔人，而被保留下来。尼基塔斯对此的评价是，曼努埃尔证明自己要与人民的迷信相悖，通过反其道而行，来改变两个民族的命运。尼基塔斯告诉我们即使是曼努埃尔也经常请占星者卜卦。疯子被认为具有神力，享受荣誉。每座教堂都有圣物；信奉代祷或信仰自己的圣徒属于最盲从的表现之一。某些画作会哭泣！布拉海尔奈教堂的圣母就是代表，它是成百幅神奇画作中的一幅。每个人都有自己的咒符、圣物，或者他们信任的值得崇拜的特殊对象。伊萨克·安吉洛斯对圣母代祷特别迷信，当他看到圣母的画像，就会神魂颠倒。这个时期的生活充斥着迷信，某些日子被认为可以带来好运，而其他日子

---

[1] 弥涅耳瓦（Minerva），罗马神话中的智慧女神。——译者注

则会带来霉运，每颗星星都有自己的含义，统治并昭示着个人或国家的命运。日食和极夜预示着一些事，占星者假装能看出其中的奥妙。尼基塔斯惊讶地注意到君士坦丁堡的征服并没有伴着什么预兆，缺乏预兆就是上天对君士坦丁堡的审判的证明。

尽管皇帝不断颁布法令对装神弄鬼和占卜[1]进行严惩，还是有很多神秘学的专家。据尼基塔斯说：安德库罗斯曾向一位神学专家咨询，告诉他在年轻时候发生的那些可怕的神秘事件。安德库罗斯在曼努埃尔时代被当作巫师加以惩罚。对我们来说，安德库罗斯的占卜有点幼稚，是一种娱乐：他在盆中放入溶解物，然后不断打圈转动它，最后观察沉淀物形成的字母。尼基塔斯对这种做法表现出惊恐，同时又对此深信不疑，因为他认为魔鬼给出的答案绝对正确。

农业被毁

宫廷的奢侈、统治阶级的堕落和柔弱对于防御来说场灾难。在君士坦丁堡，财富集聚在贵族和统治阶层手中，导致帝国丧失小亚细亚。在10、11世纪，帝国的土地耕种落入说希腊语的农民手中。在突厥人入侵之前，贵族们快速集聚土地，农民几乎没有了土地。随着战争的胜利，奴隶开垦的田野落入贵族的手中，他们的财产被贵族购买。农民有力量、有意愿为他们的家园斗争，但是奴隶不希望为了他们的主人而搭上生命。当审判的日子到来时，迎战敌人需要帝国的常规军力。农民曾经挟制了敌人的行动，不断抗击突厥人或者鞑靼人在这里的定居点，500多年间一直对黑山人充满敌视，但现在这种力量不存在了。野蛮人的入侵对于那些已经降为农奴或一贫如洗的人们来说并不恐怖，因为他们再没有可以失去的东西了，他们的土地已经被残酷的贵族拥

---

[1] 应该记住的是，不是有意欺骗而确实是向魔鬼问询。

有。与那些让农民们害怕的敌人相比，有很多农村宁愿归附于突厥人，尽管他们不是同一民族，宗教各异，语言也不同，但这样可以摆脱同胞的压迫。

海上力量削弱

君士坦丁堡的腐败使得海军损失惨重。马莫拉和爱琴海的勇敢水手愿意成为令人羡慕的帝国船队上的成员，世界上没有哪个地方能培养出那么多的水手，帝国拥有博斯普鲁斯和达达尼尔海峡，如果也占据了爱琴海群岛，其海上力量应该强大，但是统治阶级长期以来习惯于在陆路与敌人开战，逐渐忽视海军，在拉丁入侵时期，帝国的海军力量非常虚弱，不能防御。从萨拉米斯（Salamis）的英雄到坎瑞斯（Kanaris）的探索，帝国水手都具有优秀的品质，尽管有这样的资源，但在1200年之前的150年里，帝国船队雇佣最多的是威尼斯人，由他们代替进行海战。

实际上，直到君士坦丁堡被攻击，帝国还进行着建造一支船队的梦想，不过，帝国船队通过代理军队进行征战，没有处理实际问题的能力。当危险来临时，阿莱克修斯三世的妹夫米哈伊尔·斯特夫诺斯卖掉收藏物品，拨付物资，才能满足带兵出征的需要。

陆军的削弱

亚洲的柔弱影响在军队方面表现得更为显著，让人感到可悲。几百年里，新罗马一直保持着罗马军队的传统与纪律，即使在1204年，也并未一起消失，但是，希腊方阵与罗马军团的那种胜利的精神已经不见了。军队中罗马管理体制的破坏开始于瓦西里王朝，尤其是从利奥六世开始。这一时期，曾取得过巨大的成功与军事辉煌，但是成功和繁荣却加速了城市精神的灭亡，虽然这种精神曾让帝国焕发生机。此时，帝国开始堕落。皇帝们变得权力膨胀，在亚洲的胜利对他们影响巨大,他们开始了在亚洲的暴君统治。皇帝们发现可以雇佣外国兵力,但让自己的臣民去从军是那么困难,于是,他们就用雇佣兵来作战。不朽军团让人立即会想到他们的亚洲来源。在拉丁进攻君士坦丁堡的时候,瓦洛侍卫享受这种荣耀地位。意大利人和其他雇佣军也为皇帝服务。西班牙的犹太人图德拉的本杰明说,希腊人雇佣被他们称之为野蛮人的民族来当士兵。他们自己没有尚武精神,他们就像女性一样,不适合军事。这种观点未免太过严厉,但是,夸张之余,可见西方的观察家对尚武精神衰落的看法。后来的皇帝亲征的时候,住在帐篷宫殿中,这让人想起大流士或其他东方君主的做法。

由于没有亲缘关系,有的外国雇佣军会变为奴隶,有的则接受捐赠效忠于皇帝。拉丁征服前,25年的王朝斗争使得外国雇佣军力量越来越大,他们得到的恩宠也甚于之前。1195年,阿莱克修斯把伊萨克投入监牢,登上皇位,他慷慨地把金钱和荣誉分给支持者们,这不仅让公共荣誉贬值,而且耗尽国库。这样的慷慨还不足够,皇帝又把一部分领地分给军队,换取他们的好感。

1200年,由于柔弱、奢华,帝国越来越虚弱。人们怀疑曼努埃尔在1175年出钱收买威尼斯人的对手。尼基塔斯惊恐地指出,阿莱克修斯三世希望用金钱换取和平;他并不与巴巴罗萨的继任者亨利开战,而是通过展现宫廷的辉煌和满是珠宝的衣着来震撼前者的使臣;使臣们耿直地回复称他们及其同胞不爱这些东西,这些东西只适合女人们;皇帝征收德国税来收买敌人,上下议院、教士都拒绝帮助皇帝,他不得不剥夺教会和墓葬的财物,来增加收入,因此,武士精神已经在这个民族中不存在了。

精神文化的停滞

12世纪最后阶段处于精神文化停滞阶段。人们忙于政治和即时兴趣，没有时间思考文学和思想。这个国家必须在各方迎击敌人，因此战士比文学人士享有更大的荣誉。这是一个过渡期，在基督教神学形成和发展的时候，大批学者如洪流般献出自己的学识，新的运动如宗教改革和政治革命出现了。人们坐享前人的奋斗成果，12世纪的时候很少出现对人类的知识做出有价值贡献的人，虽然这时期的精神生活也有风光的时候，对艺术的鉴赏依然高涨，而且势力可能还在增强，但已看不到曙光。

帝国的精神文化

拜占庭的建筑越来越漂亮，哥特式成为世界闻名的风格。教堂和私人住所内部的装饰都达到了一个新的高度。君士坦丁堡教堂的马赛克和壁画闻名意大利，无论艺术家们到哪里，他们都为12、13世纪中这种壁画装饰的飞速发展屈服。教会的教士接受过良好的教育，而且可以成婚，这对整个民族的教育产生了影响。荷马——这位频率极高的被引用的古典出处的作家——和宗教典籍等经常被引用，他们不仅仅出现在希腊作家的作品中，也表明当时的作者们希望通过相关知识的引用来发掘读者。确实，在这庞大的人口中，找到了希望。在拜占庭统治时期，希腊人的城邦精神潜移默化地影响着君士坦丁堡和其他主要城市的人们。人们从未放弃城市政府。商人不断发展自己的事业，也发展了教育，促进人们文化水平的提高，人们最终能像西方人那样忍受宗教事务，但却不会容忍内部的封建制度。

帝国的发展

商业是拜占庭的荣耀，不论它具有优点还是缺点，都是新罗马的主要特色。财富、奢华、容忍精神、宗教艺术和家庭的发展都归功于商业，但是商业也让那些富有阶层无视公众疾苦，对公共事务漠不关心，并且他们自己也变得柔弱懒惰，同时贫穷的人们也没有追求。如果新罗马的外敌少一些或者能抵抗住敌人的入侵，欧洲完全会看到一个在欧洲其他国家都不会找到的让家庭生活变得安逸的物质世界，同时文化活动也会使帝国在欧洲独占鳌头。在博斯普鲁斯海峡，帝国的首都在基督诞生之后的1200年里，一定会保持传统秩序，延续一个良好的政府，继承希腊文化，在商业、文学和艺术领域继续发展。君士坦丁堡跨过黑暗的动乱时代，在这期间，异教与基督文明互相交锋。在西方国家处在形成过程中，东方的罗马帝国一直处于繁荣发展时期。我们可以从它后来的对手的强大程度，更好地了解帝国的繁荣。威尼斯在后期就是对博斯普鲁斯岸边它的庇护者的复制。新罗马统治的疆域和面临的困难条件远比威尼斯大，但是二者却又非常相似。

希腊人统治下帝国与突厥人统治下帝国的对比

当君士坦丁堡受到西方军队攻击的时候，12世纪的君士坦丁堡与奥斯曼突厥人统治下的君士坦丁堡在很多方面都极其相似，但也有一些是完全不同的。相同的有：人民被压迫，政府的目的就是收税；国家各个部门充斥着腐败；卖官鬻爵；宦官当道；行省委托人偿付债务[1]；皇宫非法使用国家收入；统治阶层柔弱不堪，道德败坏。两个帝国之间的主要不同表现在：东罗马帝国的首都存在一种公众精神，这种精神保护私人利益，不像奥斯曼帝国时期对待针对私人的诽谤漠不关心。君士坦丁堡的人民不会忘记他们是权威的源头；他们既能成就皇帝，也能把他推翻；他们既能让王室成员求同存异，也能让他们大动干戈，还能让他们为追随者付出，有时在统治者变得非常坏的时候，他们也会加以干预；在政治事务上，公众的观点与奥斯曼时期的

---

[1] 这种方式就是让地方政府去榨取人民。

君士坦丁堡突厥人那种漠不关心的态度形成鲜明对比，不断的暴动至少也说明公众对政治的关心。但这种公共精神在奥斯曼统治时期变得最弱，人们对政治变化的兴趣很小。行会精神、尊重财富、团结精神，这些是欧洲商界一直拥有的特点，威尼斯和热那亚人把针对某一个商人的抢夺看作针对整个国家的事件，一位名叫陶奇（Touch）的人和他所属的行会曾得到过赔偿，因为通过绝对勒索对个人进行掠夺是大众所不服的，这位新罗马的居民深受感动，他自豪是一名罗马公民。

尼基塔斯记载了一件事情，它发生于12世纪最后的两三年里，这件事表现出大众普遍的反对武断地处理公民的情绪多么强烈：在君士坦丁堡，有一位银行家名叫卡拉摩多斯（Kalomodios），他经过长年努力，在困难的环境下，获得巨大的财富，但他十分贪财，其拥有的财富尽人皆知，引起一些不怀好意的贵族算计，因为他们也想分一杯羹。卡拉摩多斯被抓，商人们听说这件事时，集合到一起，向大教堂进发，找到主教并威胁他如果不采取措施释放这位银行家，就把他从窗户扔出去。主教对暴动的民众报以同情，许诺竭尽全力，并成功地把这匹浑身披着金毛的羔羊从想把他生吞活剥的狼口中救下了。帝国时期，大量君士坦丁堡的编年史的记载中没有染指个人财产的事件，只要商人不参与阴谋或革命，他们在城内的财产就是安全的，这在一定程度上说明对法律的敬重根深蒂固，即使是安德库洛斯这样的暴君，在对犯人施以死刑或剜眼的时候，也会经过审判程序；这也在一定程度上说明良好的城邦精神还是存在的，正因为这种精神，人民才能一致行动，反抗司法的不公正。

总之，贸易发展使得保护私人财产的安危成为商业成功的首要条件。突厥人永远不会有这样的认识，他们也不会亲自参与买卖。在君士坦丁堡，突厥人一定是被雇用者，他们也必定把商人看作掠夺的对象。突厥人对待商业的态度与欧洲最富有的国家对待贫穷的做法有关系。君士坦丁堡在1200年之前最糟糕的时期与突厥人统治下的情形是最好的对照，几百年来压榨富有的非伊斯兰突厥人和帕夏，成为苏丹及其亲信在困难时期最钟情的手段。有外国人记载，拥有大量财富的人们，马上会得到外国势力的保护，以此来避免压榨，这大大阻止了苏丹等人的做法，但是，这样的压榨不会被忘记。

两个帝国的衰落

帝国的衰落与奥斯曼突厥人的衰落不一样。前者经历了漫长的对外战争，在这一过程中取得过很多胜利，使侵略者士气低落，然后这才走向衰落。帝国的统治在王朝斗争中削弱，一方面人民进步了，从古老的君权神授绝对君主制度中发展出更为现代的政府形式即寡头政治。奥斯曼帝国由于统治者施政无能，无力吸纳被征服民族，也没有学会经商、制造，先后失去了在俄罗斯南部、匈牙利、罗马尼亚、塞尔维亚、希腊、保加利亚、小亚细亚以及非洲的领土。新罗马帝国存在了1100年后，光荣地倒下了，它曾是欧洲最文明的国家；另一个帝国继承了这样的文明，具有摧毁性的力量，让这片土地远远落后于欧洲最不发达的国家行列，使君士坦丁堡成为欧洲最落后的都城。只要奥斯曼的统治者在中亚能获得源源不断的人力，只要苏丹的宫中满是欧洲俘虏，只要统治者能从基督徒那里得到女性，那么他们的胜利就会得到保障，其统治至少应该比土匪强，但是当这些供给都被掐断，这个民族连同他的宗教就只有自己的资源了，衰落也就开始了，而且很快断送了突厥人的统治。

积极的表现

科穆宁统治时期的帝国与突厥人帝国本质的不同体现在宗教的影

响上。帝国的基督教会成为再次复兴的一种方式，至少它不会阻止人们精神的发展，但是奥斯曼突厥人的宗教阻碍发展。如今东正教处于衰落过程，但是700年前，情形并非如此。阿索斯山上的修道士不断地抄写宗教典籍，这复兴了西方文化知识。人们在漠不关心中发现教士和修道士长期以来反对腐败。拉丁征服历史最权威的希腊作家尼基塔斯的作品渗透着宗教精神，他认为上帝主宰着这个世界，他会惩罚民族堕落，道德意味着进步，而堕落则引起落后。他和与他一道的人们强烈地反对政府的腐败，反对宫廷的放荡，反对政治家缺乏道德。人们在阅读他的作品的时候，好像这些对抗不是发生在13世纪，而是发生在19世纪。对于尼基塔斯来说，滥用职权以及皇帝的残暴都是令人憎恨的。在尼基塔斯的作品中，除了在宗教方面含有那个时代的迷信色彩之外，人们很难想起这就是尼基塔斯所生活的时代。尼基塔斯的叙述贯穿着不满甚至争吵，这一情形也出现在同时代其他作者或者那些生活在距离尼基塔斯不远的时代的作者的作品里，这表现了那个时代的希望。尼基塔斯和很多他的同时代人对帝国情形非常不满。如果拉丁入侵没有成功，一场改革或者革命运动可能会在帝国兴起，就像在西欧一样，这样的运动可能会发生在宗教领域，东方教会则会率先影响西欧教义。尽管教会成为附属，名义上的那些主导者被迫尊重组织内部的观点。尼基塔斯对伊萨克·安吉洛斯频繁更换主教的做法深恶痛绝，皇帝也不得不为自己的行为寻找借口，这就表明教会的影响仍然很大。昏昏欲睡的情形正在过去，无论是在教堂还是在整个国家内，对越来越严重的腐败的不满正在扩大。当看到意大利复兴，希腊、保加利亚重新进入文明国家，我们可能不相信那时作为文明程度第一的民族不会摆脱宗教和政治的偏见，不会在连年抗击对外攻击中恢复精力，也不会进行宗教改革和政治民主革命。

第八章
第四次十字军东征

1197 年西方开始鼓吹、宣传第四次十字军东征。尽管第三次十字军内部领导有争吵，但是最初取得的成功让西方基督徒相信可以遏制伊斯兰教。1187 年，萨拉丁夺取了耶路撒冷，吕西尼昂的居伊成为囚徒，虽然很多英勇的圣殿骑士团和医院骑士团以及很多无名的西方战士已经殉职，但他们没放弃信仰。耶路撒冷的陷落引发了第三次十字军东征。狮心王理查唯一被记住的主张，就是他成为十字军的将领，协同法国最有能力的国王腓力、西罗马的士瓦本皇帝巴巴罗萨一起在叙利亚夺回基督领土。他们围困了阿卡，敌军经过两年的反抗，十字军损失了 30 万，最终理查和腓力攻下该城。萨拉丁在阿斯卡隆被击败，其他地方也被攻下。但是，远征的胜利和结果远远没有达到西方三位君主为此所做准备时赋予的希望。加法出现了风暴，敌军随后再次夺回该城，驻守要塞的基督徒被屠杀。1190 年腓特烈溺亡，腓力和理查在各自的拥护者的支持下发生争吵。1192 年英国国王离开叙利亚，他的船触礁，国王被俘，他的经历颇具冒险性，让这位国王成为一位具有诗意和浪漫故事的君主。腓力也返回到自己的国家。如果不及时派兵到巴勒斯坦给基督徒们，十字军曾取得的胜利就会化为乌有，但援军没有成功，处在后方的十字军在亚美尼亚、希腊、叙利亚的军队支持下，尽力坚守已经征服的土地，但是每年他们的土地都在减少。

从叙利亚返回的游客带回第三次十字军幸存的教士请求帮助的消息，如果要挽救已经陷落的耶路撒冷，应该立即行动，事实上，英诺森三世和一些西方的政治家们在西方的国王们出发时就完全意识到伊斯兰教的发展情况。

经过五年让人厌烦的等待，1197年基督教世界迎来一个时机，发起了新的回击。大苏丹萨拉丁于1193年去世，他的两个儿子为瓜分王国产生纷争。伊斯兰各派都想赢得叙利亚基督徒的支持。伊斯兰教的另一个分支就是威胁欧洲的塞尔柱突厥人，此时他们在小亚细亚的进展也处于停滞状态，其建立的王国也处于分裂状态，这支最大的亚洲游牧民族，不久就处于成吉思汗的统治下，威胁着塞尔柱人占领的新罗马的东部自治领，塞尔柱人被迫重视威胁他们后方的同族人。

其他有利于新的十字军东征的因素，再加上西方政治家们对伊斯兰前进产生威胁的担忧，促使欧洲开始新的远征。

英诺森三世

教皇英诺森三世成为第四次十字军东征的主要发起的精神领袖。英诺森于1198年成为教皇，时年37岁，他对自己的时代很了解，拥有旺盛的精力。一旦教皇对某个问题感兴趣就一定会主动寻找解决办法，没有哪个欧洲国家的事不是他操心的，国王间的、贵族间的、下属之间的争吵，国王和下属之间的纷争例如约翰王，还有主教与修士之间的不和，教皇都亲自过问，然后进行裁决，一旦他有了决定，就会尽力确保其他人服从，什么都逃不出他的法眼，在他看来，事情不分大小都很重要。教皇的信件往来成为中世纪的奇迹之一，他不仅与欧洲君主以及下属进行沟通，也与亚美尼亚的利奥大帝、保加利亚人、瓦拉吉亚人保持着联系。教皇的使团和主教遍及每个国家，行使主教的权力，发布禁令，颁布革除教职的命令。[1]英诺森三世比其他教皇更能让自己的权威影响整个欧洲，教皇具有独立主权，教会只服从于教皇，罗马统治者的至高无上性也位于上帝之下，虽然统治者们把实现自己的设想称作雄心壮志，但是，要具备执行这些设想所需的能力，人们一定会把这样的荣耀归于教皇，因为他们相信那些目标是为了人类的利益而确立的。英诺森三世认为是神号召他管理欧洲，治理违法乱纪，平息内战，引导北方的勇士从混乱步入正轨。这个世界已经黑白颠倒，神圣罗马帝国分裂了，德国处于连年的血性战争中，意大利也已经分裂，到处一片混乱。但是，我们英国的父辈们反对英诺森的英国计划，因为他们看到教皇对约翰的政策是试图用教权与英国权力作对，马修·帕里斯说约翰知道教皇是一位极具野心和自大的人，也是一位对金钱和治理犯罪不满足的人。[2]然而，历史没有证实马修的说法。历史学家在讨论英诺森三世的性格时，分成两派，在有的人面前，这位教皇是一位聪明的意大利人，一位爱干预的、雄心勃勃的教士，他总会参与所有的事，满足教会的利益；而在另外一些人的眼里，例如在那些认为罗马天主教是世界的神圣机构的人看来，他们认为教皇作为一位充满超自然能量、能力强大且成功的教士，是上帝的杰出代表，也是一位楷模。[3]从他生活的时代环境来看，抛开教皇的一些小缺点，人们会发现他是一位头脑清醒的政治家，有自己的目标，能顽强地实现它，完美地把他的特性留在世界历史中。罗马教会的人们

---

[1] *Hist. de Philippe Auguste II.* by M. Capchgue.
[2] *Eccles. Hist.* Book LXXVII.
[3] Montalembert's *Hist. de Sainte Elisabeth*. 原文为法文，即 Cet homme dans la force de l'age, qui devait, sous le nom d'Innocent III., lutter avec un invincible courage contre tous les adversaries de la justice et de l'Eglise, et donner au monde peut-etre le modele le plus accompli d'un souverain pontife, le type par excellence du vicaire de Dieu'.

认识到教皇所做的有用的工作以及它产生的影响，逐渐理解了教皇这种管理能力中鼓舞人心的特点是如何发展起来的，当时有人概括出英诺森三世的性格特点，这些性格在第四次十字军东征中得到证实：他年轻，性格和善，内敛而且正直，不失为一名贵族。他仪态威严，珍爱公平，痛恨险恶，所以他的名字是"Innocent"[1]，这源于其自身优势而不是偶然为之。[2]

解放圣地是教皇人生最大的目标

对于我们来说，在英诺森当教皇的18年里，最重要的是他一直坚持的目的——解放圣地的理想。[3]他当上教皇的第一个行动就是对耶路撒冷主教摩纳哥（Monaco）宣布，要发起一场十字军运动。6个月后，他下令开始行动，教皇的号召从意大利向欧洲其他地方传播，教皇给所有的王子发出信件，宣布自己坚定的决心，他要把自己的精力全部倾注到自己的目标上。"无论是在那里的哪一个人，当他记得主背负着十字架，把我们从敌人手里解救出来，谁会希望在十字架遭遇危险时退缩呢？起来，信徒们！拿起宝剑和圆盾。起来，赶快援助耶稣基督！主会亲自引领我们的旗帜取得胜利！"[4]教皇为了吸引那些乐意参加圣战的人，许诺对他们过去的罪恶进行救赎。教皇在各位王子离开时把他们的土地以及十字军的货物置于自己的保护之下，宣布所有那些为十字军远征付出财钱的人都会被免除利息，授权王子们迫使那些主要的犹太借贷者免除十字军借款的利息，如果犹太人拒绝，教皇

---

[1]"Innocent"有"清白""无罪"的意思。——译者注
[2] Gunther, chap.vii.
[3] Hurter's *Hist. de Inno. III*. Vol.i. p.218, and elsewhere.
[4] Epist. i. 302.

会鼓动统治者禁止犹太人从事商业。教皇让那些没有跟随十字军的人们提供资助或者至少贡献些花费，并警告那些拒绝缴纳的人会承担更大的责任。教皇命令教士必须缴纳一部分收入。教皇禁止威尼斯人给撒拉森人提供铁、绳子、木头、武器、船只或者任何与战争相关的装备。在英格兰的理查与法国的腓力作战期间，英诺森三世派主教去法国，让二者签订了五年的合约，教皇亲自给他的法国代表团写信：如果人类灭亡，如果教会变弱，如果穷人深受压迫，如果英法两国由于他们的国王而出现危险，这与丧失巴勒斯坦、革除出教相比，都不算什么。但是，如果这些国王阻止他们的勇士去收复失地，去保护那些身处危险的人，这就严重了，如果英法两国没有签订条约，教皇及其主教们决定对那个违背者实施禁罚，不管什么特权和赦免权，用最严格的方式禁止他们的拜神仪式。英诺森三世指出：时间就是机会。"撒拉森人的内部纷争就是上帝示意基督徒去东征"。[1]

英诺森想尽一切办法来实现目标。教皇写信给阿莱克修斯请求帮助："看看你距离战场那么近，看看你的财富，看看你的力量，有谁能比你做得更好呢？陛下，你能把其他事情放一边来帮助耶稣基督，来帮助耶稣基督用鲜血建立起来的国度么？异教徒在你的面前、在你的军队面前逃离，你将会与其他人一起分享神的垂青。"虽然教皇承认权威在君士坦丁堡并不受欢迎，但这封信至少表明他想取得这次东征胜利的决心有多么强烈。使团前往新罗马与皇帝和主教协商有关东征和东西教会合作事宜，教皇的信件和使团受到极其尊敬的待遇，但教皇那封语调高傲的信件与希腊人在上次东征中的经历不会得到满意的回复。阿莱克修斯在回信中说，几年前，腓特烈许诺和平地穿行过帝国，

---

[1] Hurter, *Inno. III.* p.325. 同样的思想出现在很多有关英诺森的记载中。

但他打破了自己的诺言，带来了很大的伤害，他既与异教徒也与基督徒作战。尽管这样，阿莱克修斯声称出于对远征目标的尊敬，已经做了必要的准备。阿莱克修斯虽有抱怨，但在他的信末尾还是许诺（如果他们）能保持帝国的安宁，他将会努力解放圣地教堂。

在双方教会联合这个老问题上，东罗马教会的答复是：彼此放弃各自的愿望，服从神的意志，这才是最好的联合。如果教皇希望把有争议的信条交于委员会讨论，东正教教会也会参与的。虽然承认教皇对于上帝荣光的那份热忱，但当听说教皇把罗马教会称作普世教会，阿莱克修斯还是难掩惊讶，因为普世教会属于耶路撒冷教会。东西罗马之问 直以来的嫉妒没有消除，这种嫉妒在那些使双方教会分裂的问题中得以发泄。对于君士坦丁堡来说，它不可能提供帮助，但可以对这场行动有所期望。

在西欧，英诺森三世获得了更多成功。每个教堂都有一个盒子，用来接收那些心怀这项崇高事业的人们的捐赠，每周会为捐助者举办弥撒。英诺森再次写信给法国国王腓力。英诺森重申基督已经为十字军发出信号。腓力不仅容许他的追随者离开，而且迫使他们为了使命离家。为了使努力能换来成功，英诺森在欧洲所有国家做了所有能做的。

十字军的传道者富尔克

新十字军东征的传道者是一位叫作纳伊的富尔克（Fulk of Neuilly）的教士，他像隐士彼得一样让教皇的愿望为法国人和弗兰德人所熟知。想象一下，一位中年的卫斯理教徒（Wesley）或者怀腓特派信徒（Whitefield），我们就会对富尔克的性格及他产生影响的秘诀有所了解了。如果像吉本所言，富尔克是个文盲，同时代的人也不会看出他的无知。在富尔克被授予圣职之后，曾有人责备其无知，由于这样的责备，或是出于对知识的追求，他来到巴黎大学求学，之后回到他的教区成了一位有名的教士。富尔克充满了热忱和激情，像很多教会伟大的教士一样，他把自己的时间用来与邪恶做斗争。富尔克同时代的人包括修道士和教士们都相信世界不久会结束，这个世界的混乱就是世界结束的标志。富尔克坚定地纠正错误。他极其担心地谴责那些身居高位的人们的邪恶。神职人员和高级教士都感觉到富尔克演讲中的怨恨。尽管富尔克受到了不公对待、威胁和囚禁，他还是警告贵族和国王他们正快速走向地狱。富尔克谴责由伦巴第人引进法国的借贷，他还谴责贪婪和欲望。任何危险都吓不倒他，也没有威胁会使他停止斗争。

富尔克的热情让他为人们所知晓。有时他的听众会非常兴奋，扔掉衣服，献出腰带，公开坦白自己的罪恶祈求惩罚。不论贫富，人们都能快乐地听他的布道。富尔克的名声传到罗马。这正是英诺森需要的人。富尔克的热忱、能量、无所畏惧以及无欲无求都可以为教皇所用。罗马教会经常利用这种受其他教会压迫、成为抗击力量的无所约束的激情。教皇任命富尔克在法国宣讲，他"运用上帝赋予他的伶牙俐齿，为圣地事业贡献自己的才能"。富尔克在诺曼底、弗兰德斯和勃艮第履行自己的使命。因为大家都知道富尔克是有名的教士、治病者和神迹创造者，各地的人们都来聆听他布道，接受他的影响。据说美德源于富尔克，大家争相触摸他，以求治病，有时富尔克的衣服被撕成碎片。可以说富尔克是受骗去工作的，但是就像其他中世纪的竞争者那样，他自己也相信他是神的中介，那些奇迹就是使命的证明。

必须指出的是，富尔克愿意把大众的热情引导到有用的渠道，这就为他赢得了支持。当人群涌向他的时候，他说道："我的衣服并没有得到保佑，也没有魅力；但是，看！我会赐福于这人的斗篷，并给予它美德。"说着，他抓住旁边人的衣服，在上面画了个十字架，祝福这个人加入十字军，大家拽住这个人的衣服，撕下一片把它当作圣物。富尔克的影响非常大，但有时这种影响看起来非常奇怪。如果人群太嘈杂，他会严肃地进行遣责，要求大家安静，有时他会拿着棒子四处挥打，那些受伤的人会亲吻自己的伤口和鲜血，因为他们认为上帝之人已经把伤口和鲜血圣洁化了。不论富尔克在哪里布道，都有大批的人背着十字架，或者为十字军捐献财物。

香槟区的西奥博尔德

富尔克最重要的功绩就是让香槟区的西奥博尔德（Theobald）皈依基督教。这位贵族是英格兰国王理查和法国国王腓力的侄子，当时他22岁，但凭借军事和歌唱才能为人所知，他手下有1800名骑士。在英法两国停战期间，西奥博尔德召集军队参与、见证了骑士比武。富尔克邀请这些骑士加入十字军，让他们获得更为持久的荣耀。西奥博尔德、布洛瓦伯爵和西蒙·德·蒙特福特（和我们英国英雄同名的父亲），带领其他人加入了十字军。

香槟伯爵西奥博尔德因其地位和能力，被选为十字军的领袖。在他的军队中有维尔阿杜安的杰弗里（Geoffrey of Villehardouin）以及其他高官。在西奥博尔德之下是将领弗兰德斯的鲍德温[1]、鲍德温的兄弟亨利即布洛瓦伯爵路易，西蒙·蒙特福特以及圣保罗的于格（Hughes）伯爵。

十字军想推举英国国王理查为首领，这也可能是教皇的想法，但是，1199年4月英国国王去世，这一计划落空。另一方面，英国国王

---

[1] 其妻子是西奥博尔德的姐妹。

的去世也造就了一个成功因素,很多法国爵士已加入英国国王与法国国王的斗争,如果不是英国国王突然离世,法国国王腓力可能会失败。英法两国国王之间的敌对是非常严峻的。"恶魔已出笼,你要小心。"腓力曾经在理查被释放时这样警告约翰。站到理查这一方的法国爵士们对英国国王去世非常高兴,因为他们可以加入十字军,从而逃避腓力的报复。在那些因理查而离开腓力并加入英国人发起反抗的人中就有西奥博尔德,他被任命为十字军将领。弗兰德斯的鲍德温同样替英国国王打仗,如果不是去世,也可能会加入十字军。

1200年伊始,有相当多的贵族和其他人加入了十字军,法国人和弗兰德斯人占了大多数,德国人也不少。同年,十字军举行了一系列远征军领导人会议,但因为士兵的人数还不足以出海,所以会议一再延期。1200年年末,十字军又在苏瓦松(Soissons)召开会议,决定组建一支船队。出发的日期即将来临。之后,会议决定派六位信使,到威尼斯进行和约谈判,全力以赴地促成必要的运输军队的协议,不久,信使们就踏上征程。

以威尼斯作为出海港

威尼斯被选作大型船只装备和主要使团人员的港口城市。但是这一选择从很多方面看是不幸的,最终还导致了第四次十字军东征的失败。威尼斯地处东西方的中心位置,但威尼斯大部分时候保持着与新罗马而不是旧罗马的联系。虽然12世纪末威尼斯有理由与前者势不两立,但在精神生活上,并不倾向于服从教皇,在世俗生活中,也不愿臣服于帝国的西方竞争者。英诺森的恐吓震动西方国家,但对于威尼斯来说毫无影响。不论是在德国还是在意大利,归尔甫派和吉伯林派之间的斗争都没有引起人们太多的注意。在1201年初,英诺森对理查的侄子奥托（Otho）宣布这位归尔甫派教徒想继承西方的皇帝，反对士瓦本的腓力，威胁对腓力施用教会惩罚措施。威尼斯对这种威胁丝毫不在乎，准备与腓力联合，但是威尼斯的主要兴趣是垄断海上贸易，为了保持其贸易地位，毫不在意走私战时物资给十字军和信徒们，无论他们到哪里，给他们运输这样、那样的东西和财产。

威尼斯此时处于兴盛时期。威尼斯建在沼泽之上，岛上满是房舍建筑。当君士坦丁堡衰落之时，威尼斯的财富却在增加。君士坦丁堡曾经垄断了海路，但如今威尼斯共和国已经占据一定的份额，礼舟节仪式上的财富都来源于商业。威尼斯特别钟情于新罗马。威尼斯的文明深受君士坦丁堡的影响，它的财富以及它作为一个文明程度高于其他西方城市的城市，其特点都源于与新罗马的交往。威尼斯复制了金角湾街道的建设布局，威尼斯著名的圣马可教堂是君士坦丁堡神智大教堂的缩小版。

威尼斯的财富和辉煌给前几次东征和第四次十字军东征的将士留下了深刻的印象。虽然新罗马仍旧是皇家城市，但是威尼斯和君士坦丁堡为十字军打开了新的财富、奢华和文明的世界。罗伯特·德·克拉里（Robert de Clari）说：十字军对在威尼斯见到的财富感到震惊，[1] 当时很多作家都见证了那让人惊讶的文明。

威尼斯对君士坦丁堡的敌意

近来，威尼斯人与新罗马的关系经历了种种困难。这些困难在很大程度上源于威尼斯在君士坦丁堡的影响已经不足以与其他意大利城邦的影响相抗衡。1187年和1189年，伊萨克·安吉洛斯确定新的联盟关系，确保了威尼斯原先的特权，同时给予一定补偿。由于帝国皇

---

[1] Rob. de Clari, c.x.

帝做出了非常大的让步，威尼斯同意一旦帝国与西方开战，可以使用其船队。该条约在1199年阿莱克修斯三世时再次得到承认。1200年春季，威尼斯人和比萨人在君士坦丁堡爆发了一场争论。威尼斯人抱怨其条约被践踏，帝国皇帝许诺的补偿没有付给，而且比萨人得到垂青，牺牲了威尼斯人的利益。同年夏天，威尼斯总督派使节去阿莱克修斯那里归还逾期的借款，更新商业特权。六个月后，又派使节前往，协商进行了一年时间。这一段时间里，威尼斯不可能在博斯普鲁斯海峡重获非凡的影响力。但是，威尼斯与君士坦丁堡的敌对达到了高峰，特别是当威尼斯人获悉阿莱克修斯在1201年5月接见了热那亚的使节，与奥托本诺·德拉·克罗塞（Ottobono della Croce）协商让出威尼斯人控制的罗马尼亚贸易特权，从此，威尼斯总督决心要对让自己国家遭受不当待遇的统治者进行报复。

丹多罗

威尼斯当时的总督是著名的亨利·丹多罗。虽然丹多罗年事已高，[1]但却充满活力，贪图荣华。他致力于威尼斯的利益，坚决与帝国对立。同时，他也能出色地指挥军队或海军。丹多罗几乎失明，但他全心投在政府事务上，使自己成为威尼斯的一把手。据说是在1172或是1173年，他去君士坦丁堡访问时，阿莱克修斯命人把他的眼睛剜出，因此新罗马是他特别仇恨的对象。[2]丹多罗对新罗马的恨是不可磨灭的，他想尽一切办法反对帝国。威尼斯人对他充满信心，因此他的影响非常

---

[1] Du Cange makes Dandolo ninety-two in 1200; but neither Villehardouin nor Andrea Dandolo use terms which would imply so great an age.
[2] Daru, *Hist. of Venice*.i. 201. 权威们针对此人是盲人还是弱视产生了分歧。Sanutus, Villehardouin, 以及 Gunther 说此人是盲人，而在 *Chron.of Novgorod* 里则写到他是被曼努埃尔用烧着的玻璃刺瞎的。

巨大。当丹多罗准备参加十字军时，他的儿子被任命为摄政。

信使到达威尼斯

苏瓦松十字军派出的六位信使于1201年2月到达威尼斯。四天后，信使被引荐给议会和总督。威尼斯的宫殿富丽堂皇。信使说："陛下，我们代表法国贵族来拜见您；遵照上帝意旨，法国贵族已经领取主的十字架，准备为耶稣复仇，征服耶路撒冷；因为他们知道没有人能像您和您的臣民那样给予帮助，他们祈祷——因主的名，您会怜惜那块'外省之地'，您会怜惜基督的耻辱，而且您会努力地让他们能进行海战，容许他们行进。"

议会用一周的时间考虑如何答复。最后，十字军代表收到回信：威尼斯愿意提供船只运送4599匹马、9000名绅士、4500名骑士、20000名步兵，同时还提供9个月的补给，但是要求每个人为每匹马付4马克。威尼斯马克约合两英镑多一点，总的费用是180000威尼斯马克。合同有效期一年。

接受运输条约

威尼斯人承诺因主的爱，又增加50艘船，但在这一过程中所得的金钱有一半应归威尼斯。十字军的代表接受了这些协议。丹多罗再次把协议提交给议会，得到了议会批准，并在圣马可教堂举行了签约仪式，仪式上高涨的热情表明这是一个好交易。维尔阿杜安对十字军的记述一直以来都具有权威性，他作为代表发言，替他的弟兄们感谢威尼斯人。他感谢他们对被突厥人奴役的耶路撒冷的怜悯，感谢他们愿意提供帮助，为基督的耻辱报仇雪恨。1201年4月，双方签署协议，此次主要对象是贵族，5月中旬，该协议在科尔比（Corbie）再次修订。

目的地埃及

第一次协议决定向埃及出发,把埃及作为对抗穆罕默德的最佳根据地。在威尼斯人与代表们签订的条约和计划中,他们的主要目的就是解放圣地。会议的这个决定并不为军队所知,军人们只知道十字军将从海路出发。[1] 路线图已经准备好,而且是密封的,大家一致同意十字军在1202年的圣约翰日在威尼斯集合。

威尼斯总督和议会以及派来的代表们庄严宣誓遵守达成的条约。条约被送到教皇那里,但教皇提出了批准条约的条件。

英诺森接受有条件的协议

英诺森怀疑这份协议,因为只要签订的人付钱,他们就会表现为要么站到基督教这边,要么支持伊斯兰教。英诺森可能选择比萨人和热那亚人,但发现只要他接受威尼斯人,其他的想法就不会实现。[2] 教皇的坚持己见表明了他对协议的怀疑。英诺森规定不能进攻基督教政府,应该有一个使团随军而行,监督远征,这样就可以确保能遵守他的规定。[3]

十字军的将领们决定直接向埃及进军。这一行动源于很多顾虑,在前几次十字军东征中,他们发现罗马尼亚通道既远且花费高昂,即使达达尼尔海峡可以通航,但在通向小亚细亚的途中仍有一段糟糕的路程,而且在途中每走一步,都会遭遇突厥人的阻碍,同时,热病也会消耗军队力量。对于上次十字军东征来说,可怕的是曾经逢战必胜的伟大的德国军队到达圣地时已经消亡殆尽,因此,这次的将领们希

---

[1] Villehardouin, e.iv.
[2] *Inno*. Epist. ix
[3] *Gesta Inno*, No.84. 原文为 Conventiones illas duceret confirmandas ut videlicet ipsi Chiristianos non Iaederent, apostolicae sedis legati consilio accedente。

望避免这漫长而要命的征程，想要在某个地方能够打击敌人，避免在不占天时地利的国度中经历持久作战，从而导致力量变弱，同时，他们也要避免因长途跋涉而带来的军队士气低落，因而，埃及就成为具有多方优势的最佳选择。向埃及进军，经过宜人的大海，旅程也不长，十字军可以精神饱满地登陆作战，另外，把军队运往亚历山大港需要的费用也远远低于在其他地方登陆的费用。

对于进攻者来说，这条海路在他们和欧洲之间是最安全的，也是最容易防守的。亚历山大港是一个行动基地，可以在这里抗击敌人，同时这里也可以接受从西方运来的军需物资和军队。与其他国家相比，一旦在这里立足，埃及能更好地支持基督军队。这里源源不断的财富成为阿拉伯人征服叙利亚和北非重要的支柱。埃及的名望在伊斯兰教和基督教世界不断扩大，对于敌人们来讲，在人口稠密的三角洲地区要比地广人稀的叙利亚更为有利。欧洲可能知道埃及的阿拉伯人已经丧失了强劲势头，这里的气候影响了他们，使他们变得不愿意打仗。1201年形势特别有利于进攻埃及。萨拉丁征服了埃及后，在1171年废除了埃及的哈里发，极尽所能地榨取埃及的资源。当萨拉丁在1193年去世时，他的两个儿子因瓜分萨拉丁的帝国而引发不和。其中一个儿子统治着埃及，他请求叙利亚的基督徒帮忙反对其兄弟。之后，内战爆发，进一步削弱了埃及的力量。另外，特殊的环境为进攻埃及创造了天时。尼罗河连续五年没有为这个国家带来丰收，[1] 埃及遍地饥荒，充满悲凉，人口大幅减少，埃及的财力和国力也被削弱。基于这

---

[1] Gunther, *Exuvioe Sacroe*, vol.i, p.71. 原文为 Quo utique si fecissent, sperabile satis erat tam ipsam magnificam civitam quam et maximam ipsius totius Egypty partem, facile compendio, in eorum potestatem posse transferri, eo quod totus fere populus terrae vel consumptus fame perierat, vel squalebat penuria, propter sterilitatem eiusdem videlicet terrae, cui Nilus frugiferas aquas, quibus eam rigare solet, annis, ut aiunt, jam quinque subtraxerat.

样的情形，如果埃及落入十字军手中，人们可能会怪罪萨拉丁，埃及的财富就会成为反对伊斯兰的力量。每个伊斯兰国家都认为会失去埃及，在大西洋和印度洋之间的伊斯兰狭长地带会变得疏远，伊斯兰势力可能会一分为二，其财富有可能被用来再次征服、统治叙利亚。

从戈弗雷开始，通过伊斯兰的中心地埃及打击伊斯兰教的想法就得到很多勇士和政治家的认同。英诺森三世特别重视通过埃及进攻敌人，他注意到了特殊的时机，这个最富有的伊斯兰国家出现了让他倍感幸运的贫困，尼罗河不再蔓延到两岸，而且统治者内部出现分裂。如果没有这些意外，就不会有那么多的进攻优势。对于伊斯兰来说再没有比埃及被攻占更严重的事了。实际上，这些考虑常被看作是否严肃对待一些计划的标准。他们要去的是巴比伦，是被十字军战士普遍叫作埃及的地方，因为维尔阿杜安说："（在那儿）比在任何国家都能更轻易地摧毁突厥人。"[1]

十字军做出了以上的选择，我们有必要问一下为什么他们抛弃了最初的计划，经过精心准备的一次远征，他们准备击破伊斯兰的心脏，最后如何变成了攻击东方基督国的首都呢？整个欧洲当时都发出这样的疑问，但从未得到满意的答复，现在，英国和法国的学者做了繁重的研究，终于用大量鲜为人知的证据，阐明了这个问题。本人希望在接下来的内容中能够把这些证据讲明白。

西奥博尔德之死

十字军代表和威尼斯人之间的协议在 1201 年 5 月被修改。[2] 十字

---

[1] Villehardouin, sec.30.
[2] 同月，英诺森邀请威尼斯教堂的教士们为十字军捐款，见 *Archives de l'Orient Latin*, i, p.383。

军在1202年6月24日前到达威尼斯。在这期间，发生了很多事。香槟伯爵西奥博尔德，这位年轻的十字架的背负者参加十字军在某种程度上是为了逃避法国国王腓力的报复，他被选为远征军的将领，所有人对其信心十足，但是他在1201年5月去世。香槟伯爵的去世最严重的后果就是，他的财富不能再用于十字军东征，他曾经许诺提前付给威尼斯的钱未能兑现。在指挥远征的问题上，将领们发生分歧。但他们又没有足够的地位和能力把自己推向领导地位，经过相当长时间的拖延之后，领导权被给予勃艮第公爵，但是他拒绝了，而后又给予巴尔伯爵西奥博尔德，不过，他也拒绝了。

任命蒙特弗特侯爵博尼法斯为首领

然后十字军会议在苏瓦松召开，维尔阿杜安推荐蒙特弗特侯爵博尼法斯担任领导职位，该提议勉强通过。1201年8月，博尼法斯接受任命。博尼法斯一开始就对十字军没有信心，所以他的当选对于这次远征是一个打击。在苏瓦松的圣母教堂，富尔克把十字架放在博尼法斯的肩上。1202年，这位伟大传道者去世，他从第四次十字军东征的历史中消失了。[1]

博尼法斯拜访腓力

两个月后，博尼法斯受到士瓦本的腓力的邀请，来到腓力的宫中。[2] 博尼法斯这次访问的目的是什么不得而知。但是随后的事件让人们认为在这次访问之前，腓力就有了进攻君士坦丁堡的想法，或者是在与博尼法斯会见之时，又或随后就形成了这一想法。腓力作为魏布林家族（Waiblings）的首领，或者现在开始用意大利语来拼写这个

---

[1] Villehardouin, c.ix.
[2] *Gesta Inno*, III, C.84.

名字是吉伯林（Ghibelins），迎娶了新罗马的皇帝伊萨克·安吉洛斯的女儿为妻。那时，安吉洛斯在君士坦丁堡的监狱被挖了眼睛，但他可以在自己曾经为帝的都城里走动。[1]伊萨克的儿子，具有王位继承权的小阿莱克修斯[2]逃离君士坦丁堡，[3]他于1201年春离开都城到达西西里。三个月后，腓力得知这一消息，在这期间，腓力的信使们有充足的时间去到蒙特弗特侯爵那里，10月，博尼法斯来到士瓦本王宫。1202年1月和2月时，博尼法斯还在腓力那儿，然后他和一位使臣去了罗马，劝诱教皇参与小阿莱克修斯夺取王位大业。同年春，小阿莱克修斯收到了一份来自腓力的引荐信，把他介绍给十字军，[4]因此，从1202年开始，十字军的领导者已经意识到要与阿莱克修斯的事情有所瓜葛，随后的证据表明博尼法斯许诺腓力会帮助阿莱克修斯。

6月24日，十字军的大多数领导人按照约定到达威尼斯。弗兰德斯的鲍德温、圣保罗的于格伯爵、维尔阿杜安的杰弗里，也许还有博尼法斯，以及很多来自德国的将领都到了，修道院院长马丁与其他人在来威尼斯的途中。[5]

---

[1] Nicetas，p.712.
[2] 这是为了与篡权者阿莱克修斯相区别而给予的方便称呼。
[3] Anon. Caietanus，*Ex.Sar.*152. 有作者认为皇帝阿莱克修斯的妻子同情这个年轻人，告诉他皇帝要杀他。
[4] Nicetas says（p.715）: from Philip and the Pope, but the latter is doubtful; 尼基塔斯所说的来自教皇的推荐值得怀疑。
[5] Jules Tessier认为：十字军从没有在远征的目的地上达成一致。"他承认首领中最具智慧的人建议进攻埃及，但是他坚持认为大多数军人愿意去往叙利亚。为了支持这一争论，他强调与威尼斯联合的协议中既没有提到叙利亚也没有提及埃及；他引用维尔阿杜安的话，声称佛兰德斯人害怕去埃及要遭受巨大的灾难；他引用针对西多主教做出的回复说：在叙利亚，你们什么都不用做。"如果争论确实存在的话，他强调的第一条不适用，因为这掩盖了远征的目的。我对最大的灾难给出了不同的解释，同时考虑到当时情况，有关针对主教的回复的论断也不成立。冈瑟认为进攻埃及是一致的决定，这可能更具说服力。（原文为 Hii quidem omnes uno consensus in hoc convenerant, ut petentes Alexandriam.）*La Diversion sur Zara et Constantinople*（Paris, 1884）.

第九章
到达威尼斯

1202 年，在复活节和圣神降临节之间，很多朝圣者离开家园。传统的道路是跨过塞尼山（Mont Cenis），经过伦巴第到达威尼斯。

很多十字军战士没有到达威尼斯

同时，一艘船离开弗兰德斯前往地中海，船上有大量十字军战士。这支分队的领导人向鲍德温宣誓，他们会在得到从威尼斯来的消息后，在方便的地方第一时间加入来自威尼斯的队伍。鲍德温和其他已经到达威尼斯的十字军领导人不久就失望地发现很多朝圣者已经从其他线路去了其他港口，因此他们不能给威尼斯人那么多数量的钱，在威尼斯的人不能筹集到既定数目的金钱。他们尽力派出信使去四处游说朝圣者来威尼斯，指出威尼斯是唯一能给他们带来成功的港口。维尔阿杜安自己也踏上了征程，成功劝说路易伯爵提供了大量的骑士和携带武器的战士，他们从帕多瓦（Padua）来到威尼斯。维尔阿杜安与路易在帕多瓦碰面。还有一些人也被带到了威尼斯。但是相当多的人在被说服之前，就已经从别的道路离开了。维尔阿杜安认为绝不可能再召集一批像在圣尼古拉·迪·利多（St Nicolo di Lido）那里的良将精兵了。圣尼古拉·迪·利多是威尼斯人让十字军驻扎的地方。人们一直没看到能比威尼斯人准备的更精良的船只，唯一的缺点就是准备的船容纳了比原来召集的人数多出三倍的承载量。威尼斯人遵守自己的承诺。十字军元帅感慨道："真不幸！那么多的十字军去了别的港口。如果他们能来威尼斯，突厥人就会被打败，基督教世界就会得到荣耀。"

十字军不能支付费用

威尼斯人履行了自己的职责，他们要求十字军按照协议的规定支付费用。但是，十字军根本没有筹集到这些钱，很多朝圣者都是空手而来，有的人已经厌倦了东征，他们宁愿军队筹集不到费用。弗兰德斯的鲍德温、路易伯爵、侯爵，还有圣保罗伯爵竭尽全力去筹集许诺给威尼斯人的费用，当一切就绪，大批诱人的成箱的金银运到威尼斯总督的宅邸时，人员终于集合完毕，但距离规定的总的费用即85000马克还差34000马克。

有关十字军的官方与非官方说法

截至此时，历史证据确凿，所有当代的记载都表明十字军与威尼斯人签订的条约被破坏了，而且距离约定的金钱数目差距太大，十字军各种努力筹款后，最终还差35000马克。从费用的差额开始，史实证据就值得怀疑了，因为可依赖的资料的权威性差别极大。维尔阿杜安和香槟元帅的记载是作为官方来源的，他们无疑是应置于首位的。很多历史学家，从17世纪的杜·坎吉（Du Cange）到瑞安特伯爵（Count Riant），花费精力在欧洲的图书馆中寻找有关第四次十字军东征的证明，并让很多资料见于天下，这是非官方版本。官方版本有关威尼斯发生的一切都被我们这个时代的现代史学家所接受，维尔阿杜安用寥寥数语表明如果十字军同意帮助威尼斯人从匈牙利手中夺回达马提亚的扎拉,他们就不用付规定数额的钱,同时,十字军内部针对这个提议发生了分歧,那些讨厌远征的人持反对意见,但绝大多数人接受这个提议。

根据维尔阿杜安和其他后来的追随者等这些官方记录者的说法,这次东征之所以改道就是由于十字军支付不起35000马克。维尔阿杜安所写的十字军历史要比同时代的作者的长,但是他用很短的篇幅记录了从6月十字军到达威尼斯到组成联盟进攻扎拉的事件。根据维尔阿杜安的说法,双方的交易尽可能地力求简单:威尼斯人履行了自己的职责,但十字军不能付出费用,威尼斯的首领提出建议,十字军接受了他们的建议。在这一点上,我们必须考查一下现存的证据,了解一下这种改变进攻的建议只是十字军出于道歉,还是他们的实际目的就是亚得里亚港。闪瑟(Gunther)说:"这个值得赞扬的设想由于威尼斯人的弄虚作假和邪恶而搁置了。"罗斯塔古斯(Rostangus)说:"十字军遭到背叛,背叛他们的人就是前来投靠的,这些人长时间不容许十字军踏上航程,拒绝运送十字军战士,不容许他们离开圣尼古拉,除非十字军缴付费用。"十字军的领导者们和战士们想尽办法偿付费用。但是,威尼斯索要的交通费用远远超出6月末的十字军战士的数量,4000名骑士和随从只到了1000人,100000名步兵也只有不到五六万人集合在利多。十字军辩称那些到来的且愿意支付费用的不应该为那些没来的买账,威尼斯人则声称要让他们割肉偿还。十字军的反对是无用的,他们成了笼中之囚。据罗伯特·德·克拉里[1]的

---

[1] *La Prise de Constantinople*, Robert de Clari. 在有关拉丁征服的研究中,这本书是最有价值的。The MS 由 Count Riant 在1868年印发,但只在私人范围内发行,直到1873年才正式发行,同年 Charles Hopf 出版了 *Chroniques Greco-Romanes*。当君士坦丁堡被征服时,Robert de Clari 就是亲历者。

记载，威尼斯的总督直接告诉十字军："如果你们不能付账，应该完全明白你们是无法离开这个岛屿的，也不会有人给你们提供吃的、喝的。"正是在这种威胁下，十字军的领导者们借了他们所有能借到的东西来为牢笼中的兄弟支付费用。1202 年，在威尼斯完成第二次费用收取之后，十字军还有三分之一的费用不能偿付（36000 马克）。不久之后，十字军接受了威尼斯的不公平提议。据了解，丹多罗提出如下建议：因为十字军在与共同的敌人——也就是穆斯林做斗争，结合最初获得的利益分配，所以付给威尼斯的费用应该减少。该建议被欣然接受了。

很快，承诺变成了进攻扎拉。扎拉坐落于威尼斯的亚得里亚海对岸，是达马提亚的首府。这个城市属于匈牙利国王，匈牙利国王本人也为十字军提供帮助。多年来扎拉的地位越来越重要。威尼斯人断言扎拉的军民近来经常攻击他们的船只，这可能是事实。但这种仇视的真正原因是威尼斯嫉妒扎拉繁荣的商业。非官方的说法是十字军被迫向扎拉进军；官方的说法却是十字军同意把在扎拉所得的一部分付给威尼斯人。维尔阿杜安记述的事件与其他人的没有太大变化。唯一的缺点就是对有争议的事实加以压制。维尔阿杜安写十字军的故事的目的是说明这次远征并不像世人认为的彻底失败了。我们应该从其他方面考虑这些让人不悦的事实。《破坏》(*Devastatio*)[1]的作者认为十字军的麻烦在他们到达威尼斯之前就已经出现了。伦巴第人在食物上的要价十分高昂。当十字军到达威尼斯的时候，他们被拒之门外，因此被迫去了利多。卖给十字军的供给品都是按缺货行市的价格。一赛斯塔

---

[1] *Decastatio Constantinopolianna*. 这本书虽然存在很长时间，但最近才被发掘。见 Charles Hopf 的 *Chroniques Greco-Romanes*。

如斯[1]的谷物售价是 50 苏勒德铜币[2]。

威尼斯统治者发出命令,任何人不得把外国人运出岛外。缺乏物资,没有安全感,引起一片恐慌。有人逃跑;有人回家;有的赶快转向其他码头,希望找到去埃及和叙利亚的船。炎热的夏季、拥挤的人群导致可怕的死亡,甚至找不到足够的掩埋死尸的活人。根据罗伯特·德·克拉里的记载,威尼斯总督承认这种迫使十字军走上绝境的政策非常有害。总督对议会说:"先生们,如果我们让这些人回家,我们就会被看作骗子无赖。我们该告诉他们,如果能够把他们征服所得的 36000 马克给我们,就送他们出海。"这里并没有提到夺取扎拉或进攻君士坦丁堡。十字军即将前往被看作无信仰的外省之地,他们的征服也是十字军战争的合法占有。对于遵守誓言的十字军来说,没有什么建议是不可以接受的。因此,当威尼斯总督得到议会同意,把意见交给十字军,他们非常高兴地接受了。十字军找到了一条走出困境的道路。他们要离开利多这块燥热的土地,出海去与没有信仰的人们斗争,实现他们的誓言。威尼斯的建议一经宣布,十字军大营灯火通明,充满欢喜。[3]

很难确定这个建议是什么时候制定的。可能是在 1202 年 7 月的最后一个星期。6 月 24 日是朝圣者到达的最晚日期。第二次收取费用的时间可能是在 7 月中旬。之后,威尼斯的建议就出台了。维尔阿杜安只说了该建议就是帮助威尼斯人夺回扎拉。把维尔阿杜安的记载与非官方的记载相结合,可以说明对基督城的进攻在那时对大部分十字军战士来说,被巧妙地隐瞒起来了,同时,也隐藏于一直以来远征时所

---

[1] 赛斯塔如斯(sistarius),一种重量单位。——译者注
[2] 苏勒德(soldi),意大利之前的一种货币单位。——译者注
[3] Robert de Clari.

推行的政策背后。罗伯特对待这个建议的看法完全不同,他认为该政策那么受欢迎表明十字军对进攻基督城一无所知。另一位作者[1]认为威尼斯人囚禁了十字军三个月,不让他们回家,在他们物资耗尽之后,被迫去了扎拉。一位德国作家[2]认为威尼斯人和十字军都满腹抱怨,最终达成一致,即威尼斯人应该与朝圣者一起,所得的东西应该平分,因此十字军的欠款应该降低。

我们也会相信朝圣者们并不十分愿意接受去扎拉的建议,因为军队里十字军的精神很高涨,他们不能容忍进攻一座基督教城市。

通过对这些权威的比较,可以得出两项特别的建议:7月份提出用合法得来的财富来支付威尼斯的费用;之后,在扎拉采纳了战利品偿还欠款的建议,如果7月份制订了进攻扎拉的计划,只有领导人知道详情,对广大十字军战士来说这个计划还是个秘密。罗伯特·德·克拉里指出了这两项建议。当威尼斯总督首次提出的建议被接受时,罗伯特谈到了在利多与这件事有关的事情:威尼斯的首领来到营地,宣布冬天要过去了,去外省有点儿晚了,接着,揭穿了秘密。"接下来让我们做最好的事情吧。离这里不远,有个叫扎拉的城市,这个城市里的人们经常鄙视我们,所以如果我们有能力,就去惩罚他们吧。如果大家听我的,我们就在那里过冬,过了复活节,然后我们在天使报喜节就可以去外省了;在扎拉,供给品也丰富,而且那里很富有。"然后罗伯特继续道:"十字军的贵族和领导人同意了威尼斯总督的提议,但是并不是所有的军队人员都知道这个提议。"[3]罗伯特可能认为有两个提议,但是最后一个提议对军队来说仍然是个秘密。

[1] Annon, Suessionensis.
[2] Annon, Halberstadt.
[3] Robert de Clari, c. xiii.

反对进攻扎拉的提议

罗伯特的记载应该引起注意。7月的最后一个星期,威尼斯提出的进攻扎拉的建议仍处于秘密状态。如果承认7月份他们提到了扎拉,8月份肯定处于谈判过程,这是不容置疑的。当进攻扎拉的提议出现时,有人反对。我们对此有确凿证据。维尔阿杜安告诉我们当威尼斯人提出除非十字军偿付费用,否则拒绝带他们出海,不和谐因素开始蔓延。维尔阿杜安说那些宣布要离开威尼斯去其他港口的人确实那样做了,因为这些人认为他们不接受威尼斯的提议,十字军肯定会。非官方的作者告诉我们为什么十字军那样做。冈瑟说:"事实上,进攻扎拉的提议对于欧洲的王子们来说是残酷、邪恶的,因为这座城是基督的,而且它属于匈牙利国王,国王本人参加过十字军,按照传统,他把自己和他的臣民置于教皇的保护下。威尼斯人不断督促我们接受这一提议,但我们拒绝这一提议,在这一过程中,大量的时间流失了。"为什么时间会流失?冈瑟回答道:"因为我们的人认为这件事非常让人讨厌,同时认为对于基督徒来说,十字军用屠杀、劫掠、放火抢劫基督徒,这是不能做的,[1]因此他们拒绝这样做。"

十字军根本没有抛弃远征的想法。那些知道内情的领导人把向扎拉进军看作偿付费用的一种方式,但事实上根本不是那样。他们认为扎拉被攻占后,十字军就可以进行自己的事业。但是,对于这次远征来说,这犯了第三个错误;第二个错误是没有带足够的人员,满足与威尼斯人签订的租船合同,这次错误更严重。第一次远征的将领在古城尼西亚宣布:与基督王子作战不属于他们的事业,他们的职责就是

---

[1] Gunther, c.vi.

与没有信仰的人做斗争，他们很愿意把尼西亚送给阿莱克修斯。第四次十字军的支持者们无暇顾及新的事业，因为他们离开家是为了与基督的敌人做斗争，虽然他们不知道将会出现什么样的危险，但是从维尔阿杜安的资料可以看出，这些人宁愿回到家里，也不愿违背自己的誓言。

彼得·卡普阿诺到达

7月22日，[1]教皇的代表红衣主教彼得·卡普阿诺（Peter Capuano），从罗马来到威尼斯。主教康纳德，可能还有其他人，要求将丹多罗的提议给他参考，他开始的时候反对这个提议，[2]因为正如冈瑟说：康纳德认为"与摒弃十字军、不能实现参与十字军的誓言以及带着耻辱罪恶回国等相比，进攻扎拉的罪过是轻的"。[3]红衣主教彼得把病弱的、无用懒惰的人，以及女人遣散走了。[4]

此时，十字军的不满情绪与日俱增。有些人抛弃了这次远征。很多穷人所带东西无几，没留下什么东西满足这次行程的需要，就离开十字军踏上归途。冈瑟说："有些有钱有势的人，不受贫困的影响，但害怕犯那样的罪过（进攻一座属于参与十字军运动的国王的基督城市），他们犹豫了，违背诺言返回家乡。"有些人去了罗马，为的是免除诺言或者推迟对自己的惩罚。其他人离开威尼斯为的是他们能从其他港口去亚历山大港或者叙利亚。

红衣主教彼得先表示反对，随后热情提议十字军应该尽早向亚历

---

[1] *Devastatio.*
[2] Gesta Inn. i. c.86.
[3] Gunther, vi.
[4] *Davastetso.*

山大港进发。作为使节，他的任务就是陪伴军队，督促他们向亚历山大港前进，阻止他们去扎拉，平息十字军和威尼斯人之间的纠纷。红衣主教彼得代表英诺森三世。但是威尼斯人对彼得很冷淡。威尼斯总督和议会告诉彼得如果他希望陪伴十字军，目的是向他们布道，那么他可以行动；如果希望作为代表教皇的使节，他最好留在后面。[1]

在威尼斯发生的一切传到还未到达那里的朝圣者们的耳朵里，引起了他们的恐慌，特别是很多德国朝圣者宣称攻打扎拉是邪恶的，所以他们回家了，十字军的后续支援也就断了。[2]

同时，十字军的领导人蒙特弗特侯爵博尼法斯在 7 月份离开威尼斯，但又返回来，可能十字军与威尼斯人的条约是在 8 月中旬签订的。红衣主教反对这个条约，让主教康纳德和修道院院长马丁来管理德国朝圣者们。马丁听说威尼斯总督的建议之后，就离开威尼斯，去了罗马。

红衣主教的屈服

虽然红衣主教反对，但当他发现除非十字军进攻扎拉，否则威尼斯不会让步时，还是屈服了。根据冈瑟的描述，看来红衣主教认为与抛弃东征相比，接受进攻扎拉的建议是可以原谅而且有利的。[3]

红衣主教坚持要求在出兵扎拉后，威尼斯人不仅要把十字军运到亚历山大港，而且威尼斯人也要加入他们。《哈尔贝施塔特》（*Halberstadt*）的作者证实了红衣主教的所作所为。红衣主教在给主教康纳德的答复中声称教皇宁愿接受威尼斯人的建议，也不愿抛弃十字

---

[1] Ep. VII. 203; *Gesta*, 85.
[2] Gunther.
[3] Gunther.

军远征计划，他建议康纳德忍受威尼斯人的无耻，并派出四名西多会的修道院院长作为教皇的代表与军队同行。冈瑟说当这位主教看到这次远征会让基督徒流血，他不知道如何做了，主教祈求红衣主教免除他的誓言，让他归隐到自己安静的教堂里。但是，红衣主教坚决拒绝了他，命他以教皇之名掌管德国朝圣者们。红衣主教又命他与军队形影不离，并利用与其他宗教领袖之间的影响力来阻止对基督徒及其领土的进攻。

威尼斯人加入十字军

8月25日星期日，圣马丁举行了一次规模盛大的仪式，一方面是为了迷惑朝圣者们，让他们相信丹多罗和威尼斯人，另一方面欺骗他们加入远征。在庄严肃穆的弥撒上，亨利·丹多罗登上圣坛向威尼斯人说："你们和世界上最勇敢的人在一起，我现在年老力衰意志不坚，需要休息；但是我知道没有人能够像我一样能领导你们的事业，如果你们希望我背起十字架，我让儿子留在这里代替我，而我和你们以及朝圣者们一起共生死。"集会的人群高呼："看在上帝的分上，和我们一起去吧。"当人们把这位老人引向圣坛，老人的胸前戴上十字架，十字架非常大，大家都可以看到，在场的不论是威尼斯人还是朝圣者都流下眼泪。

亨利·丹多罗

从这时起，丹多罗就成为第四次十字军东征中最引人注目的人物。丹多罗对罗马的仇恨非常强烈，他既想对施加于威尼斯的错误行径采取报复措施，又想要对个人伤害进行报复，从他肩负起十字架那刻起，就超越了其他领导人，其船队很快驶往博斯普鲁斯。这位老人在圣坛上请求与十字军一起分享他们的荣辱，给很多人留下了很深的印象，认为他很伟大。但是，有的人认为他只有让大家接受了进攻扎拉的意见，才会与军队同行，人们怀疑他对基督教所表现出的热情。维尔阿杜安形容他是一个心胸开阔的勇士，但却只关心威尼斯人的利益；在马志尼和加富尔[1]之前，他是意大利类型的政治家中的杰出楷模。丹多罗勇于从事冒险的事情，而且有能力坚持下去，他一生中坚持自力更生，而且能避免激起威尼斯寡头们的嫉妒心，他是事实上威尼斯的总督，成功地处理各种事务，赢得了共和国的信任。他秘密筹划，骗了十字军，实现了自己的目标。对于意大利的政治家们来说，谎言和诡计已经被马基雅维利（Machiavel）视作一门学问。最好的政治家就是那种能够把自己的目的抓在手中的人。誓言是用来打破的，诡计花招是必要的，这才是成功的必备品。在威尼斯的政治中，对错没有意义，只要能促进威尼斯的利益都是对的，所有与威尼斯的利益相抵的都是错的。丹多罗从未觉得必须说实话，或者遵守他向十字军所发的誓言，或者对朝圣者的许诺。以共和国利益为上，一切都是合理合法的。如果这个政治家有宽广的心胸，那么他也是一个没有良知、无耻的人。

十字军与威尼斯人达成了一致，要进攻扎拉，他们开始为航行做准备。此时的不和谐声音也安静下来。甚至反对进攻基督城市的十字军对能出海、摆脱利多那让人抓狂的沼泽，也兴奋不已。

---

[1] 马志尼（Mazzini，1805—1872），意大利革命家，民族解放运动领袖；加富尔（Cavour，1810—1861），意大利政治家、外交家，意大利统一运动的领导人物。——译者注

第十章
征服扎拉

进攻扎拉的部队分两批离开威尼斯,第一支于10月1日出发,第二支于8日出发。整个船队有480人。第二支部队是一支庞大的队伍,这支军队离开的情景,成为威尼斯人见过的最宏伟的景象。这个潟湖形成的共和国一直以来都喜欢艺术型的表演,但没有任何一种表演能比得上这艘亚得里亚王后号从大海里出航时展现出的美。统治者们还没有意识必须节制奢华、禁止浪费,人们居住的地方和商铺就如宫殿一般。威尼斯的居民形成了各种行会,每个行会有自己的特色行服。在威尼斯的人群中,人们总会发现耀眼的色彩。阳光从水面上反射过来,也掩盖不住船的优雅,珍珠宝石陪衬着东方的丝绸、丝绒。罗伯特·德·克拉里十分愉悦地描写丹多罗和十字军离开的场景。每位贵族都有自己的船和他的骑士随从,同时一起的还有运马匹的船只。每艘船都用骑士的盾牌防护,看着就像一条钢铁腰带。威尼斯的首领有50艘驳船,每艘船都是由首领自己或威尼斯城市出资的。丹多罗的船漆成朱红色,与皇帝的一样。四名拿着银喇叭的乐手从朱红色的帐篷里出来,来到船上,铜钹手也跟着,对于集会的人群来说,这预示着远征起航。神职人员和修道士在船的桅顶横杆上,唱着"来吧,精神的创造者"(Veni, Creator Spiritus)。罗伯特说,出发时的景象如此引人入胜、难得一见。一百名鼓手和其他乐手发出远航的号角。船驶入大海,向两边排开,各式伯爵、贵族的旌旗在风中飘扬,目光所及之处,直到亚得里亚海,都是船只,景象非常壮观。罗伯特说,确实从来没有过这么多、这么精美的船集合到一起。[1]但是,罗伯特也注意到存在的冲突。很多人,不论地位高低,都在谴责犯下的罪恶以及盛行的享乐。[2]另一位作者记述道,他们经过大海,速度飞快,但却满怀悲伤。[3]

到达扎拉

10月20日,丹多罗胜利进入的里亚斯特(Trieste)。几天之后,两支部队在波拉(Pola)会合。联合船队在11月11日到达扎拉。同一天,攻下港口后,部队登陆。扎拉是亚得里亚海东岸最富有的,是达马提亚和克罗地亚的大城市,它位于半岛上,城防很好。扎拉以前隶属于威尼斯,摆脱威尼斯后,处于匈牙利国王的保护之下。12日,扎拉的一名代表提出,如果能挽救城市居民,应该把一切交给丹多罗。虽然十字军的首领考虑了该建议,但以西蒙·德·蒙特弗特为首的十字军领导人告诉这些代表,他们担心的只有威尼斯人。西蒙说:"我不会在这里伤害基督徒,我希望你们安然无恙,愿意保护你们,反对那些伤害你们的人。"[4]但是事实证明,善意的干涉是有害的。扎拉的代表回到城里。协商就此中断,投降保全扎拉居民的条约也被搁置。威尼斯人建议进攻扎拉。为了防止十字军在这件事上进一步耽搁,威尼斯人要立刻包

---

[1] 姆努修斯(Rhamnusius)估计有480艘船,其中有50艘驳船,240艘运部队,70艘运物资,120艘用来载马匹。尼基塔斯说有240艘船,110艘运马匹,60艘驳船,70艘运物资。
[2] Robert de Clari, ch.xiii.
[3] Gunther, i.
[4] Petn, *Val. Com. Hist Allo.* c19.

围该城。冈瑟称这样的进攻非常可憎。但扎拉的军民也可能很期待这次进攻，他们收到教皇的信件，教皇在信中说要把任何对他们有所伤害的人驱逐出教会。扎拉的军民把教皇的信给威尼斯总督和十字军的领导者送去。首领们对此毫不在意，其他贵族也纷纷追随首领。最终，十字军战士的不满与耻辱只停留在嘴上。将士们举行了一次委员会，一个西多会修士沃克斯的修道院院长不能控制自己的愤怒，在会上，他起身大胆地、清晰地说："我以教皇的名义禁止你们攻打该城。这是一座基督之城，你们是十字军战士，有自己的使命。"如果没有西蒙和其他人的保护，这位修士会被威尼斯人杀掉。丹多罗被激怒了。他指控十字军阻止攻占扎拉，要求十字军履行誓言，帮助威尼斯人攻占扎拉。大多数人要帮助丹多罗，他们做出了承诺。但是，西蒙和其他朝圣者宣布：他们不会违背信徒的旨意，不希望被驱逐出教会。尽管有反抗、有教皇的信件，也有教皇代表的威胁，但对扎拉的进攻还是打响了。

夺取扎拉

五大之后，即1202年11月24日，扎拉被攻下。朝圣者和威尼斯人进入扎拉，发起无情的劫掠，教堂被抢，房屋被毁。他们野蛮地对待当地居民，有的被砍头，有的被驱逐，大多数人逃到山区，以求生路。丹多罗并不愿意惩罚扎拉的居民，他的目的是把扎拉纳入共和国的统治之下，为了这个目标，他需要时间。因此，在征服扎拉之后，他建议军队应该在扎拉过冬。他对将领们说："冬天要来了，离开这里，我们的财力供给不能维持到复活节，在其他地方找不到供给，扎拉富有，什么都不缺，让我们分了它。"[1] 大家接受了瓜分领地的提

---

[1] Villehardouin, ch.xviii.

议，威尼斯人和十字军为了过冬，开始在城市各处占领土地，威尼斯人占领海港地带，十字军占领了内城。

十字军的不满

威尼斯人与将领之间以及威尼斯人与十字军部队之间的不满与日剧增。十字军说服他们自己在攻下扎拉之后会立即踏上朝圣的道路，如果他们违背了自己的誓言，面临逐出教会的惩罚。军队中的宗教派对丹多罗和他们自己的领导人非常生气。在夺取扎拉三天的时间里，威尼斯人和十字军们彼此吵了好几个小时，[1]争吵中有100个人被杀，很多人受伤。大街上到处都是打斗。将领们迅速阻止了一片区域的争斗，但斗争又转向另外一片区域。威尼斯人遭到惨败。双方领导人被要求结束这次争吵。是什么引起了这次争吵不得而知。《灾难史》(Devastatio)的作者说贵族把战利品据为己有，不分给军队中贫穷的人。这种解释可能是正确的，因为这违背了远征遵循的规定。将领们与威尼斯人联合起来，但是广大的十字军战士决定去朝圣。战士们知道自己被利用着为威尼斯人和将领们获取利益。可以肯定的是，军队的士气已经大大低落，甚至有些将领也加入朝圣者行列，不再信任威尼斯人。双方的争吵加重了彼此的怨恨。大批十字军想去埃及或叙利亚。维尔阿杜安说战士们厌烦了远征，希望返回家园。

随后几个星期里，威尼斯人和十字军之间的不满持续升级。维尔阿杜安的记述不假，很多人希望军队解散，他们想回家。当他们听说要去与匈牙利国王或者罗马尼亚国王作战时，他们拒绝出战，他们也不愿意为威尼斯商人服务。这位伟大的法国编年史学家希望让人们认

---

[1] A day and a night, says Robert de Clari.

为这种背叛是荒唐、没有原因的。但是，没落骑士罗伯特证明一切都事出有因，而且原因很多。这次远征已经受到教会明确的指责。每个人都知道即使没有教会的官方责难，从事反对基督城市的斗争也已经违背了誓言，对自己的誓言的不忠让他们加入了这次行动。十字军在利多接受条约，秋天的时候跨过亚得里亚海，"满怀悲情，迅速行动"，为威尼斯的利益出征，他们希望攻占扎拉之后能够快速向外省进军。但是，朝圣者看到他们的同盟者根本不在乎基督的事业，他们的目的是收复领土、摧毁对手，同时朝圣者也认为他们自己的将领的目的就是从基督徒那里聚集财富。朝圣的战士们饥寒交迫，[1] 但是，如果能践行他们的誓言，他们愿意承受这份痛苦，但是，如今他们不仅牺牲了精神利益，也牺牲了世俗物质利益。那些首先发现自己被驱逐出教会的人和那些不顾精神责难的人，觉得他们被利用了，为威尼斯人谋利，他们却没有得到好处，因此，每天都有逃亡的。将领们下达了严厉的命令：任何人都不能离开营地。但是，这些命令不足以遏制罪行，有1000人未经容许离开了。人们吵闹着要求离开，领导者又批准了另外1000人。很多商船挤满了士兵，有一艘船上挤了500人，最后都溺水而亡。还有一队人马试图从斯洛文尼亚回家，其实是从达马提亚和施蒂利亚（Styria）回家，但是他们遭到农民的袭击，不得不返回军队。

值得注意的是，那种急切离开军队的想法主要是由于那些人想着他们家乡的营生。大多数人离开战地的目标就是去叙利亚和埃及。

---

[1] Devastatio.

第十一章
阴 谋

第一部分

　　1202年和1203年的冬天过得非常地慢。十字军心存不满，怀疑他们的将领，对威尼斯人也充满仇恨。猜疑最后也没有解决。十字军怀疑他们在将来会成为威尼斯人的工具，而在不久前，他们已经被当作工具来使用了。十字军还有新的猜疑，即罗马人的国王士瓦本的腓力要与丹多罗联合反对教皇。十字军自己的领袖博尼法斯已经背叛了他们，把他们卖给自己的亲戚腓力，让他们与教会的领袖做斗争。虽然背叛的证据不充足，但是却有理由相信这一怀疑和不安。这些战士从自己的祖国而来，带着满腔的宗教热忱，他们出来是为了上帝和上帝的事业而战，但是他们却打破了曾经的誓言，又无力走出围困他们的陷阱。

　　暂且把扎拉的十字军放下，让我叙述一下那些能证明军队怀疑是有道理的事实，这样也能明确是什么样的阴谋与十字军的目标作对。

　　在进行事实阐述之前，有必要关注一下当代专家对导致第四次十字军东征背离自己本来意图的两种情况所做的分析。这两种情况分别是：进攻扎拉和向君士坦丁堡进军。

　　有两派当代史学家对这些情况做了描述，大体上分为官方和非官方。首先，维尔阿杜安主编、撰写和修改的生动有趣的记录享有很高的地位，作者描述了所看、所听。但所有的官方记录都遭受置疑，因为这些都是来自他们自己的领导，或是远征的将领，或是士瓦本的腓力。这些记录是人们用来为自己辩护而写的。他们是有失偏颇、值得怀疑的。当他们写这些东西的时候，悲哀的是欧洲寄予希望的十字军没有实现自己的目标，他们开始摧毁基督城市，而且也是以摧毁基督城市结束的，而不是摧毁伊斯兰国度。教皇愤怒地谴责十字军的行径，这么做可能是表明西欧有良知的观点。受到质疑的作者们不得不尽力解释为什么十字军变成了一支海盗般的远征队伍。

官方记录对十字军进攻扎拉的解释就是，很多十字军在别的地方上船，或者拒绝离家，到达威尼斯的人数远远低于代表团签订的条约规定的数目，而威尼斯人坚持他们的条件，最后，他们提出了一个公平的建议，十字军支付所欠的规定运输费用，即34000马克。这些作者补充道，所有反对那样做的人是希望破坏这次远征。维尔阿杜安作为东征队伍中的重要代表人物，以弗兰德斯船的离开作为这次远征失败的借口。他说，这支船队非常精良，装备也齐全，上面有大量的武装士兵，但是，弗兰德斯的鲍德温并没有随行，而是经由陆路去了威尼斯。这艘船的领导者就变成了让·尼勒（Jan de Neele）和其他二人。[1] 维尔阿杜安说朝圣者对这艘战船非常自信，船上的大多数战士都拿着武器。领导者们让他们和其他几个人对鲍德温承诺，在他们通过直布罗陀海峡后就会加入在威尼斯的军队，不论身处何处，他们得知所发生的事情就会赶去。维尔阿杜安说他们打破了对上帝的承诺，因为他们害怕卷入发生在威尼斯的危险。这话让人怀疑。或许这意味着在船上那些放弃远征的人们，为的是避免遭受在威尼斯的危险。[2]

---

[1] Villehardouin, x.
[2] This is the meaning which Du Cange gives. See Observations en Villehardouin.

就算作者指的是在威尼斯延误的危险,但比较一下在威尼斯遇到麻烦的日子和这艘船到达马赛的时间,就能说明这种担心可能并不存在。信使在1203年1月带来船到达马赛的消息。他们宣布该船想在马赛过冬,请示命令。鲍德温在与威尼斯总督协商以后,给船上的将士捎信,让他们于3月末离开,前往伯罗奔尼撒东南的梅罗尼(Methroni)与威尼斯船只会合。维尔阿杜安说:"哎!这些人做事太糟糕,没能信守承诺,却去了叙利亚,尽管他们知道在那可能对自己不好。"[1]可能的情况是船上的将士们已经听说十字军被骗,背离了最初目的,因此决定前去与伊斯兰开战,如果他们不能在埃及试一下,至少支持一下在叙利亚的基督徒。如果维尔阿杜安的意思是弗兰德斯船队本应该对十字军的目标有用,这是不诚实的。其实在该船队到达马赛之前,进攻扎拉的协议就签署了,11月份扎拉被攻下。进攻君士坦丁堡的条约最迟是在该船队到达亚得里亚海之前签订的。而维尔阿杜安对必须放弃埃及的证据非常少。

　　维尔阿杜安及其赞同者认为十字军之所以改道,是因为缺乏人力以及威尼斯的压力,事实也确实是这样。但是,这不是全部原因。现在看看非官方的历史学家对于这次远征的记录,补充和衡量一下官方作者们的叙述。人们对非官方的记录要比后者少些质疑。他们没有太多的动机去误传,就算他们能从这里获得利益,但他们既不会同情扎拉人,也不会同情威尼斯人。同时,他们自己就是十字军,或者从十字军那里获得信息。他们想说明如果十字军只是惩罚不承认教皇权威的民族,那么他们做的就是有用的事,但是,他们肯定要比其他官方作者拥有优势,他们认为自己不会避讳威尼斯人的行为。他们对十字军行程更改的原因的

---

[1] Villehardouin, c.xxi.

解释就是，威尼斯的行径。仔细研究在吉本时代的权威们的记载，我们足以发现当时对丹多罗、博尼法斯、腓力等人的忠诚持有强烈的怀疑。现在，有证据继续证明这些领导者的确是值得怀疑的，同时，非官方的记录也表明由于威尼斯的贪婪和背叛，远征改变了目的，东征的军队变成暴徒，犯下了中世纪的大罪，破坏了一个大本营，迄今为止，这里的大本营一直对抗着伊斯兰的入侵，但这里被破坏了。

在注意到两方面证据不同之处的同时，也应该把它们结合起来看。

埃及和威尼斯之间的协议

十字军信使于 1201 年 2 月中旬到达威尼斯。[1] 3 月中旬，他们与威尼斯人签订了运送军队到埃及的条约。[2] 条约签订的消息很快传到了埃及苏丹马立克·阿德尔（Malek-Adel）那里，他心中充满警惕。由于埃及条件不利，自然资源匮乏，苏丹家族内部不和，因此，阻止十字军登陆埃及至关重要。这次十字军的兵力虽然不如上次，但也不可避免地想要侵占埃及。因此，马立克不仅修筑防御工事，也收买威尼斯人。同年秋天，两名信使从威尼斯那里来见苏丹，这可能是受苏丹的邀请而来。苏丹以相当的礼遇接待了他们，双方开始着手和平条约，后来成为二者的商业条约。

与此同时，十字军在聚集。根据与威尼斯的条约，十字军即将改道进攻扎拉。十字军的船只在圣约翰节即 1202 年 6 月 24 日准备就绪。

威尼斯与马立克签订条约

1202 年 5 月 13 日，威尼斯的信使与马立克签订了条约。这项条

---

[1] Villehardouin, "la premiere semaine de caresm".
[2] Villehardouin, c. vi.

约让威尼斯人获得很多特权，亚历山大港的一个区也处于威尼斯保护下。

苏丹派埃米尔·塞得·艾丁（Sead Eddin）去威尼斯落实条约的签订。埃米尔成功地完成了使命，1202年7月条约被秘密地批准。[1] 该条约的签订解释了为什么第四次十字军东征改变在埃及登陆的路线，以及为什么最终失败。威尼斯在打一局两面牌。1201年3月，威尼斯与十字军签订了条约，答应要运送西方的军队到埃及。现在，它又与埃及签订了秘密条约。比萨和热那亚在君士坦丁堡取得了比威尼斯更大的成功，但威尼斯通过此次与埃及的条约得到了补偿。威尼斯的胜利是以对基督教世界的背叛为代价的。既要对十字军守信又要不背叛阿拉伯世界，这是不可能的，威尼斯与埃及苏丹签署条约就意味着破坏了与十字军的盟约，也就导致了十字军路线发生变化，此后的几年里，十字军一直怀疑威尼斯的诚心，当代的一些作家们也毫不犹豫地谴责威尼斯背叛十字军，但是，没有证据表明哪一个将领知晓威尼斯与苏丹签订了条约，而按照条约，威尼斯不可能帮助他们运送军队到埃及了。1202年6月，塞得出现在威尼斯，这引起十字军对威尼斯忠诚的怀疑。当然，在西欧看来，来自苏丹的使团可以视作那些大批来到这个东方贸易中心地带的商旅的一员。如果对威尼斯有怀疑，也是由威尼斯人在利多对十字军的所作所为引起的，进攻扎拉则使得这种怀疑在十字军心中得到进一步确认。在扎拉的十字军并没有受到威尼斯人的公平待遇。由于十字军认为威尼斯人处理不公，双方在占领扎拉后的一周内互相交恶。但是，条约已经秘密签订了，丹多罗一方面不希望他的补给化为乌有，另一方面他要利用一切条件，把十字军的

[1] Calf Hopf. *The Revue des Question Historiques*. 在 le Comte Riant 的 *Innocent III, Philipe de Souade, et Boniface*, p.124 中考察了这个日期。

注意力从埃及身上转移出去。此后，丹多罗与十字军只谈叙利亚，不说埃及。由于到达威尼斯的十字军数量比协议规定的少，丹多罗把这看做貌似有理的借口，拖延远征出发的时间，并转而进军扎拉，在那里过冬，丹多罗取得了成功。1202年7月，威尼斯人与苏丹批准了条约，转移了十字军对埃及的进攻。当时的埃及处于非常虚弱阶段，是伊斯兰统治摇摆不定的时期。

威尼斯阻止十字军进攻埃及，足以证明威尼斯和苏丹之间的互谅关系，仔细考察威尼斯的档案，就会发现证据确凿。查理·霍普曼是中世纪东罗马历史相关问题最伟大的德国研究者，在他的著作中汇集了丰富的资料，记载了威尼斯与苏丹签订的这个条约。[1]

十字军的早期历史学家也提到了这项条约。伊博里诺的阿诺德（Arnold of Ibelino），他可能是《提耶尔威廉的历史续篇》的作者，[2] 他详尽地记载了签约事件，可以肯定这是一件严肃、确证无疑的历史事件。他说，那时埃及统治者——也称为巴比伦的苏丹——居住在尼罗河边的坚固城池，他听说基督徒的一艘大船向埃及驶来的时候，召集法官和神职人员开会，商讨如何才能把国家从基督人军的威胁中解救出来。他提出了很多防卫建议，接着他派信使前往威尼斯，带着丰厚的礼物，拜访威尼斯的领袖和市民。使者的任务是求和，并许诺如果基督教徒能改变自己的路线，不攻击埃及，威尼斯人会收到大批财富以及在亚历山大港的特权。埃及的信使取得

---

[1] Charles Hopf, *The Encyclopedi d'Ersch et Gruber* (Leipzig, 1867), p.188. 他对此做了分析。不幸的是，在其死后，这一论文集散失，因此对于历史系的学生来说，不能利用。相关有价值的考查见 Comte Riant 的 *Innocent III.*, *Philippe de Souabe*, *et Boniface*, Paris, 1875。

[2] *L'Estoire de Eracles Empereur*, pp.250-252. *Rec.des Croisades*, vol.ii.

了成功。[1]

因此，十字军离开埃及这条线路的主要原因是威尼斯的背叛。为了获得与其他意大利地区竞争对手的优势，威尼斯接受了埃及的条约，威尼斯不会让十字军前往埃及。十字军抱怨威尼斯人，怀疑他们背叛了自己，十字军想尽全力履行自己的誓言，但是失败了。威尼斯目标明确。多种因素让它迫使十字军去了扎拉。一旦冬天过去，与前一年相比，威尼斯人更容易让十字军更改路线。现在我们考查一下丹多罗为了履行与埃及签订的条约，为了把自己和威尼斯的错误推到帝国的

---

[1] 原文为 One MS. of Ernoul or Arnold says, "et lor manda que se il povent tant faire que il n'alassent mie en la terre d'Egypte il lor donroit granz tresorz et granz franchises on port d'Alissandre." Another, "En nulle maniere qu'il destornassent les Chrestiens qu'il n'alassent." All the MSS. Quoted in the Recueil agree generally on these points. Two MSS. Given by Buchon, *Le Livre de La Conqueste*（Paris，1845）give additional details, though one is probabley only a variation of the above. One of them says' la nouvelle de ceste emprinse, dit-il, s'espandi moult loins. Quant li soudan d'Egypte, qui avoit ceste frere Salehadin et qui avoit son neveu de Damas deshirete entendi ces choses, il s'en ala en Egypte et fist moult ben garnir les forteresses; puis envoia en Venisse et manda aux Venissiens que, se il povoient tant faire que il destournassent les crestiens d'aler en Egypte, il leur donroit dou sien largement; et grans franchises averoient en ses pors. Avec ce leur envoia biaux don'（MS. Supp, 34, quoted in Buchon）. The other says 'Or vous dirai du soudan de Babilone, qui freres aboit este Salehadin qui le tere d'Egypte avoit saisie apres sen neveu quant il fut mors et qui sen autre neveu avoit desherite de la tere de Damas et de la tere de Jherusalem qu'il fist. Quant il oi dire que li Crestien avoient leve estoire pour venir en le tere de Egypte, il fit mettre boines garnisons en le tere d Damas et de Jherusalem qu'il fist. Quant il oi dire que li Crestien avoient leve estoire pour venir en le tere de Egypte, pour prendre conseil coment il porroit mix le tere garnir encontre les Crestiens vaillans qui venoient en se tere....Puis fist appareillier messages; et si lor carqua grant avoir, et si les envoia en Venisse. Et si manda au duc de Venise et as Venisiens salut et amistie-et si lor envoia moult grans presens. Et si lor manda que—s'il pooient tant faire as Franchois que il n'alas-sent mie en le tere d'Egypte, que il lor donroit grant avoir, et si lor donroit grant franquise el port d'Alixandre. Li message alerent en Venise et si fisent moult bien che qu'il quisent as Venissiens—et puis si s'en repairierent arriere en Egypte. MS. No. 7488（quoted also from Buchon）.

身上,他是如何阻止十字军向埃及进军的!

第二部分

现在有必要看看对欧洲历史进程产生影响的最有意思的阴谋。十字军冬季驻扎在扎拉期间,不满与日俱增。这些朝圣者们发现登陆叙利亚和埃及的机会越来越小。除了怀疑威尼斯人的背叛,他们还记得与威尼斯的条约仅仅签订了一年,6月份就到期,他们发现威尼斯人严格遵守条约中有关费用的规定,因此时间紧急。远征需要的费用消耗了十字军的补给以及随身携带的财物,甚至连贵族所带的钱也几乎花光了,他们很难获得补给。[1]如果6月份威尼斯再次要求支付额外的费用,十字军是付不起的。维尔阿杜安坚定地认为在目前的困难面前做任何尝试都会打破这次远征。很多十字军战士希望回家,更多的人希望去叙利亚来完成他们的誓言,他们认为如果和威尼斯人在一起,不可能完成这一誓言。丹多罗非常满意埃及没被进攻,他有理由阻止十字军的溃散,在此时,他是成功的,但是他的工作只做了一半。

改变远征方向

远征路线不再是埃及,因此威尼斯赢得了时间。但是,如果威尼斯坚守与十字军的协议,十字军可能会在埃及登陆,而且也能想办法得到供给,甚至取得胜利。即使这支军队散了,十字军还可以再次团结起来,在威尼斯人的敌人热那亚和比萨人支持下,仍然可以进攻埃及。如果那样的话,对于威尼斯来说就是耻辱,对于丹多罗来说,就是失败。这位伟大的威尼斯总督一直以来就在提防这样的事情。在十

---

[1] Robert de Clari, xvi.

字军部队离开威尼斯之前，我们就有理由相信丹多罗已经决定利用十字军对抗帝国，丹多罗、博尼法斯以及腓力之间达成阴谋，直接给基督教世界以沉重的打击。

君士坦丁堡事件

为了了解这一阴谋的形成，我们简要回顾一下在君士坦丁堡发生了什么。当时的皇帝是阿莱克修斯三世，1195年他处决了自己的兄弟伊萨克，挖出了他的眼睛，把他投入贝西克塔斯的地牢（Diplokionion）或是迷宫塔（the tower of Anema）里。当阿莱克修斯明确想杀死他的侄子和王位的合法继承人小阿莱克修斯的时候，这位篡权者的妻子把皇帝的预谋告诉了伊萨克，根据同一位作者所说，伊萨克建议他的儿子立即离开君士坦丁堡，逃到其姐夫士瓦本的腓力那里。1201年春，小阿莱克修斯可能化装成一名普通的水手或藏于一个精心伪装好的箱子里，[1]乘坐比萨的船，躲过皇家警卫严密的搜查，从君士坦丁堡逃了出来。所有的史学家一直都认同当时的作者们，他们说小阿莱克修斯是伊萨克与玛格丽特的儿子，玛格丽特是匈牙利的贝拉的女儿，她是伊萨克的第二任妻子。1185年，伊萨克与玛格丽特结婚。因此，在1200年的时候，阿莱克修斯也只不过是十四五岁。[2]

小阿莱克修斯给他的姐姐送信，乞求腓力的帮助。根据维尔阿杜安的说法，小阿莱克修斯到达了意大利的安科纳。[3]但是，在离开君士坦丁堡之后，小阿莱克修斯的行动是值得怀疑的。当时的作者们

---

[1] *Chron. Novgorod*, p.93. 原文为 Conductus est in navem ibique dolio tribus fundis instructo reconditus. 但是尼基塔斯的说法是不同的。
[2] 玛格丽特是阿莱克修斯的母亲，但是有两个事实与此相反：1）当时的皇帝写给英诺森三世的信中说，这个年轻人不是大贵族；2）根据尼基塔斯所说玛格丽特在1185年只有10岁；*Geo. Acrop.* p.6.
[3] Villehardouin, xv. c.70.

有的认为小阿莱克修斯在西西里暂休之后，直接去了腓力那里，[1]也有的认为他去了安科纳，两种观点持平。有位作者认为，小阿莱克修斯在7月的时候在腓力的宫殿维尔茨堡（Warzburg），[2]他在那里一直待到年末，可能见到了博尼法斯。1202年夏天，小阿莱克修斯在匈牙利，[3]可能在去寻求教皇帮助的路上；8月或9月初，他在维罗纳（Verona）。[4]

为了理解阿莱克修斯返回意大利的原因，必须考察在他从君士坦丁堡逃出来之后到匈牙利期间，发生了什么。小阿莱克修斯投靠其姐姐和她的丈夫。士瓦本国王有很多要帮他的理由。腓力声称自己是罗马人的国王，也是反对教皇一派的领导者。在神圣罗马帝国皇帝亨利六世去世的时候，教皇和其他王子拒绝承认其幼子腓特烈为继承人。

士瓦本的腓力

腓力作为亨利的兄弟，在其侄子未获得认可的情况下，成功地使自己被某一派选为皇帝，而布伦瑞克的奥托（Otto of Brunswick）被圭尔夫派选为皇帝，教皇反对觊觎者腓力，1201年3月甚至把他驱逐出教会，这对于腓力来说产生了非常严重的影响，其臣民可以不服从他，很多贵族和加入教会的王子们也都与他脱离了关系，其他人例如哈尔贝施塔特的主教为了避免在世俗和精神领袖中做出选择而加入了十字军。

腓力是一个外表纤弱的典型德国金发男子。虽然腓力的外表暗示

---

[1] Gunther, viii. *Chronique de Morle*, p.10, and *Chronaca di Morea*, p.416; *Chroniques Greco-Romanes of* Charles Hopf.; Rigord, p.55; *Chronista Novgorodensis*, 93; *Chron. Gr. Rom.* Of Hopf; 以及其他出处。

[2] Bohmer, *Register Imperii*, p.12.

[3] Conmuato, 28.

[4] Villehardouin, xv. c.70.

着虚弱，但并不代表他的真实情况就是那样。腓力的父亲将他送到教会养大，因而他在霍亨斯陶芬家族的一个封臣所建立的阿德斯伯格（Adelsburg）的修道院内接受培养。这种教育或者天生的性格使他成了一名心胸狭窄的教徒，同时也成了一个喜欢用诡计、不希望有反对者的人，他还是一个野心勃勃的人。他极有可能恢复影响力，这表明不管教皇怎么样，腓力仍旧能保持自己的地位。如果他做到了，他就可以挫败教皇人生的伟大目标，他不仅可以战胜对手，还能与那些抛弃他的人再次联合。

腓力的野心

小阿莱克修斯的信使带来十字军集合的消息。对于腓力来说，很早就想打着支持小舅子的名义，利用十字军。而且腓力也有自身的理由去帮助阿莱克修斯。他似乎相信自己有权登上东方皇帝的宝座，他梦想着通过个人的力量把东西方联合起来。小舅子遭遇处决和囚禁的威胁，让腓力感到耻辱，督促他赶快踏上实现自己野心的轨道。上一次十字军东征的灾难性结局的影响仍然可以在德国感受到，所以任何反对东方帝国的行动势必会大受人民欢迎，因此，鼓励腓力支持阿莱克修斯的动机非常强。如果腓力能把十字军变为反抗君士坦丁堡当政皇帝的武器，他可以帮助小阿莱克修斯，同时能成功恢复与他的下属之间的关系，那些人在他被逐出教会后，对腓力的态度有所动摇。腓力也要让教皇看到他比对手更强大，即使是英诺森三世可能也会认为站在更强有力的一边比较好，腓力的权力也会日益加强，他不仅可以成为吉伯林派的领导者，而且会成为东西方的君主。

受这样的动机影响，他任命蒙特弗特侯爵博尼法斯掌管十字军。香槟的西奥博尔德于1201年5月去世，这正好满足了腓力的要求，因为如果博尼法斯能按照腓力的命令行事，对君士坦丁堡的进攻就可能会成功，腓力似乎稳操胜券。

博尼法斯以及其家族与东方的联系

正如罗伯特·德·克拉里所说的那样，博尼法斯是腓力的一位亲戚。博尼法斯的父亲是蒙特弗特的威廉，威廉在吉伯林一派中占重要地位。这个威廉娶了索菲亚，索菲亚是腓特烈的女儿，也是腓力的姐姐或者是同父异母的姐姐。[1] 1197年亨利六世死后，在腓力和奥托之间爆发了王位之争，英诺森派博尼法斯与美因茨大主教一道去调停他们的争吵，但失败了。博尼法斯不仅了解腓力的事，他还熟悉君士坦丁堡的情况。蒙特弗特家族对东方很熟悉。六位家族成员与皇族通婚。博尼法斯的父亲威廉有四个儿子，他们个个都与十字军有联系，其中三个对君士坦丁堡的历史非常熟悉。这几个儿子是威廉、康纳德、雷尼尔和博尼法斯。

长子威廉曾经是十字军的希望。这个家族与西罗马皇帝、法国国王以及其他欧洲王国的王子关系密切。1175年，威廉娶了耶路撒冷国王鲍德温四世的女儿，收到扎法和阿斯卡隆的伯爵爵位作为陪嫁，但两个月之后他去世了。

威廉死后，次子康纳德成为蒙特弗特侯爵。康纳德在君士坦丁堡帮助皇帝抵抗来自布拉拿的进攻。康纳德在与伊萨克的妹妹狄奥多拉结婚之后，他拒绝跟随皇帝去亚得里亚，因为他对自己所获荣誉不满意。1187年康纳德来到巴勒斯坦，之后的四年里，在此处发挥了重要的作用，特别是在提尔被围期间，他表现突出。后来康纳德又迎娶了伊莎贝拉[2]，这遭到坎特伯雷大主教和其他教徒的厌恶，与理查争吵之后，他当上了耶路撒冷国王，但于1192年被杀。罗伯特·德·克拉

---

[1] 见Montferrat家族族谱，*Du Cange*, 309, Paris ed.。
[2] 即前任耶路撒冷国王阿马尔里克一世的女儿。——译者注

里断言在伊萨克组织拉丁军队反抗布拉拿时，背叛了康纳德，当侯爵出去迎击叛军时，皇帝把城门关上，并且没有让自己的军队跟着出去，造成康纳德死亡。尼基塔斯明确反对这一说法，表示皇帝亲自指挥右翼兵力，曼努埃尔·卡米兹指挥左翼兵力。克拉里所说的情况可能是在君士坦丁堡被攻占之后流传出来的，此时，蒙特弗特派以及其家人发现这样可以轻易地激起对伊萨克的愤怒。

蒙特弗特的威廉的三子，也就是康纳德的弟弟、博尼法斯的哥哥雷尼尔娶了皇帝曼努埃尔的女儿玛利亚。那时，雷尼尔还是一个年轻的男孩，而玛利亚已经30岁了，非常强健。[1]西方的作者们宣称他接受了作为嫁妆的萨洛尼卡王国，但是希腊的作家们没有一个人提到这件事。在康纳德被谋杀之后，他也去世了，但没有子嗣。现在存活的兄弟就剩博尼法斯了。[2]

如果我们从这些人所写的故事来判断，而这些人的目的是为了给博尼法斯的行为找借口，人们会发现远征的领导者怀着家族的怨恨，他们对君士坦丁堡怀有敌意。博尼法斯把自己看作是萨洛尼卡的合法国王，是雷尼尔的继承人。如果克拉里值得相信，博尼法斯就要为兄弟康纳德报仇。腓力和博尼法斯都有理由进攻皇帝阿莱克修斯。很有可能他们两人，在香槟的西奥博尔德还活着的时候就讨论过进攻帝国的计划。[3] 1201年6月，博尼法斯当选，8月他参加十字军，被全权任命为基督军队的首领。之后，他离开勃艮第，来到当时在哈根瑙

---

[1] Nicetas, 222.
[2] 1204年的章程规定博尼法斯把曼努埃尔授予的有关他父亲封地的权力卖给了威尼斯人，这对于博尼法斯的兄弟来说可能是个错误。*Tafel et Thomas*, i.513.
[3] Count Riant, *Inno. III. Phal.et Boniface*, pp.36, 37. 我认为博尼法斯在成为十字军的将领之前就成了腓力的密探。但是在M.Jules Tessier的 *Diversion sur Zara et Constantinople; Paris*, 1884的书里，对此有争议。

第十一章
阴　谋

(Hagenan）的士瓦本的腓力的宫殿，他是于当年末到达的，很可能在这里发现了小阿莱克修斯。博尼法斯极有可能是接到了腓力的邀请，经历如此漫长的旅程去到那里。腓力的目的可能是要督促博尼法斯利用十字军恢复伊萨克的皇位，或者让伊萨克的儿子小阿莱克修斯登上皇位。但对博尼法斯在腓力的宫中做了什么只能靠推测了。英诺森三世的编年史表明双方签订了一个条约，条约规定十字军要让小阿莱克修斯当上君士坦丁堡的皇帝。[1] 这样的条约可能是存在的，但其他同时代的作家并未提及存在这样的条约，或者该条约是秘密的，或者双方达成谅解且认为没有必要落实到文字上等。虽然之后十字军的发展表明腓力和博尼法斯之间没有完全理解彼此，但大量证据显示他们曾经达成理解。值得一提的是，有几位当代作家提到腓力在博尼法斯到访前就确定了远征的方向。

小阿莱克修斯访问罗马

在第四次十字军东征这件事上，教皇和腓力之间的斗争开始于1202年初。腓力非常了解英诺森心中重要的目标就是在成功远征之后把东西方教会联合起来，他派小阿莱克修斯到罗马请求帮助，[2] 并把这一联合放在协商中，作为赢得帮助的主要优势。

博尼法斯访问罗马

1202年1、2月的时候，博尼法斯离开腓力，同使臣前往罗马。他从新罗马国王那里带来的使命是双重性的，其一督促教皇帮助小阿莱克修斯，其二表达德国贵族对教皇支持奥托的不满。由于博尼法斯首先强调小阿莱克修斯许诺促进教会联合，因此教皇也乐于支持小阿莱克修斯。但是如果教皇那样做，就不能继续支持奥托，因为腓力对

---

[1] *Gesta Inno. III.* No.83.
[2] *Chron.di. Morea.*

军队的影响太大而不容小觑，如果教皇拒绝了，还得看看博尼法斯与十字军和威尼斯人之间会发生什么。

博尼法斯于 1202 年 3 月初到达罗马。[1] 小阿莱克修斯已经在庄严肃穆中得到教皇、红衣主教和罗马贵族的接见，他主张应该对其叔叔施以审判，鼓动全城同意他成为皇帝，坚持他有能力让东西方教会联合。教皇的答复犹豫不决，但是小阿莱克修斯的提议太有诱惑力，尤其是他坚持会致力于教皇在新罗马的利益上，而且是按照教皇的方法让新罗马再次升起。[2] 但教皇最后拒绝许诺给小阿莱克修斯帮助。博尼法斯一到，再次提出这一建议，但教皇还是予以拒绝。之后，博尼法斯失望地离开罗马，既没有完成自己的使命也没有完成腓力的设想。

罗马外交失利后，博尼法斯专注于通过自己领导的军队来执行自己的设想。在博尼法斯短期访问和小阿莱克修斯访问他在蒙特弗特的领地之后，小阿莱克修斯出现在维罗纳。该城市控制布伦纳关口，德国朝圣者会经过这里，同时它也是途经伦巴第之路，从法国来的十字军一定会通过这里。

博尼法斯去威尼斯

1202 年 8 月 15 日，博尼法斯到达威尼斯，发现在利多的军队处于极度危难时刻。军人们离不开威尼斯，他们疾病缠身，急需补给，但他们希望做神圣的事业，他们把威尼斯看作不幸的根源。他们对博尼法斯几乎没有什么信心，也没有感情。博尼法斯之所以当上军队的首领，只是由于好几个人拒绝了这一职位。与弗兰德斯的鲍德温和其他人相比，博尼法斯的军事经验不足，其他人都曾尽力减轻十字军的麻烦，而且他们至少还分享各自的经验。

---

[1] March 11, Winkleman, p.256.
[2] *Chron. Novgorod.*

小阿莱克修斯的建议

9月初，在维罗纳的小阿莱克修斯派使节来到威尼斯，使节和十字军的领导人举行了会议，他们陈述了小阿莱克修斯的意见。十字军的答复是，使节应该把消息和小阿莱克修斯一同带回到腓力那里，因为阿莱克修斯说要回到他叔叔那里。具体消息如下："如果腓力帮助我们收复外省领地，我们会帮助阿莱克修斯收复他的领土。"[1]

很明显，大多数十字军战士对这次使节的行动或带回的消息知之甚少。威尼斯的丹多罗、博尼法斯以及三四个其他领袖，包括维尔阿杜安本人可能知道这个秘密，这些同谋者中还没有人泄露这个计划，所以当军队知道向君士坦丁堡进军这个计划时，他们以为是新决定的事。十字军战士们在扎拉过冬，发现深陷困境，他们以为一切决定都是必要的，并不是计划好的阴谋。

但是十字军和威尼斯之间还没有达成一致。阿莱克修斯的计划受到欢迎，特别是十字军的领导者们接受他的提议。与此同时，大约在9月，博尼法斯再次离开军队，直到攻占扎拉他才出现，这期间，他有一段时间是在罗马，当时红衣主教彼得·卡普阿诺也在，因此当十字军离开威尼斯的时候，世俗与精神领袖都不在场。

督促英诺森接受提议

博尼法斯似乎彻底说服了红衣主教。尽管红衣主教在教皇那里遭遇到了像在威尼斯时那样的对待，他还是拜访了英诺森三世，说明了要进攻扎拉，他解释说进攻是临时的，占领那座城市是对一半异教徒的惩罚，惩罚它不该让基督徒流血。值得注意的是，在拜访教皇的过程中，红衣主教看起来比博尼法斯更倾向于帮助小阿莱克修斯。[2]人

[1] Villehardouin, see. 72.
[2] Inno. III. *Epist*.viii.

们很容易就可以看出他们使用的观点,十字军缺钱,因为他们已经倾其所有,不能再购买任何东西,为了摆脱威尼斯人的压迫,被逼答应了扎拉计划。博尼法斯曾小心地指出与威尼斯的协议会在6月过期,督促远征君士坦丁堡,帮助年轻的小阿莱克修斯,这是获得远征所需金钱的唯一途径,也是唯一能够买来威尼斯人的帮助的途径。如果没有威尼斯人的帮助,就无法到达埃及或叙利亚,因此也是唯一阻止十字军彻底失败的方法。

拒绝

英诺森很坚定,他拒绝批准进攻扎拉,也不让使者批准,并给军队下达禁令,阻止他们完成非正义的目标。但是,在帮助小阿莱克修斯的问题上,红衣主教彼得和博尼法斯的观点更让人印象深刻。教皇确实正式拒绝支持这一提议,他的做法甚至更进一步,当得知红衣主教同意博尼法斯的意见时,教皇禁止他回到军队。但是,虽然持反对态度,教皇认为让这个问题悬而未决在当时是最好的办法。皇帝阿莱克修斯三世派使臣来到威尼斯,想与共和国联盟。但是,皇帝的行动太晚了,遭到羞辱。对于威尼斯来说,一切转向了罗马。一开始帝国的皇帝就怀疑腓力、博尼法斯和丹多罗的计划,帝国的使臣带来一头金牛,请求教皇反对他们的计划。英诺森把这看作有利于他自己计划的时机。小阿莱克修斯为了获得教皇的支持,提出了教会联合,对于英诺森来说,这不能与十字军的成功相比。英诺森三世一边许诺给在位的阿莱克修斯以帮助,另一方面他为教会联合开出了条件。同时,他向军队下令,绝对禁止十字军进攻新罗马帝国。

使团到达腓力处

威尼斯的十字军于9月派信使到腓力那里,呈上援助阿莱克修斯的建议。10月信使到了德国,几乎同时,腓力听说罗马协商失败,这个坏消息比威尼斯的十字军深陷困境更糟糕。如果共和国更改远征的路线，在丹多罗的支持下，腓力还可以用军队来完成他的目标。腓力大胆行动，所有人都认为他在十字军更改路线这件事上扮演了重要角色，他就援助小阿莱克修斯一事进行协商，他既扮演担保者也扮演保护者的角色。腓力亲自在达成的协议上签字。11月，十字军的信使告别腓力，同行的还有德国的代表们。12月中旬，他们来到威尼斯。1203年1月1日，他们到达扎拉，他们与军队一路同行。

小阿莱克修斯在信使去往扎拉的同时离开腓力的宫廷，但是他改道访问了他的叔叔——匈牙利国王艾默里克（Emeric）。

博尼法斯到达扎拉

12月中旬，博尼法斯到了扎拉。根据罗伯特·德·克拉里的记载，如果那是可信的话，在博尼法斯与丹多罗之间出现了喜剧性的事件。丹多罗发现十字军们十分不安。领袖们意识到他们没有足够能远征埃及或者叙利亚的补给，即使他们有补给，在到达这两个地方的时候，也弹尽粮绝了。因此，丹多罗对军队说："先生们，希腊[1]有丰富的补给，如果我们能找到一个恰当的理由去那里，获得这些补给以及其他东西，我们就能成功地去往外省。"接着博尼法斯站起来说在圣诞节的时候，他在腓力的宫廷见到了小阿莱克修斯，他的父亲遭到了残酷对待，被从皇位上赶了下来，博尼法斯继续道："任何人只要有了这个年轻人，都能进入君士坦丁堡，获得补给和一切所需。"[2]因此，根据罗伯特的记述，信使被派往阿莱克修斯那里，目的是引诱他来，从而让十字军获得十足的借口和理由去进攻君士坦丁堡。

1203年新年，信使们从腓力那里返回，同行的有国王派出的人。

---

[1] 在西方很多作家那里，希腊和罗马尼亚就是同义词。
[2] Robert de Clari, xvii.

从此以后，坚守他们的秘密目标就不可能了。

十字军为达成目的而成立的组织与那些在欧洲盛行的大多数组织一样。[1]以将领和大男爵代替国王，以军队的较低级的男爵和骑士代替勋爵，以整个军队代替平民百姓，这种对等性非常彻底。将领们采取行动，较低级的男爵和骑士组成的议会提出呈交给将领们的提议，最后军队表示支持。将领们在威尼斯接受咨询，同意帮助小阿莱克修斯的提议，换取他对军队的支持。在扎拉成形的提议交给较低级的男爵和骑士组成的议会。

建议被提交给男爵议会

1月2日，德国两名使节到来之后，十字军召开议会，商讨腓力的提议。远征的将领们和来自法国、弗兰德斯、德国以及伦巴第的大男爵，还有随军的主教和修道院院长参加了这次议会，凡多罗和他的委员会可能也参加了，因为他们那时已经加入了十字军。五名主教中，除了一名之外，都支持腓力的计划。四名西多会修道院院长中有两名是偏袒新罗马国王的，他们认为十字军从原来的合法路线改道是一种耻辱，其中沃克斯和塞尔奈（Vaux and Cernay）修道院院长，勇敢地冒着生命危险，宣读了把那些参与攻占扎拉的将士驱逐出教会的信。法国贵族发生了分裂，其中重要的人物鲍德温、路易以及圣保罗的于格深受腓力的影响，伦巴第的贵族们因为博尼法斯也受腓力的影响。忠心于英诺森提出的远征计划的领导者是西蒙·蒙特弗特，虽然他的影响很大，但此人行为放纵、做事草率。德国贵族发生了分裂，那些站在奥托一边的，与腓力发生纷争，他们可能是那些从其他路线去了圣地的朝圣者。那些为了避免被教皇驱逐出教会而离开德国的人，绝

---

[1] *Eclaircissements a Villehardouin*, p.463, par M. DE Wailly. 作者认为这 形式是拷贝威尼斯的。

大多数选择以离开来反对腓力,但他们并不愿激起他的愤怒。那些不在腓力统辖范围的人与比利时和佛朗什·孔泰大区的大男爵一样,意见更为独立。在丹多罗的领导下,威尼斯人进入议会接受了协议。远征新罗马的准备时间比较久,需要雇佣威尼斯的船只,这样会给共和国带来财富,丹多罗知道最大的好处就是让他能够恪守对埃及的承诺:如果十字军对非信仰者开战,那将会是叙利亚,而非埃及。所有的威尼斯人都希望共和国可以惩罚君士坦丁堡,至少可以从帝国得到比其他意大利城邦更大的妥协;最后丹多罗对帝国的报复会皆大欢喜。

确切的建议

腓力的人与丹多罗在总督的宅邸会面,有人此时引荐了信使,他们解释自己从腓力那里过来。维尔阿杜安公开了他们的对话,国王说:"贵族们,我将把你们派到我的妻弟那里。我把他交于上帝的手中,也交于你们手中,因为你们是为了上帝而战,为了正义而战,为了公平而战。如果你们有能力,你们应该恢复他们的继承,这些继承被错误地剥夺了。如果你们愿意,小阿莱克修斯本人会与你们达成最好的协议,给你们最有力的征服圣地的支持。首先,如果上帝让你们恢复小阿莱克修斯的荣耀,他将会把整个罗马尼亚归于罗马。阿莱克修斯知道你们的物资已经枯竭,非常贫穷,他将会给你们两万马克白银以及或多或少的供给,小阿莱克修斯会亲自和你们踏上巴比伦大地,如果你们愿意,他会派一万人到那里,费用由他承担,在那里驻扎一年,只要他还活着就会承担费用。同时在圣地,他会派驻500名骑士作为卫兵。贵族们!我们全力促成这样的条约,这也是你们所希望的。记住从没有这么好的安排,如果谁拒绝,就表明这个人没有征服的愿望。"维尔阿杜安列出了协议条款。还有一些条件与威尼斯人有关,这些记载可能被元帅删掉了。给威尼斯的预付款会重新支付,威尼斯的运送合同又延长了一年,威尼斯共和国会收到十万马克的费用。[1]

信使们带来了腓力的信,命令他手下的德国人支持让小阿莱克修斯复位的提议,这些德国人纪律严明。腓力向法国人和弗兰德斯人许诺:如果小阿莱克修斯来他这里,他会开出一条通向帝国的安全自由的道路。[2]

这次会议一直延期到第二天。贵族之间的意见分歧相当明显。按照维尔阿杜安所说,沃克斯的修道院院长试图解散军队,宣布他和他的朋友们不同意这个提议,不过这位作者也告诉我们他们给出的理由是不会为了那样的提议而离开家乡,他们希望去叙利亚。冈瑟说那些希望十字军成功的人急切地劝阻余下的那些将士,不要接受腓力的提议,他们鼓动说恢复小阿莱克修斯的皇位的行动势必会流血。冈瑟说这个计划既愚蠢也不诚实,说其愚蠢是因为区区一点的外国人不可能夺取城防牢固、人口众多的城市,必定会有更多的屠杀;说其不诚实是因为他们偏离了曾经发誓要坚持的神圣目标。用维尔阿杜安的话来转述威尼斯一派的回应:"光荣的贵族们,你们在叙利亚什么也不能干,你们可以从那些已经离开我们的或者去了别的港口的人身上看到这一情况;记着!要么通过巴比伦,要么通过希腊,才能把本该收复的圣地收复;如果我们拒绝这个提议,我们会永远蒙羞。"人们的情绪

---

[1] *Ernoul, Chron.*, Halberstadt. 罗伯特和其他人提到了船只和一年用的食物。
[2] 原文为 Theothonicis autem, pro eo quod sui juris esse videbantur, hane rem securiosius et imperiosius injungebat; marchionem, eognatum suum, ejus, quae inter eos eral, commonebat propinquitatis; Flandrenses atque Francigenas et Venetos, et aliarum regionum hornines, omni precum molimine sedulus exorabat, certissime promittens, si ille, auxilio ipsorum, sedem suam reciperet, peregrinis omnibus, tam per Theothoniam quam per totam Graeciam, tutam ac liberam in perpetuum patere viam. Accedebat etiam ad hoc quod idem juvenis certissime pollicebatur, si viribus eorum restitutus foret, eis in commune argenti trecenta marcarum millia se daturum. Gunther, c.viii. *Exuvioe Sacroe*。

高涨。西多会也发生分裂。修道院院长路斯和其他人表明，愿意接受条约，维持军队的团结，这样，远征就会如期实现目标。

接受建议

修道院院长沃克斯的回应这是错误的。无论他们是否成功，至少应该做正确的事情。博尼法斯和鲍德温以及其他人宣称他们为拒绝这个提议而感到羞耻。他们的影响压倒反对派。最终，条约按以上提及的条件被接受。[1]

上面提到的两位领导人与圣保罗伯爵一起发誓遵守条约，尽力说服法国贵族也接受条约。但只有八个人同意签署条约。在所有领导人中，条约只获得了16位的同意。[2]

条约签订后，腓力的信使在两名十字军战士的相伴下离开了扎拉，他们要带小阿莱克修斯回军营。这样的安排是在复活节之后的两周，也就是说不迟于4月20日，小阿莱克修斯会加入十字军的队伍。

这个消息没有对十字军隐瞒，这增加了十字军的不满情绪，但是只有贵族对条约有全面的了解。在威尼斯，由将领们批准的条约现在得到了男爵和骑士议会的同意，这又取得一大进步。虽然军队的同意与否也很重要，但是这一切没有呈交军队。但是有部分消息泄露，导致很多人离开军队，同时引起强烈不满。《毁灭》的作者说，很多人聚集在一起谋划，发誓不会进入帝国。[3]最重要的反对者是西蒙·蒙特弗特。他及其追随者决定不再跟随博尼法斯，当军队离开扎拉，他们去了匈牙利，在那里受到国王很好的招待。[4]

---

[1] Villehardouin, ch.xix.and xx.
[2] Ib. 99.
[3] Devast., p.88.
[4] Gunther, p.13.

英诺森三世的态度

十字军的将领们总是担心与英诺森签订的和平条约。他们被威尼斯人说服去进攻一支基督军队，他们打破了自己的誓言，遭受了驱逐出教会的严厉惩罚。军队中反对进攻扎拉的强硬派以他们自己的方式向教皇阐明事实，匈牙利国王也宣布要收复自己的领土，并要求对造成的伤害进行赔偿，惩罚入侵者。因此，12月的最后几天里，远征的首领们派苏瓦松的尼维隆（Nivelon）、努瓦永的约翰去罗马，把他们的情况带到圣城，请求免罪。这些人被容许代表十字军而不是威尼斯人讲话，随同他们的还有德国的修道院院长马丁，马丁的目的就是得到教皇的容许返回德国。

英诺森已经做好防备，准备迎接对远征军如潮水般的指控。教皇完全了解威尼斯的情况，他也开始怀疑丹多罗。11月博尼法斯递交给教皇的建议中，警告说军队的将领们故意让威尼斯人占便宜，以此来换取对腓力帮助小阿莱克修斯的设想的支持。教皇想在那些计划的执行过程中设置困难，他提出了西方王子间的停战协定，通过停战协定，如果奥托能赢得时间，他就能形成一个强大的联盟，以对抗腓力。因此，2月初，当尼维隆和约翰到达罗马时，教皇乐意听取他们的信息。在他们到来之前，教皇送给在扎拉附近的彼得·卡普阿诺一道驱逐令，反对威尼斯人，同时附了一封给军队的信。教皇说："撒旦已经让你们舍身，把长矛对准基督教徒，你们把自己朝圣的第一份果实献给了魔鬼，你们没有向耶路撒冷或者埃及前进，如果你们对身上的十字架还抱有忠诚、对匈牙利国王及其兄弟还有尊重，忠诚于信徒的权威，明白他们的命令，你们就该阻止自己做那些恶事，如果你们能停止破坏，把掠夺的东西还给匈牙利的使团，我们会因你们而自豪，如果不这么做，你们将会遭受驱逐出教会的惩罚，剥夺所有十字军曾许诺给你们的好处。"这封信进一步要求十字军写下誓言,并签字,宣布他们不会进攻基督教国家。给十字军的赦免是有条件的,特别是他们承诺不会以联合教会的名义或者是惩罚阿莱克修斯三世犯下的罪过的名义去进攻希腊。

向英诺森报告

当信使们从十字军那里来见英诺森时,他们尽力为十字军的行为找借口,但是他们面对的是一位比他们有智慧的人,而且很可能他就是幕后的人。陪同尼维隆和彼得的骑士拒绝解释大多数人希望知道的事情,维尔阿杜安说他们干了背信弃义的事,其他人则说十字军在当时情景下做了他们能做的,为他们向教皇找借口,他们怪罪那些没有来威尼斯的人,导致他们不得不祈求威尼斯共和国的怜悯,他们宣称帮助威尼斯人进攻扎拉是唯一让军队联合在一起的方法,那样做也与教皇的希望保持一致。[1] 英诺森对十字军的行为非常气愤。

号召军队

信使们到达之后,拜访了很多人,他们对教皇抱有很大的顾虑。据我们所知,在帮助小阿莱克修斯复位的协议签订之前,信使们就已经离开了扎拉,但是他们可能意识到正在考虑召开一次会议。免罪条款说明教皇要么听说了有关帮助小阿莱克修斯的条约,要么认为这个条约很有可能已经签订了。不久,教皇又给贵族送去了一封信,这对大部分士兵产生了影响,教皇间接地号召普通士兵反对将领。士兵们不会被任何借口所左右。英诺森知道士兵们不清楚将领们的秘密,至少他们在腓力的计划中也得不到多少好处,他们对政治阴谋一点也不在乎。因此,教皇的赦免条件就是士兵们不再去进攻基督教国家,正

---

[1] Epist. vi.100. 原文为:Reminiscens de consilio vestro multa dissimulanda fore loco et tempore si Veneti ad dssolutionem stolii aspirarent。

如我们看到的那样,这会取得极大的成功。如果十字军不进攻希腊人,就批准赦免。教皇在给这些将领们写信的时候,没有通常的问候。如果教皇重视、期望的远征能取得成功,他一定会给他们赦免。但是即使这样做,他也必须对他们进行谴责,他承认代表们提出的迫不得已的借口,但是赔偿是必须的,这只能通过归还所有的掠夺品来实现。教皇宣布主教宣布的赦免是无效的。红衣主教彼得被任命去接受他们忠于教皇命令的誓言,英诺森再次宣布只有宣誓并遵守誓言,绝罚令才会被终止。所有犯了错的人必须表示除非他们遭到了抵抗,否则不会再侵略一个基督教国家,他们必须请求匈牙利国王对他们犯下的过错予以原谅。

教皇做出的唯一让步就是在需要的时候,军队可以从希腊皇帝的土地上得到补给,但前提是必须得到阿莱克修斯的许可。[1]

3月末,苏瓦松主教尼维隆离开了罗马,他是有条件性的救赎的接受者。

同时,博尼法斯和将领们急切地想向教皇解释他们为什么对军队隐瞒他谴责他们行为的训谕。去罗马请求免罪的信使不久就回来了,他们毫无疑问已经知道了教皇所写的一切,因此不可能再对军队隐瞒

---

[1] *Epist.* vi.101. 原文为 Nullus itaque vestrum sibi temere blandiatur, quod terram Graecorum occupare sibi liceat vel praedari, tanquam minus sit apostolicae sedi subjects, et quod…; mperator Constantinopolitanus, deposito fratre suo, et etiam excaecato, imperium usurpavit. Sane, quantumcunque in hoc vel aliis idem imperator et hominess ejus jurisdictioni commissim, delinquent, non est tamen vestrum de ipsorum judicare delictis, nec ad hoc cruces signaculum assumpsistis, ut hanc vindicaretis injuriam, sed opprobrium potius crucifixi cujus vos obsequio specialiter deputastis. Monemus igitur nobilitatem vestram… quatenus nec decipiatis vo ipsos, nec ab aliis decipi permittatis, ut, sub specie pietatis agates illa, quod absit! Quae redundant in vestrarum perniciem animarum… In Terrae Sanciae transeatis subsidium, et cruces injuriam vindicetis, accpturi de hostium spoliis quae vos, si moram feceretis in partibus Romaniae, oporteret forsitan a fratribus extorquere。

教皇的决定，也不可能再隐瞒没有公布教皇前一封信的事实。贵族们肯定争论过：公布教皇的信件一定会大大加深不满，而且每天都有抛弃十字军的、公开表示要破坏远征的人，朝圣者与威尼斯人之间充满怨恨，再加上教皇严肃的谴责，这一定会终止远征事业。在与博尼法斯和其他派往罗马的领导人的交流过程中，十字军的将领们找借口说他们所做的一切都是为了实现十字军的合法目标，他们的目的就是将来服从教皇的命令。

英诺森的决定

当这次交流传到罗马的时候，教皇就知道了这个计划的特别之处：让十字军进攻新罗马。教皇知道小阿莱克修斯已经被送过去了，自己的驱逐禁令也受到干涉。虽然没有教皇要求的签字，但他还是接受了这模糊的诺言。此刻，教皇糊涂了。[1]

教皇和他的委员会看到十字军处于衰落的危险。[2]

但是，教皇的犹豫是短暂的。他宣布十字军没有权利干涉君士坦丁堡的内部事务。[3]他再次告诫十字军，不要以受引诱为借口去进攻东罗马。[4]军队的信使们带着英诺森的信件回来了，信中命令十字军发誓服从教皇，并且再次警告：如果他们拒绝，他们曾进攻扎拉犯下的罪过将不会得到赦免。在教皇要求的誓言中，有一条特别的规定，即他们不能进攻希腊。红衣主教卡普阿诺被剥夺了教皇的随军代表身份。教皇给军队的信件到了约翰·菲斯特（John Faicete）与约

---

[1] 原文为 Coepit vehementissime dubitare quid in tanto negotio esset agendum. *Gesta Immo*. 93。

[2] 原文为 Dominus papa cum omini clero suo, nunciisuque nostris, aliisque quamplurimis, vhementer expavit, metuens ne maligni hostis invidia, hac occasione, vel totius nostril exercitus machinaretur interitum, vel saltem cruces negotium impediret. Gunther, viii。

[3] 原文为 Vos nullam in Graecos jurisdictionem habentes. Epist. viii。

[4] 原文为 Cessantibus potius occasionibus frivolis et necessitatibus simulates. Epist.vi。

翰・德・弗瑞赛（John de Friaise）手中。在他们手中，教皇正式将威尼斯人逐出教会的命令应该立即公布。菲斯特说服一些将领写下他们的承诺，效忠罗马，但是博尼法斯的影响足以阻止这样的承诺，在4月期间，有些诺言呈送给教皇，但却是不完整的。

英诺森仍旧乐观地认为十字军不久就会去埃及。虽然他有大量的证据显示阻止十字军完成其目标的影响因素正在发挥作用，但他不知道这种影响有多大。虽然教皇非常不信任威尼斯，也不会给威尼斯人赦免，但是他绝不会相信威尼斯会变成基督教世界的叛国者。教皇看到军队极其小心地聚集起来，他知道他们精心制订的计划被呈交给自己并得到了批准，他知道没有理由抛弃这个计划。现在，我们该来看一下为了改变远征的路线，十字军将领们所采取的最后一步方法。

第十二章
从扎拉到科夫岛

1203年4月初,教皇的信使到达扎拉。信的内容有两部分:确定教皇保证的赦免;命令十字军不能进攻希腊,除非希腊人拒绝出售补给品。[1]

信件的第一部分透漏给了军队。但没有证据表明军队也知道了第二部分内容,也没有证明说他们不知道。根据安排,小阿莱克修斯应该在4月20日加入军队,但他可以在任何一天到达,这样就不可能对大批军人隐藏1月份达成的安排。因此,小阿莱克修斯的到来可能非常不合时机,因为此时军队的不满情绪非常严重,西蒙和其他人离开军队,有很多不愿意打破他们誓言的也跟着他们离开。如果教皇的不进攻希腊的命令不为人所知的话,现在也可能已经公开了。军队和威尼斯人之间的敌意仍然存在,因为在西蒙等人离开后,立即爆发了骚乱。大家都害怕无所作为,希望能够与共同的敌人做斗争。如果小阿莱克修斯到了,军队就会知道将领们想改变原先的路线。因此,在小

---

[1] 原文为 Quodsi forsan ea vobis contingeret denegari ... possitis et vos cum timore Domini sub satisfaciendi proposito, ad necessitatem tantum, ea sine personarum accipere laesione. *Epist.* vi.102;另见 Permittebat etiam eis ut, de maritimis locis Romaniae, quam allait id mare, cibos inemptos, id est, absque pretio, moderate tollerent, qui eis ad anmum et dimidium possent sufficere, Gunther, No. 8.; Ne autem victualia vobis desint, charissimo in Christo filio nostro, Imperatori Constantinopolitano scribimus, ut ... victualia vobis faciat exhiberi, *Epist.* vi. 102。

阿莱克修斯到达之前，尽力让十字军向前走一步。

摧毁扎拉

4月7日，军队离开了扎拉，准备上路。威尼斯人摧毁扎拉的城墙、塔楼和宫殿，把该城夷为平地。[1]

向科夫进军

4月20日军队和使节踏上了从扎拉去科夫的航程。丹多罗和博尼法斯紧随其后，因为他们要等小阿莱克修斯的到来。有两艘驳船供他们使用。小阿莱克修斯在4月25日到达，比预期晚了5天。两位将领抓紧时机踏上远征道路，中途他们在都拉斯停留，在那里为小阿莱克修斯举行了一场聚会。当地居民让出该城，发誓效忠阿莱克修斯。5月4日，他们到达科夫岛，发现十字军已经在城外安营扎寨。他们抓住一切时机给十字军留下这样的印象，即随行的是合法的皇位继承人，他们尽可能对阿莱克修斯表现出尊重与崇拜。小阿莱克修斯的帐篷搭在军营的中间，靠近博尼法斯，从此开始，博尼法斯就扮演起了保护者和侍卫的角色。

小阿莱克修斯的到来使得一切隐藏的企图都不起作用，现在该是时候把改变计划递交给教皇，等候他的批准了。对于众人来说，将领们很明显要把这位年轻人推上新罗马的皇位，然后再征伐埃及。当一切实现之后，军队还可能实现既定使命，这种假设仍然存在。大多数批准了这一提议的人，以及一些领导人自己也相信这一过程是可能的，但让人肯定的是他们必须先去君士坦丁堡。贵族们和丹多罗集合

---

[1] Anon. Halberstadt p.14. Exuviae I. *Devastatio*, p.88.

起来，小阿莱克修斯在他们面前庄严地签订了《扎拉条约》，他许诺给他们20万马克，并承担一年的海军费用，而且会尽可能地跟着朝圣的队伍，保证在其有生之年派驻一万人在圣地，同时提供一年的物资需求。[1]

将条约呈交给军队

曾经秘密的条约现在呈交给军队，大批十字军战士立即爆发了不满情绪。当然，有很多人愿意去探险，愿意去掠夺，也有很多人根本不在乎这是发生在叙利亚还是在这个世界上某座富有的都城中。但是，大多数十字军离开家的时候并没有这样的目标，当他们发现被将领和威尼斯人骗了，他们感到非常愤怒，因为他们是应英诺森的号召而加入十字军的，据他们所知，教皇认为到了进攻伊斯兰的时机，教皇把他的能量全投入一生中最宏伟的计划了。英诺森的影响反映在他对抗士瓦本的腓力，而支持奥托上。但是，从博尼法斯当选为军队领袖来看，战士们怀疑他们被引诱去反对教皇的计划，支持腓力在西欧反抗教皇的事业，十字军战士们想起来当博尼法斯接受任命之后，他就访问了被驱逐出教、成为英诺森世敌的腓力。在军队里有很多腓力的敌人，奥托一派的人，他们看到博尼法斯随后的行为是向着腓力，而这些行为是教皇谴责的。另有些人是更为聪明的，正如我们所见，很多人在马赛坐船，而不是相信威尼斯人和博尼法斯的建议，有些德国朝圣者拒绝离家，或者返回家，因为他们预见从阿莱克修斯出现在伦巴第、博尼法斯当上军队首领时，腓力与教皇之间的对立就是必然的，他们想起军队的遭遇：在利多他们被引诱同意为威尼斯人而战，并且

---

[1] Robert de Clari, xxxii.

不断有谣言传来，说要远征东罗马，而且这种谣言越来越多，摧毁扎拉是为了将领们和腓力的利益。没人告诉他们教皇的责难，而且教皇的赦免也是严格的、有条件的，禁止他们重复犯罪。西蒙和其他军队将领持反对意见，并决定另外取道向圣地进发，因为他们确信博尼法斯和丹多罗并不会执行英诺森批准的伟大计划，而且所有他们收集到的信息都表明他们彻底被骗了，这增加了他们的不满，当一切伪装被撕掉，现在就该结束。众所周知，尽管教皇表明了他的命令，但是威尼斯与十字军之间的条约早已达成，从进攻埃及或叙利亚变为进攻君士坦丁堡。

反 抗

在阿莱克修斯和博尼法斯、丹多罗到达科夫很短的时间内，他们举行了很多次会议，可能经过了很多讨论，最终达成了协议。威尼斯总督坚持要求小阿莱克修斯许诺援助，指出他们有正当理由去君士坦丁堡，因为他们现在有合法的继承人。但是，反对派的将领们仍然坚持最开始的观点，他们说："哼！我们在君士坦丁堡做什么？我们得朝圣，要去巴比伦或者亚历山大，我们的交通协定只有一年，现在半年都过去了。"[1]他们明白自己的职责，离开家不是为了掠夺，而是为了朝圣；为了朝圣，他们才会去。腓力一派的回应说："如果我们没有补给，或者没有办法获得补给，我们在巴比伦和亚历山大能做什么？因此我们应该为自己的行程获得更好的解决办法，这比去了那儿挨饿更好。试问主教们去君士坦丁堡是罪恶的么？如果他们站在侯爵的立场上，他们的答复是否定的，因为他们有合法的继承人，他们可以帮

---

[1] Robert de Clari, xxxiii.

助他征服自己的敌人,报复他们。"[1]在科夫,双方还没有提到教会联合,只是在希望能够赢得教皇时,才能提出这种假设。

但是,不满的人们联合在一起,决定离开军队,他们与不来梅的戈蒂埃(Gautier)伯爵会合。之后,戈蒂埃占领了布林迪西(Brindisi)。维尔阿杜安提到12位加入这支队伍的将领的姓名,他相信还有很多其他人秘密地加入了这些人,他们带走了约一半的军队。[2]不满的情绪让这些人形成一派,让他们与兄弟分裂,在距离军队不远的一个山谷安营扎寨。他们叫喊着:"去阿卡!",[3]这表明他们承认虽然带的兵力已经减少,但去叙利亚比去埃及更安全。

危险是巨大的。种种表象说明远征有可能失败。蒙特弗特侯爵和其委员会的贵族麻烦缠身。侯爵说:如若这些人离开我们,再加上处于各种原因已经离开的,我们的军队要完了,我们什么都征服不了;让我们到这些要离开的人跟前,跪在他们脚下,乞求他们的垂怜;看在上帝的分上,他们会怜悯我们,他们是不会让自己蒙羞的,他们不会阻止我们解放外省。[4]

将领们接受了侯爵的意见,他们全体来到山谷。那些不满的人们正在那里举行会议。将领们带着小阿莱克修斯和主教、修道院院长一起赶到那里,当他们到达的时候,反对他们的贵族们骑着马,看到他们没有带侍从,贵族们就从马上下来,上前迎接他们。前来的将领们跪倒在地,号啕大哭,宣称只有反对派承诺不离开军队,他们才会起来。

---

[1] Robert de Clari, xxxiii, xxxix.
[2] Villehardouin, xxiv.
[3] 原文为 Inter nos fuit magna dissensio et ingens tumultus: omnes enim clamabant Ire Accaron. *Epist. H.S. Paul*, Tafel and Thomas, i.304。
[4] Villehardouin.

根据香槟元帅夸张的描述，那是一个伟大的场景，丹多罗、博尼法斯以及带来的所有人都哭了。如果维尔阿杜安值得相信的话，当时是从未有过真正的流泪场景，丹多罗和将领们的眼泪是鳄鱼的眼泪。反对派将领们心怀怜悯，当他们看到他们的大贵族、亲属以及朋友跪在自己脚下，他们也痛苦起来。他们退让了，和来的人协商，不久达成了妥协，又返回原军营。他们同意与军队一直待到米迦勒节，条件是将领们对着圣物发誓，在节后两周提供一艘船，忠于约定，去叙利亚。

　　将领们接受提议，发誓遵守规定。显然，不久之后全军同意了扎拉条约。"提耶尔的威廉的续作"的作者们宣称，除了在科夫小阿莱克修斯接受的条款之外，还有一些秘密的条款，这些条款规定博尼法斯和鲍德温每人会收到十万马克，而其他主要贵族将领所获的数额相对小些。[1] 换句话说，这些人收受贿赂支持小阿莱克修斯。从此后，那些主要的反对者成为支持小阿莱克修斯的中坚力量。[2] 这样一支朝圣队伍的将领们现在把十字军的行动变成了一次掠夺远征，不久它的历史使命就是掠夺中世纪最富有和最高贵的城市。

　　《扎拉条约》获批，将领们抓紧时间准备出发。邪恶的行径发展得越快越好。

---

[1] Ernoul, p.361. 这一声明得到证实，因为在1204年，根据协定，博尼法斯把克里特岛让给威尼斯人，同时他得到了阿莱克修斯许诺的十万马克。
[2] Villehardouin, 284.

第十三章
从科夫到君士坦丁堡

远征部队于5月23日（圣神降临节前）离开科夫。维尔阿杜安再次狂喜地看到船队的宏伟景象。他说："看起来这船舰要征服全世界。"从岸边到海上地平线都布满了船，大家都满心欢喜地加入船队。船队行至内格罗蓬特（Negroponte）和安德罗斯（Andros），在安德罗斯，将领们与小阿莱克修斯登陆，接受当地居民的臣服。蒙特弗特侯爵到处介绍小阿莱克修斯，尽力要把这次行程做成一次皇帝出行。船队到了达达尼尔海峡，将领们在这儿等了一个星期，驳船和其他交通工具才出现。因为储备已经用尽，他们趁机洗劫了邻近地区、抢夺财富。

远征军到达君士坦丁堡

他们再次踏上航程，6月23日，他们停在圣斯特凡诺（San Stefano），这里距君士坦丁堡西南约12英里，处于马莫拉地区。在这里能看到新罗马的城墙和塔楼，以及拱顶和教堂。从圣斯特凡诺望去，还看不到帝国都城的最美景色，但是即使这样，那画面留给军队的印象依然深刻。十字军对他们面前的景色感到震惊。维尔阿杜安说，他们无法想象，在这个世界上还有这么华丽的城市，而且在他们面前城墙、塔楼一个比一个高，环绕着都城。如果不是亲眼所见，没人会相信那里会有如此多华丽的宫殿和高耸的教堂，他们也不会认为这个城市是诸多历史悠久、宏伟的城市中的翘楚。"可以肯定的是没有哪个人不会为之颤抖，因为还从未有过这么少的人去从事这么伟大的事业。"

威尼斯的领袖和将领们在圣斯特凡诺登陆，然后在教堂召开了会议。丹多罗提议在进攻之前，船队应该行驶至王子岛，应该从邻近海域夺取补给。丹多罗的建议得到赞同，将领们再次踏上行程。但是，早上刮起了南风，去往王子岛充满了危险，不过却容易地让他们的船队从都城下面进入博斯普鲁斯海峡。城墙邻水，当船队经过时，都城的居民蜂拥而望。船在卡西尔登停靠。[1] 军队登陆，在亚洲海岸君士坦丁堡城边安营扎寨。都城就在战士们的眼前，仅有几里之遥。周边地区的粮食刚刚收获，就被这些急需粮食的十字军战士抢走了。将领们占据了属于国王的宫殿。第三天，船队又向博斯普利斯前进了一英里，到达斯库台，停靠在那里。

十字军等了九天，获得补给，然后部署进攻。在这期间，他们与一小队帝国军队发生了摩擦，帝国的军队被彻底击溃，十字军获得大量的战利品。

同时，帝国皇帝对威尼斯船队和法兰克军队的到来万分警惕。

皇帝的使臣

第十天，皇帝派了一位名叫尼古拉斯·鲁克斯（Nicholas Roux）的信使穿过博斯普鲁斯海峡，给将领们带来一封信。这位信使是伦巴第人。贵族们召开了会议，这位信使声称，皇帝派他来，想知道为什么他们闯入帝国的领土。"你们是基督徒，他也是基督徒。他非常了解

---

[1] 通常也叫斯库台（Scutarai）。事实上是一个位于斯库台和卡第库伊（Kadikeui）之间的村子，叫海德帕莎（Hyder Pasha）。根据内阁司法委员会（Judicial Committee of the Privy Council）的说法，它是一个值得尊敬的突厥绅士的名字。

你们是去解放圣地的；如果你们贫穷，急需吃穿，皇帝愿意给你们补给，以及他所拥有的东西，但是你们必须离开这片土地。他不希望让你们受伤害，虽然他可以那么做。"这一表述说明皇帝对远征军的目的一无所知。也可以推测出皇帝所了解的情况是十分模糊的。正式地讲，帝国的皇帝什么也不知道。当远征军队在科夫登陆时，他们确定目标，这时也可能有间谍或者其他人快速向君士坦丁堡汇报，也仅仅是可能而已。但是，在军队到达科夫岛之前，对于皇帝来说绝对没有一丝怀疑。

十字军一方的答复

卡农·德·贝蒂纳（Canon de Bethune）代表十字军答复皇帝的信使，他否认十字军进入了帝国的领土，因为目前在位的皇帝是非法的，这片领土属于皇帝的侄子，这位侄子与他们在一起，他就是伊萨克的儿子。信使带回消息说如果皇帝愿意把皇冠、皇位让给他的侄子，十字军就让小阿莱克修斯原谅他，给他足够的金钱过奢华的生活。如果没有带着条件性的答复返回的话，信使根本不敢回来。帝国的将领们似乎认为在城市里有一支强大的势力站在小阿莱克修斯那边，腓力和小阿莱克修斯尽最大努力说服将领们相信这种说法。帝国的贵族们决定给这一派表现他们自己的机会，皇帝的侄子被带到君士坦丁堡的人民面前，驳船全副武装，站满了人。

小阿莱克修斯与市民见面

丹多罗、蒙特弗特侯爵、小阿莱克修斯站到甲板上，同时还有贵族和骑士们。无论是过去还是现在，君士坦丁堡的三分之二的城墙都在邻海，马莫拉和金角湾平静的水域包围着十英尺高的城墙，深度足以容得下比威尼斯大型驳船更大的船只。城墙上挤满了看客。船走近了，停了下来。与阿莱克修斯在同一艘船上的人宣布："这是你们的合法君主；我们不会伤害你们的，如果你们做你们该做的，我们就会保护你们，统治你们的皇帝违反了上帝和法律，你们知道现在的皇帝对上帝、对他的兄弟有多么不敬，你们知道皇帝是如何挖出他的眼睛、如何篡位的么？这才是真正的继承者。如果你们不承认他，我们会做最坏打算，来对抗你们。"

这样的说辞引来哄笑。城墙上的人们嘲笑道："我们不认识他，他是谁呢？！"[1]

准备进攻

十字军返回斯库台。第二天，他们召开会议，讨论采取什么方法进攻都城。大家达成共识：应该把军队分成七部分，任命鲍德温为先锋，率领大批弓箭手进攻；侯爵和伦巴第人、托斯卡人、德国人以及来自塞尼山区与里昂之间地区的人们守在后方。

现在的形势严峻起来，再也没有明显的纷争存在。大家的道德心冷静下来了，也克服了顾虑，因为丰厚的战利品吸引了他们。十字军中留下的人们都将履行条约的规定，而且都会收到报酬。但是面对眼前的困难，他们坚定的心又畏缩了。在某位科特斯（Cortez）或皮泽洛（Pizarro）之类的人的领导下，西班牙船队的任务是有希望成功的，对于以掠夺为誉的领导者们，在他们面前还没有哪个人在摧毁方面做得如此彻底。主教和神职人员劝诫士兵们忏悔，实现他们的愿望，为军队举行庄严的宗教仪式以让圣徒保护他们。军队开始登船。骑士与

---

[1] Robert de Clari, xi.

他们的将领登上运输船。这些船舷非常大,但可以轻松放下,可以让骑士骑着坐骑通过。其余人乘大船随后。驳船上也坐满了人,战士们整装待发,其他船也做好进攻准备。小阿莱克修斯身旁有大量士兵,大家都对他十分尊敬。天一亮,大家都各就其位,号角吹响,进攻开始。十字军的远征开始了它的最后一步——进攻君士坦丁堡。骑士们戴好头盔,铠甲在身,战马列队,准备开战。

军队穿过博斯普鲁斯海峡

驳船紧跟着战船,战船上骑士待发。弓箭手首先发起登陆行动。[1]任何其他优先权利都可以施行,能顶得住的船先上。都城离斯库台只有一英里,眨眼就到。虽然海水及腰,骑士们身负铠甲,跳过甲板,手拿武器,准备冲向对岸。他们登陆的地方可能是特法纳(Tophana),或者是位于特法纳与金角湾之间的地方。皇帝的军队看到船队逼近掉头逃跑,十字军登陆没有受到任何干扰。

金角湾是君士坦丁堡的海港,其入口由一条链子围住,把君士坦丁堡和加拉塔连起来,在加拉塔那端是一个西方作家们所说的加拉塔城堡塔楼。加拉塔城堡的山坡是君士坦丁堡犹太人区,附近也有热那亚人和其他意大利人居住区,这是一个富裕区。十字军在犹太人区周围驻军,准备进攻。船驶进港口,对于保护远征来说非常必要。威尼斯人提出应该第二天夺取铁链另一端的加拉塔塔楼。[2]

占领加拉塔

战争委员会同意这一提议,决定立即行动。财富的驱使帮助他们

---

[1] Robert de Clari, xii.
[2] 不要和现代的加拉塔塔楼混淆,现在的塔楼是建于距当时 200 年之后。

在第二天就取得了成功。清早在塔楼的普通护卫队对入侵者发动了愚蠢的进攻。有一支部队跨过港口前来支持护卫队，因此出现了相应的防守空虚，希腊人在数量上要比敌人少，他们被十字军彻底打败。很多人被杀，还有的被扔到水里溺亡，剩下的逃跑了，虽然他们本不该逃掉，想努力再次保护城堡，但是敌人追得如此紧，他们连门都来不及关。双方进行了激烈的战斗，骑士在势力上战胜了，城堡被夺。在进攻塔楼期间，威尼斯的船切断了连接塔楼和君士坦丁堡的铁链，控制住铁链，夺取了塔楼。

船队非常惊讶

铁链被掐断，十字军的船队很快进入金角湾，攻击帝国的驳船，俘虏了一些，也击沉了一些。[1] 十字军在海陆两路出乎意料都取得了胜利，这让人特别惊讶。因为城墙的最弱的部分在海港里面，对着金角湾，所以不能把这作为基本目标。希腊人在那时还没有意识到他们的损失多大，但是威尼斯人和十字军之间的欢喜表明他们对这件事多么重视。[2] 读者还会记得1453年的港口防卫多么强大，当时都城被链子和工事保护着，穆罕默德苦于打破困境，不得不把船通过塔法纳和卡西姆帕夏（Cassim Pacha）之间的陆路运过来，占领港口。但是，那时加拉塔还是一座有城墙的城池，突厥人的船比威尼斯的小得多。

威尼斯人和十字军有理由认为在他们获得优势之后，应该立即发动一次总攻。在皇帝可能组织抵抗之前，他们还不想进行会谈，想发动一次大胆突袭。在加拉塔待了四天，军队运输物资，准备战争，决定进攻计划。

---

[1] Robert de Clari, xiii.
[2] Nicetas, p.719.

陆海进攻

威尼斯人自然钟情于从海上进攻，让他们的船靠近北城墙，在船上搭梯子进攻都城。从后来的事件来看，这个计划执行起来是一次壮举。十字军则喜欢陆路作战。最终，威尼斯人从海路进攻，十字军从陆地城墙进攻。十字军绕过金角湾，穿过被希腊人摧毁的石桥，他们经过日夜奋战把断桥修好，在第五天的时候，十字军占领港口和布拉海奈尔宫。布拉海奈尔宫位于城墙的西北处，面对着金角湾，它的另一面对着陆地。[1] 在这里，海陆军队可以对连续防守的敌军进行同时打击。宫殿位于拐角，有很多防御工事，虽然它没有护城河，但城防依然坚固。十字军军队占据了戈洛利莫纳（Gyrolemna）。地势虽然不适宜安营扎寨，但却能让他们好好见识一下都城的富有和强大。十字军可以在后面山上观赏即将进攻的都城美景。在七月的阳光下，景色逐渐延伸，直到金角湾的蓝色水域。眼前就是曼努埃尔时期修建的防守布拉海奈尔宫的新城墙。[2] 在这些城墙的后面，耸立着皇帝们的宫殿，这个王宫不是布克里昂王宫，十字军称之为狮之口，这里成为皇帝们最喜欢的居住地。教堂、法院、柱廊、塔楼鳞次栉比，到处都是，直到最后一座山，那里是神圣和平大教堂，与其比邻的是神圣智慧大教堂。

君士坦丁堡城防坚固，这可以从内城墙看出来。宽阔的护城河，除了接近金角湾那段，由于长长的大坝，其余护城河里的水满满的，护城河后的城墙经常受到河床水的冲刷。即使通过这些屏障，还会有第二道、第三道城墙，而且一道比一道高。塔楼之间的距离很短。城

---

[1] Nicetas，p.729.

[2] Nicetas，p.311.

墙上的这些塔楼便于在此的防守者即使用最简单的武器也能打击敌人。在那个时代，常用石头来射杀敌人，但帝国已经应用机械科学在三层城墙上作战，这些防御都是经过考验的。在君士坦丁堡的历史上，一次又一次证明这个塔要比入侵者强大，更不要说那些重要的围攻事件，对于现在在城下的这些人，他们一定知道大批阿拉伯入侵者曾经势如破竹但却被挡在这里，那些阿拉伯人占据的地点就是博尼法斯和鲍德温现在占领的地方。这是世界上最有意思的地方。在五十年里遭到两批阿拉伯人的入侵，但在这座城市面前，他们消耗了力量，最后都被罗马人彻底打败，就如当年穿过比利牛斯山的摩尔人遭到查理·马特的重击一样，这个地方注定要被西方欧洲人摧毁。

250 年之后，这里见证了对这座城市的更大胜利，这次胜利使巴尔干半岛以及一半的野蛮民族深受重创。穆罕默德（奥斯曼家族二世）的军队在相同的地点安营扎寨，准备在布拉海奈尔宫墙外发起进攻，在这个历史悠久的地点有一座清真寺，据说就是进攻君士坦丁堡的这位阿拉伯首领的埋葬地，与其他该城内的清真寺相比，这座被认为更具有神圣性，非伊斯兰的信仰者禁止入内。在寺里面保存有先知的圣旗，同时还珍藏有奥斯曼的宝剑，如果没有佩带这把宝剑，则不能成为苏丹。

十字军一占领戈洛利莫纳，君士坦丁堡的希腊人就开始骚扰他们。但是，希腊人的力量很虚弱。皇帝的女婿塞奥多利·拉斯卡里斯（Theodore Lascaris）负责城池的几个出口。[1] 十字军用木栅围住营地，只等准备工作就绪。同时，威尼斯人把船停好，配合十字军的行动。

7 月 17 日，一切就绪。博尼法斯率三支部队保卫营地，其余的四

---

[1] 在布莱彻宫，出口设在宫门上，因此这可能与1453年落入突厥人手中的山口是同一个。

支部队，在鲍德温的带领下发起进攻。皇宫的外城墙，不是临海的一部分由比萨人看守，但大部分是由瓦洛人看守[1]。十字军们把两架云梯架到城墙上，开始进攻。

第一次进攻

这场进攻持久猛烈。有15位勇敢的佛兰德斯人试图爬到墙上，夺取优势，在那儿他们并肩战斗，与他们持丹麦盾的同族人开战。城墙上的斗争非常激烈。瓦洛人逐渐守住阵地，击退勇猛的入侵者，并抓获两人。十字军没有在城墙上夺得据点，第一次陆地进攻失败。

在海路方面，威尼斯人取得了成功。勇敢的丹多罗，虽然年迈失明，但在高高飘扬的圣马可旗帜的衬托下亲自指挥作战。丹多罗从不忽视经验教训，每艘船都经过精心包装，上面用兽皮覆盖，这可以抵挡著名的希腊火器。云梯数量较多，这些云梯可以从桅顶横杆直达城墙。船队形成了一个个区域，覆盖着帆布和兽皮，挡住了敌人的飞箭，保护了战士们。这些特别船组成的区域很宽阔，三名骑士可以并肩前进。[2]

船队成弓形分三路向城墙行进。当他们到达海岸的时候，下达进攻命令。从城中塔楼上，帝国的士兵们用投石机扔下了阵阵巨石，尽管这样，船队依然英勇靠岸。船头一着陆，船尾的锚就扔了出来。每条战船都有一个投石机。罗马人扔下来的大量石块，又被威尼斯人还了回去，而且射得更准。在进攻中，威尼斯人成功用破城锤摧毁了宫殿。[3] 大量箭从弓形的船队中射出。从船头出来的云梯与城墙的距离

---

[1] 西方历史学家把他们称作英格兰、丹麦人。
[2] Robert de Clari, xii-iii.
[3] Nicetas, p.721.

相当近，对峙双方可以兵刃相见。激烈的徒手战连续进行了好几个小时。开始的时候驳船不敢靠近陆地，但一直紧随其后。丹多罗决定大胆尝试，命人把他送上岸，那里只有几尺见方，位于城墙和水域之间。当他的手下迟疑不从时，他则以死相逼。这位老人与随从跳上岸。当在驳船上的士兵们看到圣马可旌旗，飘在岸上这位无畏的领袖的头顶的时候，他们都冲上岸保护他。这种热情感染了整支船舰。无数士兵从船只上跳到水里，开始登陆。威尼斯人得令向距离近的城墙发起进攻，用砸墙锤打塔楼，一群弓箭手掩护着锤手们。在震耳欲聋的砸墙声中，成百上千的士兵在云梯上进行征战，想夺取城墙要地。此时，圣马可旌旗在一座塔楼上飘荡。守城的人深陷痛苦，逃跑了。威尼斯人立即抓住胜利时机，在希腊人再次集合之前，夺取了25座塔楼。入侵者向城墙里推进，帝国一支新部队到来了，这支部队由比萨人和瓦洛人组成，[1]他们把入侵者赶到塔楼。但是，即使瓦洛人也不能把入侵者驱逐出去。为了巩固据点，少受攻击，或者为了保护其退路，维尔阿杜安断言威尼斯人放火烧了邻近地区的建筑。火势蔓延迅速，烧毁了大量房舍。

在海路军队在塔楼开战之际，有一队皇家部队出现在圣诺曼奴斯大门，这里距离营地有一段距离。十字军立即放弃进攻，集结在木栅栏之后。维尔阿杜安声称皇家派出40支队伍抗击六支入侵军。罗伯特·克拉里甚至提出皇家派出了更多的队伍。[2]但是，维尔阿杜安补充道，可能前方的军队遭到了攻击。这件事很快传到丹多罗那里，他立即从塔楼撤军，快速集合尽可能多的士兵，来帮助十字军战士。双方都不敢先发动进攻。经过一系列拉锯战，皇家军队开始撤退。十字

---

[1] Nicetas, p.720.
[2] Ch.xliii.

军也慢慢退后,但没有发生战争。[1]皇宫中的女性们挤在窗前、墙上,目睹了这一过程。

总之,进攻的结果有利于防御一方。十字军被击退。威尼斯人虽然占领了25座塔楼,但是没能守住。对于当地居民来说,巨大的损失源于敌人燃放的大火。

---

[1] 罗伯特比维尔阿杜安更关注此事。

第十四章
皇帝阿莱克修斯三世出逃与伊萨克复位

——君士坦丁堡革命

对于入侵者来说，最有用的联盟就是君士坦丁堡内弥漫着不满、事不关己的情绪，这种精神状态懈怠了防御。虽然这发生在一小部分人身上，但却十分活跃，都城内有人秘密地支持伊萨克和小阿莱克修斯。小阿莱克修斯对城内他的朋友们许诺，希望他们支持他。[1]

君士坦丁堡内的情绪

这一派别的存在，又加强了对当政者的不满。外来的敌人还没说要占领君士坦丁堡，也没有有关占领的消息。敌人的要求就是如果小阿莱克修斯的父亲去世，毫无疑问就应该由王子继承王位，取代阿莱克修斯三世。君士坦丁堡城内是否已经知道十字军领导们与阿莱克修斯签订的协议值得怀疑，但即使他们知道这些情况，因为敌人许诺可以避免或者至少可以向各个行省少征税，如果敌人的要求与战争相比

---

[1] Gunther, xiii. 原文为 Cives itaque magnificae urbis, territi fuga Regis sui, quem etiam plerique nec prius propter scelera perpetrate satis dilexerant, simulque per nuntios a juniori Alexio promissis ac precibus frequentibus attentati, nostris quoque, contra spem suam, comminantibus excidium urbis, nisi illum legitimum heredem regni ın regem susciperent, patentibus portis, illum cum toto exercitu infra moenia pacifice admiserunt.

更合理，最好是与他们达成协议。[1]现在，真正的危险是如果不能达成协议，君士坦丁堡可能被摧毁，[2]因此，城内有很多传言。对于居民们来说，他们经历了很多王朝纷争，没有把君王的更迭看得有多严重，阿莱克修斯三世个人并没有赢得居民的尊重，他现在被告知如果不能解救臣民，他们将会拥戴小阿莱克修斯，让后者登上皇位。[3]

尽管有十字军的威胁，但从尼基塔斯的叙述中也可知大多数君士坦丁堡的居民对皇帝漠不关心。尼基塔斯比其他西方的编年史家对君士坦丁堡内的情况更了解。大多数人对王朝的更迭已经没有兴趣。上一辈的经历让他们习惯了一个君王被处决而另一个上台的情形，他们逐渐认为处决和上台对他们来说都没有关系。这种冷漠与现在君士坦丁堡的情况类似。我经历了两个苏丹被处决的事件，在这一过程中，让人印象最深刻的就是民众对君王去世的冷漠，那些伊斯兰教徒也是这样的态度，虽然一小部分人颇为活跃，但除此之外，大部分都是冷漠的，他们没有反抗、暴动，也没有不满。当新闻记者和外国人认为革命已经就绪的时候，令人难以置信的是成千上万的土耳其平民对此反应冷漠。在苏丹的臣民中，普遍的反应就是漠不关心。如果阴谋者失败了，和他们也没有关系；如果阴谋者成功了，发生在苏丹身上的一切也无关紧要，这样的事只和相关人士有关。大家有种模糊的信念，即任何变化几乎都不会导致比现有条件更坏的结局，因此大家对这样的事产生不了共鸣。

1203年，王朝麻烦不断，加上亚洲的影响，人们对任何政府的变化都漠不关心。在君士坦丁堡被围困期间，居民知道几年前伊萨克被

---

[1] Nicetas. p.721.
[2] Gunther, xiii.
[3] Robert de Clari, ch. I.

现在的皇帝阿莱克修斯三世废黜，可虽然他的眼睛被挖，但他仍活在监狱里，这就如突厥人知道有个被处决的苏丹就在博斯普鲁斯的某个地方一样，但是无论是君士坦丁堡的军民，还是突厥人，他们都不会知道这样的事将产生什么后果。1203年，当君士坦丁堡被围的时候，居民们知道伊萨克的儿子——小阿莱克修斯说服威尼斯人和拉丁人帮助他重获帝位，当然其中也有其姐夫腓力的影响；居民们也知道小阿莱克修斯和他的朋友们就在城外。拉丁人不希望夺取君士坦丁堡，如果他们能那样做，再强大的军队也会失败；如果侵略者赢了，就会出现一位新皇帝，仅此而已。确实，居民们为什么该担心呢？他们不爱君主，君主也不爱他们。当皇帝听说小阿莱克修斯带着威尼斯海盗来了，[1] 皇帝根本没有准备抵抗。皇帝只顾钟情于奢华，他是东方的查理二世，仅仅考虑今天的问题。他也是一个虚弱的人，太情绪化，不是一位成功的帝王。他避免实施惩罚，不去采取一切会使他成为专政君主的措施，虽然他毫不犹豫地废黜了自己的兄弟，但他深怀内疚，或者是假装如此，不断责怪自己。

尼基塔斯说负责看护皇家森林的宦官就如看护天堂的破坏天使一样，他们威胁任何敢于伐木造船的人。皇帝的小舅子也出售了所有的海军储藏品。因此，那些抢夺民众的人看起来赢得了君主的尊重。皇帝对他听说的各种进攻准备活动表现得饶有兴趣，但却不担心。在他得知侄儿已经在科夫发表了公告，才想到进行防御。皇帝可能是在远征军到达博斯普鲁斯之前的几天才得知这一公告，这位酒色之徒没有精力去应对危险。远征军到达君士坦丁堡，十字军在皇宫对面安营扎寨，但皇帝本人却想从首都逃跑。但是，他的亲信们激励他，看在他

---

[1] Nicetas，p.715.

们的分上去抵抗。正是这些亲信逼迫皇帝去保卫都城。在这些亲信中，最勇敢的就是皇帝的女婿塞奥多利·拉斯卡里斯。当布拉海奈尔宫周围的塔楼被占领，城中起火时，臣民们谴责皇帝懦弱。也就是在这个时候，罗伯特说起的威胁到来了，在这些威胁影响下，皇帝才带领军队冲到城墙外。塞奥多利再三祈求对十字军开战。[1]但是这位皇帝要么是害怕，要么是相信因为君士坦丁堡从未被占领，认为都城绝不会遭此命运。[2]

皇帝离开都城

根据尼基塔斯的记载，皇帝的退缩鼓舞了拉丁人，让城内的伊萨克党派更加强大。即使那些事不关己的人也认为如果没有任何计划，至少应该战斗，如果军队的数量比入侵者多，但却禁止军队发起进攻，是时候换君主了。但是这位耽于酒色的懦夫不想抵抗。当天晚上，他可耻地从都城逃走了。他将自己的计划告诉女儿艾琳和其他几个女人，带着上万的金子、无数宝石和宫廷装饰，丢下妻子、孩子以及王位和他的人民逃走了。

伊萨克复位

皇帝的出逃让整个都城充满警觉。财政官君士坦丁召集军队拥护伊萨克。这位年老的瞎眼皇帝被领着也可能是被抬着出了监狱，登上皇位，再次成为罗马皇帝。当伊萨克明白目前的形势时，他就马上把被释放的消息送到他儿子和十字军那里。他最想听到他儿子的声音。

---

[1] Nicetas, p.722.
[2] 尼基塔斯认为皇帝懦弱，这有可能正确。但是对于阿莱克修斯和所有科穆宁家族来说，这不公平。众所周知皇帝的性格主要是谨慎小心。

对远征首领不满

威尼斯人和十字军可能不相信皇帝逃跑与伊萨克复位的消息，他们怀疑这是叛变。博尼法斯召开了会议，连夜得到了以上消息，将领们立即拿起武器，维尔阿杜安说："因为大家不太相信这些希腊人。"博尼法斯和威尼斯人从未想过伊萨克会重新夺回帝位。在与腓力的直接会谈中，在扎拉条约中，在科夫行进期间，从没有作者提到会想到老皇帝复位的可能性。如果腓力与博尼法斯的计划不是去把东西方联合起来，那么这位士瓦本国王至少想通过小阿莱克修斯来控制君士坦丁堡。阿莱克修斯三世被废除，这是腓力一派的收获，但是伊萨克从布拉海奈尔宫的坟墓中出来，重新夺取皇位，这对他来说却是一个打击。这一派在那些被骗的追随者面前摆出一副维护正义的样子，他们已经处理了一名废黜、并瞎了得到上帝承认的皇帝的僭越者，他们已经视小阿莱克修斯为被剥夺了权力而终生逃亡的流放者，主教们明确支持这次围困行动，但十字军一定得惩恶扬善，博尼法斯和丹多罗宣称他们一直带着真正的继位者，伊萨克的存在看起来已经被无视了，甚至人们怀疑伊萨克是否还活着。如果伊萨克活着，他已经失明，精心组织安排后，他就不会再当上皇帝。辅弱击强、反抗压迫的骑士精神被唤醒了，但他们支持的是小阿莱克修斯，而不是他的父亲伊萨克。一夜之间，形势大变，压迫者逃跑了。十字军意识到比起那位年少者，受到更严重压迫的人却从牢里出来，重新夺回了失去的帝位。远征军将领们的第一道命令就是武装起来，首先得想方设法从伊萨克手中夺下成功，但是，经过思考，腓力派认为还不能立即那么做。思想单纯的十字军战士们还不能找出把小阿莱克修斯的父亲推上皇位的这个城市的民众犯了什么错误，用西方的观点看，他们认为伊萨克就是合法的皇帝。从此后,留在君士坦丁堡的唯一条件就是,他们希望按照协商获得金钱。维尔阿杜安说伊萨克传来消息说他同意批准他儿子做出的承诺。

十字军代表进入城内

博尼法斯可能也不愿意让小阿莱克修斯脱离他的影响,他回复说,王位的继承人只有在他的父亲正式批准这些诺言时才能进入都城。因此,维尔阿杜安与蒙莫朗西(Montmorency)的马修被选为十字军的代表,连同两名威尼斯人,把博尼法斯的回复带给伊萨克。代表们来到城门外下了马,经过两边由瓦洛人把守的通道,来到布拉海奈尔宫。这些瓦洛人手里拿着斧头。十字军代表们进入宫中,见到了伊萨克和他的妻子——匈牙利国王的妹妹。代表们受到礼遇,他们告诉皇帝,作为他儿子和军队的代表,想单独与他会谈。因此,皇帝、他的妻子、大臣以及一位翻译和四位代表走到一个私人房间里。按照事先的安排,维尔阿杜安作为首要代表,因此他为我们留下了谈话的主要内容。皇帝强调了军队和十字军为他儿子做出的贡献,指出他们信守了部分承诺。就他的儿子而言,直到他能够保证履行自己的承诺,才会被允许进入君士坦丁堡。小阿莱克修斯现在通过信使们请伊萨克批准他先前同意的条约,既有财产上的也有行动上的。皇帝说:"什么合同?"维尔阿杜安说:"我告诉您:首先,有一个承诺是让帝国服从教皇的统治;之后,应该支付20万银马克给军队,同时不论多少,提供一年的物资所需;根据我们在船上的设定,按比例运一万步兵和骑士,并支付费用,进入埃及,而且军队将在埃及驻军一年;在圣地,阿莱克修斯负担费用,并在其一生中派500骑士保护圣地;这就是您的儿子签订的条约,他发誓并签字批准了和约,而且这也得到了您女婿——腓力国王的担保,我们现在请您批准。"皇帝说:"这个条约实在太苛刻了,我不知道怎么去执行。但是,你们为我和他做了那么多,即使有人把整个帝国给你们,你们一定也值得。"会谈的结果就是伊萨克批准了他儿子口头许诺的条约,附上了一份授权信,盖上了印玺。信使们带着这宝贵的文件返回大营。可能就在同一天,小阿莱克修斯在贵族的陪护下回到了他父亲身边。希腊人大摆宴席,兴高采烈,满怀尊敬地迎接小阿莱克修斯和他的朋友们。

革命很快就取得了成功。阿莱克修斯三世在7月18日晚上逃走。第二天,伊萨克就登上皇位,而且也见到了他的儿子。在余下的十多天里,皇帝一方面与他的儿子,另一方面与远征军的领导们进行了多次协商。博尼法斯获得的最大结果就是小阿莱克修斯该与他的父亲一起作为皇帝,成为皇位的分享者。[1]很明显,在伊萨克接受这一决定作为首要条件之前,十字军和威尼斯人应该从金角湾撤军。

1203年8月1日,小阿莱克修斯与他的父亲伊萨克一起在仪式中加冕称帝。前者立即考虑许诺给威尼斯人和十字军的20万马克的报酬。这些报酬足以让每位十字军战士可以支付在威尼斯时候的通行费用。[2]

不能按照规定支付费用

但是,帝国的财政枯竭了。为了支付外国军队的费用,必须榨取人们的资源,这种做法自然不受欢迎。年轻的皇帝对自己的皇位没有把握。因此,他给贵族们提出一个新的条约。威尼斯人和军队之间的条约在米迦勒节到期。新皇帝直接说他不可能在很短的时间里支付费

---

[1] Villehardouin, p.193.
[2] *Ibid.*

用，如果十字军离开他，他就可能丢掉皇位，而且会被属下杀掉；他还说因为他的朋友与十字军的关系，希腊人痛恨他；如果他们能待到复活节，他就可以支付费用，也会给威尼斯人一年的船运费。如果这些条约被接受了，如果在收获季节后，皇帝能从各行省得到税收，他就会支付曾经许诺的费用，保住皇位、和他们一起走或至少派军队去。

旧麻烦再次出现。维尔阿杜安说侯爵一派承认皇帝的说法是真的，他的提议在当时情形下可能是最有益的。另一方面，在科夫签订的协议是在米迦勒节后，那些出发去参加圣战的、不愿意参加对基督城征伐的人就该不去，应该给他们提供一艘船去叙利亚，妥协得到了严肃对待。这一派现在要兑现这些协议。"请给我们船吧！按照您曾向我们保证过的。因为我们想去叙利亚"。丹多罗和博尼法斯乐意接受皇帝的建议。和马立克·阿德尔已经签订条约。第一，十字军不去埃及，因为虽然没提到叙利亚，但不清楚可能不会坚持原来的计划；其次才是践行腓力和皇帝自己的目标。他们现在可以比在科夫时提出更激烈的要求。他们开始了自己的计划，必须完成它。冬天去叙利亚或者埃及是很危险的，在冬季，即使他们在那，什么也做不了。上帝的事业可能实现不了。"我们等到三月吧！这样可以放心地离开皇帝。我们那时就可以带着金钱走。"维尔阿杜安一再坚持认为由于有人不满，而现状目标不一，导致军队分裂，他说："倘若军队分裂了，结果既不能盼望太好也不能盼望太坏。"

决定延迟

必须再次指出维尔阿杜安要解释为什么十字军不能实现目标。威尼斯人接受了提议，决定从米迦勒节开始愿意保留一年的船舰。反对派此时与科夫时期相比，变得弱了，他们发现势力太小，不能继续抵抗，因而也接受了小阿莱克修斯的提议。

阿莱克修斯的地位

事实上，小皇帝的地位相当关键，他亲自来到加拉塔，提出意见。虽然小皇帝不希望自己的提议被公布，但是可以肯定其主要内容已经被城里人所熟知。如果他确实说过由于是十字军把他带回君士坦丁堡的，因而他的臣民恨他；如果十字军不管他就走了，他会被杀掉，他可能说的是实话。尼基塔斯说新皇帝改变了古老的信仰，放弃了罗马人的古仪式，追随教皇的新规定。十字军可能被诱骗去相信让希腊人臣服于罗马就可以成功，让他们得到皇帝的赦免。人们已经知道了这种意图，引起教会成员的不满，同时也激起了他们对外国干预以及罗马的嫉妒。但是对小阿莱克修斯的仇恨源于他与敌人关系密切。一旦问题仅仅是改变统治者，公众的舆论就不存在了。没有理由认为市民们已经知晓小阿莱克修斯签订的条约。但是现在，他登上了皇位，要求把从未听说的钱款支付给支持者，他开始抢夺教堂，敲诈有钱人，这其中的一个原因就是这位年轻的皇帝要把新王朝的教会交与旧罗马统治。这激起了人们的普遍反对。如果想立即摆脱侵略者，则需要在君士坦丁堡城内收集财富；如果想拖延支付入侵者，就可能会向各个行省收取大批的金钱。

博尼法斯和小阿莱克修斯前往亚得里亚

博尼法斯可能也知道他让小阿莱克修斯进城是一个错误。小阿莱克修斯是一个软弱的年轻人，在与十字军在一起的时候，他受卫兵的影响，现在他成为皇帝，因为穆特苏弗罗斯（Mourtsouphlos）和其他人表现突出，成为皇帝的参谋，皇帝从他们那里知道执行那些签订好的条约有多难。对于博尼法斯来说，重要的是要把这个年轻人再次置于自己的保护和影响下。不管怎么说，伊萨克体衰、年老而且又瞎，在皇位上也待不了多久，并且能够轻而易举把他废黜。如果小皇帝愿意按要求做事，博尼法斯和腓力的计划就不会落空。因此，一方面为了恢复自己的影响，另一方面也为了阻止自己落入君士坦丁堡内受欢迎的领导人的手中，博尼法斯和一部分军队同意和小阿莱克修斯一起去亚得里亚海，追击前国王——阿莱克修斯三世，帮助小阿莱克修斯降低其臣民背叛的可能性。博尼法斯在陪伴小阿莱克修斯期间可能重新获得了他在科夫和爱琴岛的影响力。博尼法斯还希望可以完全操控这位皇帝，腓力直接统治帝国或者至少在一定时期内统治帝国的设想能够付诸实现。所以，维尔阿杜安说，按照希腊人和法国人的建议，陪伴小阿莱克修斯的想法得以接受。鲍德温留在后面管理余下的部队。

君士坦丁堡二次大火

在小阿莱克修斯不在君士坦丁堡期间，又发生了一次火灾，这次比第一次破坏性更大。这次火灾足可以称得上是世界上历史性的灾难。即使君士坦丁堡历史上曾遭遇过很多次大火，也从没见过这样的规模。城市的财富被烧毁，大火给市民造成恐慌，激发他们去抗击入侵者，这又影响了这个帝国的命运。很少有哪次灾难能和这次相比。当时的环境也非常引人注意，伊萨克与阿莱克修斯四世[1]共同执政。在十字军到达之后不久，暴徒们就袭击了君士坦丁堡内富有的比萨区以及金角湾沿岸地区，他们那么做也毫不让人惊讶，尼基塔斯说没有受过教育的大众分不清敌友。他们认为所有入侵者都是拉丁人即西方教会人

---

[1]小阿莱克修斯。——译者注

士，港口的船队是威尼斯的，因此不用区分这个是意大利人还是城市市民，很多属于比萨人的房子被摧毁了。富人们尽力支援比萨人挽救他们的财产，他们向暴徒们解释道虽然比萨人也是意大利人，但他们不是威尼斯人的联盟。另外，极有可能有相当数量的比萨人对威尼斯人很友善，这也激起了君士坦丁堡人的愤怒。希腊和法兰克的作者们同意很多十字军和威尼斯人从加拉塔[1]来，看到了富有的宫殿、教堂以及其他神迹。军队里，意大利人和勃艮第人说着与比萨人一样的语言，即使是法国人也可能发现与这些人交流并不困难。这让他们很同情意大利人，当我们记起这些人来自旧罗马，而且和他们生活在一起的其他人一直嫉妒他们的商业时，就不难明白对这些拉丁居民以及入侵者有多种多样的感情和利益了。尼基塔斯明确告诉我们，比萨人和威尼斯人的关系得到缓和，这源于伊萨克。[2]对比萨区的进攻产生了两种后果：第一，人们对十字军的认识提高了；第二，很多比萨人变得警惕起来，纷纷从金角湾逃往加拉塔，把自己的房舍交与老乡或者相同信仰的人们。同时，外国人每天不断参观城市东边的大教堂和其他神迹，老皇帝在西边的布拉海奈尔宫殿每天接见意大利人以及十字军首领的来访。尼基塔斯说："让帝国人们感到恶心的是，他们是被作为帝国的拯救者和恩人来接见的。皇帝把雕像，甚至教堂的一些圣器熔掉，来偿付这些人无尽的贪欲。"

市民与入侵者之间日益增加的敌意克制了几日。8月19日，发生了一件事，使得敌意再度爆发。一些佛兰德斯士兵，在威尼斯人和比萨人的陪同下，经过港口去抢夺撒拉森人。

---

[1] 西方的作者们总分不清贝拉和加拉塔，也可能二者根本没有区别。穿过金角湾就是贝拉。加拉塔是一道斜坡。
[2] Nicetas, p.731.

进攻撒拉森清真寺

在君士坦丁堡盛行的投降协定制度下，阿拉伯和其他伊斯兰的商人可以有自己的生活区和清真寺。清真寺在比萨区的旁边，地处北坡上位于和平教堂[1]和大海之间。十字军可能认为这一建筑是一种冒犯，这就如17世纪伦敦暴乱一样，暴徒认为自己居住区中的罗马天主教堂就是对他们的冒犯。我们完全可以推测出比萨人把这座清真寺看成非常厌恶的东西，它建在隔壁，被异端们也是贸易竞争对手所使用。佛兰德斯人和十字军认为伊斯兰的财富是他们该抢夺的目标。清真寺里有撒拉森人，他们被发现时，大吃一惊。基督暴徒冲向他们，拿着长矛，要这些人放弃能找到的一切财物，但是，他们的帝国邻居是来帮助他们的！一场可耻的暴乱开始了。在这一过程中，暴徒们在君士坦丁堡很多地方放火。大火先从清真寺周围开始，在北风的强劲吹动下，蔓延到整个半岛，直至马莫拉。[2]风向变化使新的区域又被摧毁。大火持续了两天两夜。[3]君士坦丁堡城最富有和人口最稠密的区域被彻底摧毁。半岛上从港口到马莫拉一带留下了一堆废墟。据维尔阿杜安记载，火灾面积曾达到1.5英里。这一带的居民丧失了一切。尼基塔斯说："这些房舍，里面满是珍贵的装饰，还有各种财产。"维尔阿

---

[1] Nicetas, p.733.

[2] Nicetas, p.733.

[3] 维尔阿杜安也这样说。其他人说是八天，提耶尔的威廉认为是九天。所有这些记载表明这场火灾相当严重。尼基塔斯认为该事件发生在阿莱克修斯和博尼法斯出发之前。也可能如此。但尼基塔斯与皇帝强烈对立，因此其陈述不值得相信。例如，在这件事上，尼基塔斯认为伊萨克深受这一悲剧的影响，但是阿莱克修斯却满脸的纵火犯表情，就像一个破坏天使，喜欢看到城市化为灰烬。Nicetas, p.734. 维尔阿杜安认为大火是在阿莱克修斯不在的情况下发生的，这一点在 *Chronique de Munic*（Tafel and Thomas）里得到确认。同见 Eracles, *Recueil*, p.270.

杜安说:"没人能估计出被毁坏财富的价值,很多男人、女人都在大火中丧生。"[1]当看到这些漂亮的教堂和辉煌的宫殿被付之一炬,著名的商业街道燃起大火,贵族与领导们对这次火灾深表遗憾,他们很难过,满心怜悯,[2]却没采取行动。

火灾的结果自然加深了拉丁人和市民之间的敌意。西方士兵残忍地放了大火,他们是意大利的殖民者引进来的。毫不意外,市民们不愿意保护城里的人和意大利人。维尔阿杜安说:"拉丁人不敢再留在城里了。那些逃过大火的,携带家眷和财产逃走了,与十字军住在一起。"逃走的有15000人。

11月11日,皇帝阿莱克修斯四世返回君士坦丁堡,受到十字军和臣民们的欢迎。新皇帝与从科夫一路陪伴他的十字军领导者们之间的这种旧友关系又维持了一段时间。但是,小阿莱克修斯不久就失去了臣民和朝圣者们的尊敬。小阿莱克修斯已经登上了皇位,但他除了享受什么都不知道。而君士坦丁堡的形势却不容许他这样。皇帝为了享乐又转向这些昔日的朋友,他与入侵者日夜玩乐、大摆酒宴。他友好地款待大家。他让坐在游戏桌前的人们脱去他的皇冠,戴上了他们的羊毛冠。尼基塔斯说:"不久,诚实的人们不论是罗马人还是十字军,都对皇帝充满鄙视。"

同时,皇帝可怜的父亲对儿子拥有的荣誉充满嫉妒。看起来伊萨克被西方的主子们忽视了,一方面由于他身体虚弱,另一方面博尼法斯和丹多罗都认为小阿莱克修斯是最佳人选。伊萨克抱怨自己没有得到应有的尊重,儿子对他施以诡计。可能由于伊萨克长期坐牢,囚犯身份再加上失明让他脾气糟糕,这也损害了他的健康,同时,他更是

---

[1] Villehardouin, p.204.
[2] Villehardouin, p.203.

一位迷信的受害者。伊萨克周围的修士们誓言他会成为一名伟大帝国的君主，而且视力可以恢复，风湿病也能治愈。对于这些修士们来说，他就是一位乞怜者，伊萨克天真地相信了他们。[1] 占星师说服伊萨克把一尊野猪的雕像从竞技场搬到大宫殿，说这么做就会摧毁敌人。最初人们曾用野猪进攻敌人，敌人被撕得粉碎。

君士坦丁堡的情形

由于大火，君士坦丁堡的情形变复杂了。新罗马的居民憎恨十字军和威尼斯人，因为他们带来了灾难，特别是重税和两场大火。尼基塔斯还提到一件小事，证明这种愤怒有多大。暴徒们打碎了城市里一座精美的雕像，这座铜像是智慧女神密涅瓦（Minerra）的象征。铜像面朝西方，人们认为她号召西方人来新罗马。

十字军仍旧在加拉塔安营扎寨。当外国居民出逃后，十字军就没有进入君士坦丁堡城内。他们对支付问题越来越没有耐心。

十字军与威尼斯人催债

小阿莱克修斯让他们拥有他所拥有的东西。但新皇帝支付的钱非常少。正如维尔阿杜安说："可怜的小钱"。小阿莱克修斯尽最大努力满足这些旧友。这些朋友的保护与敌对一样危险，所以小阿莱克修斯现在非常想移除他们的影响。两位皇帝努力向君士坦丁堡市民征税，引起人民的反抗。他们想尽一切办法向富人征收所需的数额，把金银器具、烛台以及其他教堂内的贵重金属装饰熔掉以获取金钱。同时，十字军自给自助。尼基塔斯说他们天生就是一切美的敌人。十字

---

[1] Nicetas, p.737.

军战士组成团伙，洗劫有钱贵族漂亮的别墅，以及马莫拉沿岸富有的教堂，他们以焚烧、摧毁很多别墅为乐。君士坦丁堡的居民进行了抵抗，像士兵那样保卫他们的家园，他们没有得到任何援助，因为受修士操纵的愚蠢的老皇帝无力可使，而无用、无经验的小皇帝又没有能力，也不愿意帮助他们。十字军每天向皇帝们提出谴责，但是除了给他们可怜的报酬之外，没有任何作用。[1] 1203年11月、12月和1204年1月，君士坦丁堡内部的混乱和外部的愤怒就像巴黎被围困时一样明显。君士坦丁堡的统治权很快就从伊萨克和他的儿子虚弱的手中丢掉了，没有人听从皇帝们的命令。虽然君士坦丁堡还没有被包围，因为税收、大火以及商业受阻，民众士气低落，近半数商业被毁，消极情绪与日俱增。外国居民已经离开，日常买卖停滞。军队分成各个派系，瓦洛人对皇帝们仍旧忠心耿耿，也有一部分希腊军队站在废除伊萨克和阿莱克修斯这边，还有一部分人则愿意继续效忠当政者。

十字军中的分歧和不安

在金角湾附近，入侵者的情形也非常不安。反对派想丢弃他们合法的事业，他们的补给越来越匮乏，不得不通过抢夺来满足所需。战士们的不满和分裂情绪与日俱增。小阿莱克修斯宣布不可能履行曾经

---

[1] Villehardouin, xlv. 维尔阿杜安说阿莱克修斯在加冕后（1203年8月1日）立即支付费用。罗伯特认为已经支付了10万，其中的一半给了威尼斯人；34000支付货物费，余下的16000支付十字军，十字军把这个钱支付给了威尼斯人。冈瑟认为在许诺的数目中只支付了一半，原文为 Dimidiam promisse pecunniae partem principibus nostris benevole ae liberaliter numerari jussit. 尼基塔斯说在丹多罗的Saint Cosma会议中，威尼斯总督要求立即支付5万金币，12万马克（p.751）。但是，许诺的40万马克中，在加冕后只有四分之一得到支付。9月、10月和11月，又支付了一小部分。到年底，即使再支付20万，总共也只是一小部分。

的许诺,十字军知道阿莱克修斯所说属实。冈瑟说市民们禁止皇帝索取他们的财产给外国人,另一方面,他说十字军也不愿攻打君士坦丁堡,因为他们没有希望获胜。十字军处于危险之中,他们在城外既不安全也不能平安离开。因此,冈瑟说:"我们的人决定围困那座他们不能逃离的城市。"另外一名作者用相同的词语描述了军队面临的形势。法兰克人处于斧头和铁砧之间。[1]

但是,侵略者更有优势,他们有两位首领确切知道他们想要什么而且为了成功不惜一切代价。虽然队伍里的首领和士兵可能难以驾驭,但还是有军事和封建纪律。威尼斯人中没有任何不满。冈瑟一再坚持威尼斯人很坚定,"在这方面他们认真地鼓励着我们,一方面由于许诺付报酬,另一方面他们想夺取海上主导权。"冈瑟补充说,这次远征是为了取悦国王腓力,现在完全处于博尼法斯和丹多罗的领导下。那位勇敢的老首领的坚定意志让人钦佩,他指挥着军队,虽然供给不足,军队内隐藏着不满,但他没有畏惧,而是专注于完成自己的目标。但博尼法斯犯了错误,丧失了对小阿莱克修斯的控制权,11月初,他从亚得里亚回来,逐渐失去占领地。但是,他有目标,并愿意随时做出牺牲,只要丹多罗愿意坚持,他会蔑视那些不满与反对。

对支付的怀疑

很明显,博尼法斯想要的就是金钱,事实上,一切都是围绕着他的愿望,除此之外,还不存在其他的抱怨。[2]所有的作者们还不能提出其他假设,但这些金钱并不能像许诺的那样立即得以支付。皇帝们

---

[1] Gunther, x-xv.
[2] 在 Villehardouin, Gunther, *the Halberstadt Chron.* 和 Rostangnus 中,也谈及这些理由。

尽了最大努力,让希腊人所不齿的是伊萨克出售教堂的装饰品来筹集钱财。[1] 君士坦丁堡内的革命可能会导致一位强大的人来代替两位虚弱的国王,如果这样的话,腓力和博尼法斯的伟大阴谋就会落空,而且补偿也会一并消失,十字军可能会收到一些足以让军队不满的条件,而且这些条件很可能会被接受。不管能得到补偿还是出现其他情况,入侵者在君士坦丁堡不会停留很久,这些理由有的事关军队,有的对博尼法斯会产生特别影响,都会导致要么立即取得补偿,要么参与斗争。

斗　争

贵族们召开会议,丹多罗也在场,会议决定派一个代表团到皇帝那里,要钱或者公开羞辱他,在战场上击败他。威尼斯人和贵族们各派出三名代表去完成这项勇敢的任务。维尔阿杜安就是贵族的代表之一。这六个人身带佩剑,骑着马绕过港口来到布拉海奈尔宫。维尔阿杜安元帅指出他们有太多次冒险,但这次是最危险的。他们在宫殿门口下马,被召入宫内。两位皇帝并排坐在各自的龙椅上,他们的皇妃坐在一旁,同时还有一大群贵族一起接待了代表团。代表们提醒皇帝曾经的誓言。卡农·德·贝蒂纳明显是对着阿莱克修斯说话:"我们来,是当着您和贵族们的面,让您履行和我们达成的协议,如果您履行了,一切好办,反之,请注意,贵族既不会把您当作君主也不会看作朋友,他们认为自己可以用他们获得这些东西的方法自由地拿走属于他们自己的东西,他们会通知你,他们不会伤害你,但他们蔑视你,他们也不会背叛你,因为这不是他们国家的习惯。您已经听了我们的

---

[1] Nicetas and *Chron. Novgorad*.

话，可以按照自己所愿采纳这些意见。"

公开敌视

这样的公然挑战在君士坦丁堡内造成很大反响，这正是博尼法斯和丹多罗想要的结果。使团返回大营，他们感到很幸运，维尔阿杜安也认为他们是冒着生死逃出来的。对于维尔阿杜安来说，这无须补充说明，希腊人把这次蔑视看作巨大的羞辱，他们记得还从未有人胆敢如此挑战在位的君士坦丁堡皇帝。

君士坦丁堡的革命

现在，市民与入侵者的敌对公开化了，大家各自准备反对对方。希腊人试图夜袭威尼斯人，放火焚烧他们的船队。希腊人准备了17艘船，点燃了木头以及船上的各种燃料，当时是新年午夜，天刮起了南风，吹走了这些船。这个尝试失败了，只伤了几个人，一名比萨商人也被烧伤，他的货物也被烧掉了。威尼斯人试图用钩头篙把燃着的船推开，推到港口入海处，那里水流湍急，可以把船冲走，这样就不会造成危害。一周后，希腊人带着骑兵出来，但被击退。

君士坦丁堡内的混乱日益严重。人们确信在两个皇帝身上看不到希望，最后，他们意识到危险，问题不再是更不更换统治者，而是要履行一份与他们无关的和约，并且支付城外的强盗报酬，这些报酬是小皇帝曾经为获得帮助而许下的，这并不是他们想要的，他们不必感谢谁。市民们想要的是一位能阻止掠夺的统治者，他们发现敌人已经严重地伤害了他们，他们要火速把自己从敌人手里解放出来。但是，对于市民们来说，阿莱克修斯的政策就是牺牲一切来与敌人修好。即使十字军承认皇帝所做的一切都是为了市民们，皇帝自己也犹豫不定，一方面要忠实于臣民,另一方面又担心惹恼腓力以及其同伴们。[1]

市民代表请皇帝采取抵抗措施,进攻十字军来了结此事,但是皇帝不愿意,或者他也害怕那样做。烧船这一计划很明显是民众冲动所为。同时,民众群情激愤,鼓动起来要推翻这两个愚蠢的皇帝。这种冲动似乎非常普遍,但是在这些行动中还没有达到需要镇压的程度。有时候,民众对他们所做的事举棋不定。混乱形势一天比一天严重,他们日复一日地在大教堂召开会议,却没有人愿意冲到最前线。有一位可能叫阿莱克修斯·杜卡斯(Alexis Ducas)的皇室成员参加了会议,他走到不满的群众前,成为带领他们革命的领导者,他一直作为针对拉丁人最激烈的反对者而闻名。[2]

1204年1月25日,市民们在索菲亚大教堂召开了一次重要的会议。议员们以及教会的主教们及其他有威望的人都在。议会在新罗马的早期就存在了,但一直以来没有实权。在无政府主义盛行时期,民众支持类似的权力,议员和主教们受巨大压力的影响,考虑选举新皇帝,他们希望拖延一下,但是广大民众反对,不能也不愿意在现有政府下生活。大会考虑了统治者家族的所有成员以及其他贵族,也把这些名字提交给市民大会,但是,大家并没有取得一致意见。同时那些被选择出来的人也拒绝接受这样的提议。大会甚至推荐在场的一些法官当皇帝。又过了两三天,最后选择集中在一位名叫尼霍拉斯·坎纳

---

[1] Gunther, xv. 原文为 Videres eum graviter anxiari, quasi medium inter suorum nequitiam et amorem nostrorum, et gratiam Philippi Regis, quem si nostros vel falleret vel laederet, graviter metuebat offendere. Cum ergo ad tantum facinus non facile posset impelli Murciflo ille, cujus superius fecimus mentionem, cujus consilio pater ejus caecatus, et ipse in carcerem retrusus fuerat, eum propria manu suffocavit, dicens: "Minus esse malum, si solus ipse presenti vitae foret exemptus, quam si totius Greciae opes ad ignotos quosdam hominess ejus stultitia trasferrentur". (ch. xiii.)

[2] Villehardouin, p.221.

沃斯（Nicolas Kanabos）的人身上，但这违背了他本人的意愿。阿莱克修斯和伊萨克知道发生的一切，但他们无能为力。伊萨克生病了。阿莱克修斯自己很警觉，他知道无论谁成为下一任皇帝，市民们至少不会让他再统治他们，皇帝感到权力正飞快从他手里溜走，如果没有护卫，他的生命随时处于危险中。在这种情形下，不管他采取什么自然的行动，都会被市民看作叛国。小阿莱克修斯派人去蒙特弗特侯爵那里，请他派法国人和意大利人驻守布拉海奈尔宫，这不仅可以保护他自己也可以保护其皇位。这种对城市的叛变行为却让他丢了皇位也丧失了性命。

小阿莱克修斯被处决，新皇帝登基

听说了小阿莱克修斯所做的一切，莫尔策弗鲁斯（Mouurtzouphlos）认为时机到了。他作为财政大臣，处于十分有利的地位，但是皇帝的护卫瓦洛人恪守己责，对任何想夺取皇位的进攻都是严重的障碍。作为外国商人，瓦洛人从来没有受到君士坦丁堡人的欢迎，但他们的忠心却受到皇家的赞许。即使在安娜时期，瓦洛人也会对当时的形势构成阻碍。现在莫尔策弗鲁斯的目标是抓获小阿莱克修斯个人，或者引诱他离开宫殿，或者把瓦洛人撤走。撤走瓦洛人看来更容易。瓦洛人被骗了，他们认为离开宫殿是去为皇帝打仗。护卫一走，莫尔策弗鲁斯就负责保护小阿莱克修斯。莫尔策弗鲁斯作为大贵族有权进入宫廷，他利用这一点，进入了宫廷，根据尼基塔斯的描述：莫尔策弗鲁斯告诉年轻的皇帝有一群暴徒进入皇宫，因为皇帝把十字军引入君士坦丁堡，因而暴徒们要把他撕成碎片。小阿莱克修斯中计了。阿莱克修斯的唯一想法就是救自己，他没有待在皇宫等待瓦洛人回来，而是化好装，跟着莫尔策弗鲁斯出了皇宫。当皇帝到了这位领导者的帐篷时，他立即就被戴上镣铐，押入大牢。莫尔策弗鲁斯抓住皇家徽章，穿上朱红[1]的中筒靴，被拥立为帝。

莫尔策弗鲁斯加冕，伊萨克与阿莱克修斯去世

人们抛弃了坎纳沃斯，市民选出的皇帝在索菲亚大教堂正式加冕。伊萨克已经病入膏肓，听到儿子被捕，他一命呜呼。小阿莱克修斯几天之后也死去了。阿莱克修斯被捕后在2月1日死亡。不管正如阿莱克修斯的继任者所说阿莱克修斯是自然死亡，还是如尼基塔斯和维尔阿杜安所言他是被勒死的，现在都无从考证。

准备防御

新皇帝莫尔策弗鲁斯虽面临着不可能完成的重任，但是他用有力的方式组织了抵抗。财政空了，百废待兴，军纪涣散，海上力量被摧毁。君士坦丁堡大部分被烧成废墟，新皇帝立即对富人阶层征收赋税，而且要求必须缴纳现钱，同时，他立即以饱满的精力着手改善防御。人们日夜工作，把港口附近的城墙加高，陆路城门加强防守。皇帝本人亲自鼓励市民和军队，他一会儿加入劳动，一会儿又率军发起进攻，攻打敌人的搜寻队。皇帝的行动坚定了人民的信心。但是，有钱贵族的古老的精神对皇帝造成阻碍。对于这些贵族来说，皇帝很讨厌，因为他拒绝承认他们的特权，皇帝坚持贵族应该提供帮助，而且把他们与其他市民置于一起，在城市被围之际，他们必须服从严格的规定。尼基塔斯说他们都害怕新皇帝的声音，就像害怕死亡一样。新皇帝的精力似乎完全赢得了皇家卫队的信任。因为护卫队被骗撤出皇宫，然

---

[1] 在新罗马，这个颜色是皇室的颜色。西方作者们说起朱红色，也指的是猩红、暗红等，似乎两者没有明显区别。

后新皇帝趁机抓了小阿莱克修斯,所以他们可能会对新皇帝的行为不满;但是,当他们知道小阿莱克修斯提议让敌人进入君士坦丁堡,他们愿意支持新皇帝莫尔策弗鲁斯。[1] 在护卫队中,有一些人是来自英格兰,忍受不了诺曼独裁统治的人,他们不愿意把诺曼人和法国人看做朋友。如果这次革命的"甘必大"[2] 有能力拖延对君士坦丁堡的进攻,他就有可能拯救这座城市。当站在十字军和威尼斯人那边的人提到这位新皇帝的时候,他们所用的方式表明他们相信现在有一位需要对付的反对者。新皇帝的目标就是节约时间。但是敌人明白为了自己的利益不能给新皇帝太多时间。

革命对入侵者的影响

处决伊萨克和小阿莱克修斯让博尼法斯和丹多罗抓住了想要的借口。只要合法的继位者小阿莱克修斯和他的父亲还在城内执政,远征军的领袖们为自己待在那里找的借口就是等待支付报酬。但是,现在两个皇帝被处决,伊萨克死了,曾经远征军的客人小阿莱克修斯沦为阶下囚,接着又被谋杀(他们认为是这样的),领袖们就提出要再次捍卫正义与公平,来为伤者复仇。维尔阿杜安说:"还没有什么能像废除、囚禁小阿莱克修斯这样的背叛更糟糕的事。"接着,他补充说:"大家都同意这个谋杀犯没有权利当皇帝,所有同意处决两位皇帝的人都是共犯。"维尔阿杜安在博尼法斯的要求下又利用了这些事件的影响,鼓动十字军,说在这种情况下进行战争是合法的,也是正义的。

---

[1] 当希腊人派火船抗击威尼斯人时,*The Chronicle of Novgorod* 的作者指控阿莱克修斯,*Ch. Nov.* p.96。

[2] 甘必大(Gambetta),即莱昂·甘必大(1838—1882),法国第二帝国末期和第三共和国初期著名的共和派政治家,对共和国的建立做出了重要贡献。——译者注

他还说，如果十字军要征服这片土地，让它服从教皇的统治，他们定会得到主教的宽容。十字军和威尼斯人对这样的保证很满意。虽然有的人听从号召的原因是为了惩罚谋杀者，但更大的诱惑则是抢夺财富。

君士坦丁堡分裂了。要理解这种分裂，必须记住市民对敌人的计划一无所知。小阿莱克修斯一死，博尼法斯似乎成为皇位的候选人。小阿莱克修斯的去世可能引起了博尼法斯的不满，君士坦丁堡内有一大批贵族并不是诚心实意支持莫尔策弗鲁斯，他们站到博尼法斯这边，欢迎他成为皇帝。尽管莫尔策弗鲁斯没有太多时间组织军队，但是他很勇敢，亲自监督、推动补救工作，这牵制了敌人。十字军和威尼斯人同样也很积极。新皇帝登基之前，即小阿莱克修斯死亡之前，发生了一件值得注意的事。[1]帝国每天都有战争。十字军为了进攻和围城需要准备大量供给，对首都的邻近地区进行洗劫。1月末，在博斯普鲁斯附近的黑海入口处的菲利斯（Phillies）[2]遭到了洗劫，鲍德温的兄弟佛兰德斯伯爵亨利发起征战，夺取了大量的牛和供给物资。莫尔策弗鲁斯听说这些人出发了，就想出其不意进攻他们，激烈的冲突开始了，在这次冲突中，新皇帝被打败，差点成为阶下囚。皇家的旌旗被缴获，[3]同时还有一面希腊人认为非常重要的象征圣母的旗帜也被缴获。[4]

博尼法斯利用新皇帝的失败带来的机会，想与他进行协商，来挽

---

[1] 冈瑟说莫尔策弗鲁斯尽力掩盖阿莱克修斯的死讯，不断以阿莱克修斯的名义派出使臣让十字军的领袖进城，但是丹多罗成功劝阻了这些人。
[2] 也可能是 Kilios。
[3] Codinus 说皇帝们在公共仪式活动中有 12 面锦旗，当皇帝上阵时，会使用一两面。君士坦丁堡的标志是新月，这个图形可能来源于牛角。新月象征着图尼亚人，这正如狮子象征着雅利安人一样。不同的部队又有不同的旗帜。
[4] Villehardouin, 227-228, and Nicetas, p.751.

救小阿莱克修斯的性命。[1]只要小阿莱克修斯不死,腓力的计划就有希望。一位俄国修士表达了这个消息,他说:"把小阿莱克修斯交给我们吧,我们离开,让你当皇帝;我们迫不得已来到这里。"帝国皇帝回信说:"要求提的太晚了。小阿莱克修斯已经去世。"[2]虽然不能说出这条信息的全部意义,但是考虑到当时的情形,可以看到十字军和威尼斯人之间的分歧。博尼法斯和丹多罗被迫一起合作,但又互不信任,他们彼此嫉妒。此时,博尼法斯的目的是拯救小阿莱克修斯的性命,而丹多罗要与莫尔策弗鲁斯达成协议。从圣地传来一项任务,马丁修士鼓动十字军抓紧时机来帮助那些与撒拉森做斗争的人。原来的不满情绪再次爆发。教皇在信里表明自己的目的,他命令战士们为了十字军的事业出发。教皇的这些消息已经传到了十字军那里。[3]

让小阿莱克修斯登上帝位的目标随着他的去世就结束了。即使博尼法斯知道威尼斯人与埃及苏丹之间的协定,他也没兴趣在君士坦丁堡久留。远征目标没有实现,引起了极大的不满,博尼法斯本人可能也要屈服。如果真是这样的话,我们就可以理解他对丹多罗所表现出来的嫉妒。现在,丹多罗成为形势的主导者。与在利多时一样,十字军现在也受威尼斯人的支配。军队补给不足。1、2月份君士坦丁堡很冷,还有暴风雪,在他们出发前,威尼斯人提出必须等天气好转。钱花光了,正如一位作者所说,从某种程度上看,他们处于斧头和砧板之间,他们被丹多罗牵着鼻子走。因此,接下来的会谈,博尼法斯并不会参加,正如之前的会谈也没有丹多罗的份一样。每位领导都有自己的算盘。他们之间还没有发现共同联系。

---

[1] *Chron. Noveg*, 95. *Chron. Grec*, *Rom.*, Hopf.
[2] 原文为:Iste obit; venite et videte, ib. 95. Epist Baldwin, Gon, Altinat, p.192。
[3] Inn. III. *Epist. vi*, January 23.

抓捕皇帝

皇帝莫尔策弗鲁斯与丹多罗之间的会谈开始了,目的是讨论和平。会议地点在圣葛斯莫(St. Cosma)修道院,距离布拉海奈尔宫半英里的路程。[1]这位威尼斯的总督要求立即支付5000金币,[2]同时附加了其他苛刻的条件,其中有一条就是服从罗马教堂。丹多罗一定知道他的条件会被拒绝。在两位首领会面期间,十字军骑士队从山上下来,想俘虏皇帝。如果皇帝没逃走,十字军就成功了。皇帝的一些护卫被抓。[3]

威尼斯人和十字军都没有试图再提出协商提议。

博尼法斯的困难

博尼法斯已经失败。得知小阿莱克修斯确实死亡,博尼法斯也可能不愿意进行协商了。博尼法斯不再执行腓力的联合两个王国的计划。对于博尼法斯来说有两条路可以选择:与十字军去埃及或者巴勒斯坦,或者与丹多罗合作。博尼法斯的誓言以及他在军队中的影响力,加上教皇的命令和圣地使者的消息,都促使他只能做出一个选择。但是,如果离开君士坦丁堡就等于承认他被打败了,就会招致十字军的谴责。与之前相比,他们反对非信徒斗争的成功概率更小了。即使博尼法斯不知道威尼斯人与埃及之间的条约,十字军面临的困难也越来越多。

---

[1] 拜占庭的作家们不断提到圣葛斯莫修道院。在 Du Cange, Cos.Christ. p.127 中用大量篇幅讨论了这个修道院坐落在什么地方,得出的结论与本文作者一致。这个位置与尼基塔斯给出的一致。尼基塔斯认为丹多罗坐船但皇帝骑马到的那里。

[2] Nicetas, p.751.

[3] Nicetas, p.752. 尼基塔斯在此最有说服力。如果冈瑟的记述是真实的,即皇帝引诱领导人们进入都城,这就足够了。

英诺森三世精心组织的这次远征发生了分裂，参与远征的所有的人现在都经历着不幸。与马丁修士一道的信使们道出佛兰德斯船队在叙利亚遭遇了怎样的失败。佛兰德斯船队冬天驻扎在马赛，那里的人数比在君士坦丁堡城外的十字军更多，很多士兵在当地发烧而死亡，余下的返回家乡，有的士兵投靠安条克的博希蒙德王子，该王子正帮助亚美尼亚人与突厥人作战，在那里他们被杀或被俘，所剩无几。

威尼斯人没有得到补偿，因此不愿意运送军队。如果博尼法斯想带领军队与非信仰者作战，他要么支付威尼斯人费用，要么与他们斗争。给钱是不可能的，打仗又是不明智的。如果十字军打败丹多罗，博尼法斯的军队可能受希腊人的控制。如果丹多罗胜利了，博尼法斯肯定就被摧毁了。十字军的形势处在斧头和砧板之间。

与丹多罗行动的优势

选择第二条道路，与丹多罗站在一起，则有无数好处。在他们面前是世界上最富有的城市，城内的居民正处于分裂中，城市防御很脆弱，城里的士兵不够勇猛。十字军和威尼斯人为了抢夺看到的那些从未想到过的财富，会诚心诚意地作战。军队中那些不受此影响的人，不为掠夺引诱，可能会有英诺森三世那崇高的想法：在打败异端后，把两个教会团结在一起；同时，他们也同意在攻打希腊人的同时，惩罚分裂者，特别是参与处决合法继承者的，但抢夺的诱惑加上职责和服从的要求会战胜小心谨慎，导致他们站到博尼法斯这边。如果占领都城，就可以选一个新皇帝。有谁还能像博尼法斯那样对成功如此坚定？博尼法斯被选为十字军的首领。鲍德温和其他军队里面的贵族们一直对其权威充满质疑。所以，博尼法斯都是当面做事。在威尼斯、扎拉、科夫以及在君士坦丁堡前，不满显得那么无力。博尼法斯只需再次获胜，就可能成为新罗马的皇帝。博尼法斯尽最大努力成就了小阿莱克修斯，即使腓力也不得不承认这一点，如果博尼法斯现在一心为自己而战，腓力也不会怪罪他。前景诱人，难以看到它的不确定性。博尼法斯忠心地投入丹多罗的怀抱，宣布围困君士坦丁堡。

决定进攻

为了在行动上达成一致，十字军必须召开会议讨论下一步的方针，他们在3月初召开了会议，但是，没有任何消息表明怎么去攻城，肯定的是议会同意进攻君士坦丁堡。这次会议持续的时间很长，会上充满了纷争。"会议之前和之后，大家一直议论纷纷。"十字军的司令说，最终形成了两三个派别。十字军的利益与威尼斯人的相反，但是，十字军内部又产生了分裂。反对远征君士坦丁堡的人不信任博尼法斯，他们讨厌他，虽然他们自己想不出出路，但是有力量来影响博尼法斯的计划。

攻下都城，瓜分战利品

会议决定如果君士坦丁堡被夺下，就选出六名威尼斯人和六名十字军组成一个委员会来进行皇帝[1]选举，但是，会议又补充了一个条约，要求12名代表应该在圣迹面前发誓选出他们认为最能代表这个世界利益的候选人，其他条约还规定各个派别应互相平衡。会议达成共识：如果法兰克人[2]当选为皇帝，威尼斯人选出主教，反之亦然，皇帝占有君士坦丁堡以及整个帝国四分之一的领土，同时拥有布拉海奈

---

[1] Robert de Clari 说选了20个人，每方10人（clxviii）。
[2] "Franchiois"这个词，所有的当代作家都使用来形容法国人、佛兰德斯人、德国人和勃艮第人。"Frank"这个词还用于巴尔干半岛，意思一样，而且更便利。

尔宫和狮子口宫，剩下的四分之三分给威尼斯人和十字军，金、银、布匹、丝绸以及其他获得的战利品会留给主持者，收集起来以便公平分派。当这一切完成后，威尼斯人和十字军选出一个24人组成的新的委员会，对帝国进行分封，规定每位分封者应该对新皇帝承担的封建义务，同时规定行动不能染指教士或者修士，也不能劫掠教堂或修道院，对帝国的瓜分包含分封采邑等应该在一年内完成，即1205年3月末之前完成。占领君士坦丁堡之后，所有的人应该恢复到原来希望的状态，但是，他们必须接受帝国的统治。[1]

在协议中帝国已被瓜分完毕，就等待着占领。

十字军和威尼斯人全力加紧攻击准备。首先，他们投入财力，准备云梯、舷梯，以便在船只和城墙之间搭起通道。投石器也准备妥当。砸墙锤、石器投掷器、射石机以及其他当时攻城的武器都准备好了。大家不再质疑去不去圣地，因为战利品的诱惑深入整个军队，当他们在做准备的时候，就已经计划好如何瓜分猎物了。

---

[1] Villehardouin, pp.234-235; Rhamnusius, iii; Innocent, *Gesta*, p.90.

第十五章
进攻、占领、洗劫君士坦丁堡

领导者们用了几周的时间加紧准备，4月8日他们完成了这些工作，决定择日进攻君士坦丁堡。相比9个月前的计划，这次发生了显著的改变，威尼斯人和十字军没有立即同时进攻港口城墙和陆地城墙，而是一起对海防发起进攻。马匹又运上了战船，战线已经拉好。战船在前，运输船在后，二者中间是桨帆船。战线长达1.5英里，[1]从布拉海奈尔直到佩特洛（Petrion）。[2]皇帝的朱红大营就在佩特洛区的半山腰上，入侵者出现在城墙下，他在那里可以看到进攻者的船只。在皇帝面前是大火摧毁的街区。

决定进攻

9日早上，聚集起来的船从南到北，向港口驶来。十字军在多处登陆，从城墙和水域之间最狭窄的地方进攻。接着，全线展开一场非常认真的攻击。在皇家军号和锣鼓的喧闹中，侵略者竭尽全力破坏城

---

[1] Robert de Clari 说长是一里格（lxx），这个陈述可能不准确。
[2] 当代作家不断提到"Petrion"，它是一个区，建在与金角湾相平行的山坡上，长度为布莱彻宫往东沿着港口城墙的三分之一。在君士坦丁堡早期，这个地方一直被忽视，但后来成为很多修士以及教士的居所。如今，有一大部分为犹太人居住。Du Cange, *Coons. Ch.* Dr. Mordtmann 仔细考察了这个问题，并发表了自己的研究结果。尼基塔斯说船从布莱彻到达艾维提斯修道院，这个修道院就在现在的赛利姆苏丹清真寺的下方。

墙，对方不断射来弩箭、石块。船上铺满木板和皮革来防御石头和希腊火，船只得到了保护，侵略者英勇地向城墙进发。运输船队不久冲向前线，接近城墙，进攻部队从船头跳出来，拿着长矛直接与城墙和塔楼上的防卫者开战。[1]据尼基塔斯的记载，截至中午或傍晚时分，十字军发起了100多次攻击。双方在交战中的表现都很英勇。

失　败

入侵者被击退。登陆的军队被打退，在阵阵石头攻击下，他们不能在岸上停留。高高的城墙使十字军比以前更难夺取城池。晚上一部分船只撤退到石头射击的范围之外，另一部分船仍然停靠在码头上继续对城墙上的射击手发起火攻，但第一天的入侵失败了。

撤退至加拉塔

十字军和威尼斯人的领导者们把军队撤到了加拉塔。进攻失败，他们必须采取下一步措施。同一天晚上，他们立即召开了会议，在会上旧的分歧出现，有人建议下次进攻应该在马莫拉那边，因为那里没有金角湾的防御强大，但是，威尼斯人持反对意见。了解君士坦丁堡的人马上就会承认这是无可争辩的，因为那里水流太强，船只难以安稳停靠。维尔阿杜安对此事非常恼火，他说有些人就对水流、风向相当满意，只要他们能离开这个国家，踏上想走的路，什么都可以推动船只。

决定第二次进攻

会议最后决定，在10、11日修补损失，12日再次发起进攻。11

---

[1] *Devastatio*的作者和罗伯特·德·克拉里都热情地说起威尼斯人的心灵手巧，例如他们建设的那些平台。

日是星期日，博尼法斯和丹多罗利用这一天平息军队内各领导层的不满。就如在科夫进行第一次攻击时一样，教士和修士行动起来为抗击希腊人进行祷告，他们鼓吹这是一场正义的战争，新皇帝是叛国者、谋杀犯，比犹大还不忠诚，希腊人不服从罗马，他们拒绝承认罗马的权威，犯了分裂罪，而英诺森本人希望两个教会团结。这些人认为在失败中他们看到了上帝对十字军罪过的惩罚。放荡的女人被赶出军营，为了安全，甚至把她们运到更远的地方。忏悔和圣餐仪式被合并。总之，这一切就是为了证明这是正义的事业，也是为了平息不满，让他们有事可做，直到第二天发动进攻。[1]

勇士们非常勤奋地修补他们的船只和武器。根据9日的进攻情形，在策略上的改变虽然不大但却非常重要。运输队向不同的塔楼进军，从船头通过栈道作战的士兵数量不足，不能对抗守城士兵，因此，第二次进攻策略更改为集合力量，应对每个塔楼，分别派两艘船，从船上到塔楼搭上栈道。与第一次进攻相比，这次的战线大大缩短。

第二次进攻

12日早晨，进攻开始。帝国皇帝的帐篷设在佩特罗区的庞特波提斯（Pantepoptis）修道院。[2]这一区域从金角湾直到布拉海奈尔宫有很多修道院，而这座修道院的长占据了这一行程的四分之一。皇帝在这个地方可以看到进攻船队的所有动向。皇帝看到城墙上爬满了人准备进攻，天亮时十字军士兵们发起了进攻，战争非常激烈。所有在场的十字军和威尼斯人都加入了进攻。各组船队向目标塔楼发起攻势。第一天围

---

[1] Robert de Clari, 1xxii.
[2] 这个修道院还被当作清真寺，即著名的"Eski imaret Mahallasse"，这里既有修士也有修女。

城的入侵者进展不大，强劲的北风使船队比前几次更接近陆地。两艘运输船队载着朝圣者和教士们，他们聚集在一起成功把栈道搭在船和塔楼之间，与皇帝所在的位置相对。[1]一位威尼斯人和一位法国骑士立即冲上去占据了阵地，随后其他人跟了上来，他们与塔楼的守军展开战斗，守军有的被杀、有的逃亡。这给了入侵者勇气。船上的骑士们看到发生的一切，他们也跳上岸，把梯子驾到墙上，不一会儿就占领了四座塔楼。战船上的骑士则集中力量进攻城门，攻破三个门进入城中，其他人骑着马从船上下来。骑士组成的一队人马，从城门进入君士坦丁堡，控制了皇帝的大营。莫尔策弗鲁斯已经调集军队到他的大营前，但是这些人从来没与全副武装的战士作战过，经过一凡顽强抵抗后，皇家军队逃跑了。被革除"大秘书"（Grand Logothete）[2]一职的尼基塔斯不愿意称赞这位皇帝。尼基塔斯说："皇帝尽力召集军队，但最终没有成功，不得不退到狮口宫。死伤不计其数，望不到边。一场不分青红皂白的屠杀开始了。入侵者不分年龄、不管性别开始杀戮。"

第三次大火

为了确保安全，入侵者放火烧了位于他们东边的城区，烧毁了在安维叶提思（Everyetis）修道院和统帅区的一切。[3]火势太大，烧了一天一晚。军队司令记载，很多房子被毁，烧毁的数量比法国三大城市的房屋总数还多。皇帝的营帐和布拉海奈尔皇宫遭到洗劫，侵略者在相同的地方建起了军营。十字军在晚上进入君士坦丁堡，他们不可

---

[1] Nicetas, p.753.
[2] 希腊语中的本意是精通算术、记账和推理的人，拜占庭这一职位相当于现在的"国务秘书"。
[3] 这个区在港口城墙的门附近，现在称作"Zindan Capou"，也在干果市场附近。

能继续在夜里摧毁这座城市,就在城墙和塔楼附近安营扎寨。鲍德温在皇帝的朱红营帐里过夜,亨利则住在布拉海奈尔宫前面,博尼法斯和蒙特弗特元帅住在城市中心的皇家营地另一边。

占领君士坦丁堡

君士坦丁堡被占领。过去曾经发生过17次攻占新罗马的战争,但都未成功,这蒙蔽了城里的居民们,他们最后从安全的梦中醒悟了。什么符咒、异教堂,以及基督徒都已经无济于事了。坐享其成的懒人们得到很多圣物,意识到自己是在一支由圣徒和勇士的队伍保护之下,他们就对广大市民进行洗劫,之后这些人被暴力驱散。布拉海奈尔宫的圣母遗迹,以及圣徒的头颅、胳膊、身体以及衣物,还有圣十字架,这些与现在埋在地下的守护神一样没有用处,它们都在君士坦丁堡建的大柱子下面。粗暴的西方人把希腊人的这个护身符完全看作异教徒。在围城期间,那些被认为不吉利的雕像被摧毁,但没什么用。入侵者自己也有很深的迷信信仰,不同的是,他们不相信一个分裂的民族能够保护天国,也不配拥有那么多圣物遗迹。攻城的第二天晚上,位于陆地城墙的马莫拉那边的金色大门打开了,受惊吓的人们正拥向那儿准备逃离这座城。其他人在忙着埋财物。

皇帝逃跑

皇帝本人也惊恐万分,他发现失去了一切。确实,入侵军在城里站稳脚跟,一切都化为乌有。皇帝带着小阿莱克修斯的遗孀从金门逃走。但是勇敢的西奥多·拉斯卡利斯[1]想再试一次。对于人民来说,

---

[1] 西奥多·拉斯卡利斯(Theodore Lascaris),他是阿莱克修斯二世的女婿,开启了拉斯卡利斯王朝。——译者注

他的号召不起作用。所有那些没有遭受痛苦的人们看起来漠不关心。有些人看起来只是仅仅想换个统治者。西奥多把注意力转到瓦洛守卫身上，但是在进行重新组织之前，敌人就在眼前，西奥多不得不逃跑。根据元帅所见，十字军已经预料到第二天的战争，他们对莫尔策弗鲁斯的逃跑一无所知。让他们惊讶的是，没有遇到任何抵抗。一天内实现了征服。拜占庭部队包括瓦洛人都放下武器，以求安全。被驱逐的意大利人借机返回都城进行复仇。冈瑟说：[1] 2000市民被杀，杀死他们的大多数是返回来的意大利人。

蒙特弗特为王

当胜利的十字军经过街道的时候，妇女、老人和儿童中没有逃跑的，他们的手做出十字架状，欢呼着让蒙特弗特成为国王，[2] 人们很快组成队伍，拿着十字架和基督的标志，庆祝元帅的胜利，大家知道他曾是小阿莱克修斯的守护者。除了那些还认为变化可能是换个君主的人之外，也有一些曾与年轻的阿莱克修斯在一起的人认为因此他们会得到博尼法斯的喜欢或至少分得奖赏。因而，自然而然把他拥立为王。

这位侯爵带着他的部队，沿着金角湾海岸，来到大皇宫。占据者交出了宫殿。宫廷的女眷包括法国国王的姐妹和匈牙利国王的另一个姐妹，逃到宫殿的要塞处。博尼法斯占领了大皇宫，亨利占领了布拉海奈尔宫。

洗劫君士坦丁堡

洗劫城池开始了。皇家财宝和武器处于看管中，但例外的是，军

---

[1] Ch. xviii.
[2] Gunther, xviii.

队和水手都拥有抢夺的权利。在这里抢劫比在欧洲更有组织性、更理直气壮；没有哪支基督教世界的军队比这些基督徒士兵更野蛮地洗劫一个城市，而他们还曾发誓要圣洁，在上帝面前许诺不会血溅基督徒，一直打着和平王子的旗号。尼基塔斯满怀愤怒地写下了十字军的罪恶，[1]他说："你们身负十字架，在它和圣徒们面前对我们发誓说你们经过这片基督之地，不会流血，也不会偏离自己的目标；你们告诉我们，你们拿起武器只对付撒拉森人，你们只会让他们流血；你们发誓自己因十字架而圣洁，是基督旗帜下的士兵；但是，你们没有保卫基督的墓葬，而是侮辱他的子民；你们对待基督徒，比阿拉伯人对待拉丁人更糟糕，至少后者尊重妇女。"入侵者在皇宫和贵族的府中找到大量的财宝。每位贵族拥有一个瓜分到的城堡或宫殿，然后他们派一名护卫看守找到的财宝。元帅说："自从这个世界诞生以来，还没有在一个城市获得如此多的战利品；每个人都喜滋滋地占有一个房子，那里有他们需要的一切；曾经贫困的人发现他们突然变富；夺取了大量的金银以及贵重石头，还有绸缎、皮毛以及世上能找到的财富。"

对基督教世界最富有城市的掠夺成为对十字军的贿赂，使他们打破了自己的誓言；洗劫成为他们的精神，一旦突破了誓言，就会不计后果地进行下去。节制和圣洁再次被抛弃，掠夺变成了狂欢。

希腊目睹者对维尔阿杜安的描述作了补充。军队的欲望不再把姑娘和处女献给上帝，暴力和屠杀到处可见，整个城市充斥着受害者的哭喊、痛苦和呻吟声，劫掠无限制，欲望无节制。整个城市一团混

---

[1] Nicetas, p.759.

乱，贵族、老人、妇女和儿童四散逃奔，想保住他们的财富、荣誉和性命，骑士、步兵和威尼斯士兵争相展开疯狂掠夺，他们威胁并虐待受害者，但是后者交出财富，就能保证他们的安全，受害者呼喊着，叫声混成一片。这些"虔诚的"强盗[1]的行为就像得到了犯罪许可一样，他们手拿剑矛，洗劫房舍和教堂，对占领地人民的宗教各种侮辱。教堂和修道院汇集了最多财富，因而成为首要的洗劫对象，教士和修士被侮辱，十字军把教士的袍子披在马身上。圣像被无情地从屏风上拆下，或者被破坏。教堂的圣物和美丽的棺木被洗劫，圣杯被从宝石上剥下，用作酒杯，抢夺的圣牌堆了起来。圣坛的布围和镀金外表，以及镶着的宝石和刺绣也被剥了下来，他们要么分给士兵、要么破坏后获得金银。圣索菲亚大教堂的祭坛，曾经是众人朝拜的对象，如今因其修筑材料而被破坏。骡子和马匹牵到教堂，把大量的圣物、圣座的金银板、讲道台、门以及其他漂亮装饰拖走。士兵们把基督大教堂变为亵渎之地，有个妓女坐在主教的椅子上，跳舞唱歌取悦士兵。谈到对索菲亚大教堂的亵渎，尼基塔斯极其愤怒，他写道："这些野蛮人不懂得欣赏和尊敬美。"对于尼基塔斯来说，大教堂就是人间天堂、伟大的神的殿堂，是万能的神创造出来的天的形象。

穆罕默德在1453年也洗劫了索菲亚大教堂，这次洗劫可以与1204年十字军的洗劫相比。

攻陷君士坦丁堡之后，洗劫了三天。[2]可能在第三天，军队首领下达命令，要保护妇女。三位主教宣布对那些洗劫教堂的人处以绝

---

[1] 正如冈瑟称呼他们这样。
[2] Clari, 1xxx. 原文为：Tres dies gladiis saevibant。

罚。[1]很多天后，军队才恢复到一般秩序之下，全军下发命令，收缴所有战利品，重新分配，他们选出三座教堂作为战利品的存放地，派可靠的十字军和威尼斯看守、监督存入的东西，但是有一些被隐瞒，很多被偷走。在恢复纪律之前，必须采取严厉的措施，很多十字军战士被绞死，圣保罗伯爵的一名骑士不愿交出战利品，他就把盾牌挂在这名骑士的脖子上而绞死了他。同时代的一名作者，也就是提耶尔的威廉的历史的续写者对比了十字军在夺取君士坦丁堡之前和之后的行为：当拉丁人即将夺取君士坦丁堡时，他们以上帝为盾牌；当他们进入君士坦丁堡后，他们就把这盾牌扔掉了，拿起了魔鬼的盾牌。[2]

尼基塔斯的经历

君士坦丁堡的意大利人与他们的老乡返回到都城，他们对希腊人充满敌意，但是他们也不能忘了之前的友谊，尼基塔斯能逃跑就是这一证明。尼基塔斯曾经位居大秘书，[3]但他被莫策尔弗鲁斯撤职，当拉丁人进入君士坦丁堡之时，他撤到位于索菲亚大教堂旁边的一座小

---

[1] Can. Lingonensis, *Excuve Sac.* i. 29. 原文为：Sed caeca cupiditas, quae facile peruadet, ita manus eorum victrices victas tenuit, ut non solum ecclesias violarent, immo etiam vascular, in quibus santorum reliquiae quiescebant, impudenter effrangerent, aurum inde et argentums et gemmas turpiter evellentes; ipsas vero reliquias pro nihilo reputabant. Quo audito, seniors exercitus doluerunt valde, timentes ne talis Victoria cis in exitium verteretur; habito igitur consilio, legatus, qui vicem apostolici gerebat, cum archiepiscopis et episcopis, sub districti anathematis interminatione precepit, ne quis sibi retineret reliquias, sed omnes in manu bonae memoriae Guarneri, tunc Trecensis episcope, libere resignarent. Inter quas invetum est caput gloriosi martyris, nudum quidem, nisi quod circulus argenteus ipsi capiti circumductus erat, et supra, in modum cruces extensus, totum comprehendebat, in quo erat scriptum antiques literis graecis, quae adhuc ibi apparent: APIOΣ MAMΣ, quod interpretatur Sanetus Mamas。

[2] L'Estoire de Eracles, p.275, Recueil.

[3] 这个职位现在仍然存在。主要职责是在牧师举行仪式时吟诵信条。

房子里,这座房子就像一个逃亡观察站。尼基塔斯的大房子,也可能就是他的官邸,有丰富的装饰物,但毁于第二次大火。他的很多朋友和他一起逃跑,把现在的居所看作隐秘之处,但是全城都被洗劫,没有什么地方能逃过这帮强盗的搜查。意大利人封锁了城市,尼基塔斯与他的妻子及其他家人藏在一名威尼斯商人的家里。他打扮成士兵模样,假装是侵略者,阻止他的同胞或其他拉丁人进入房子,他成功了,但最后一群法国人强行进入,安全变得不可能了。这个威尼斯人建议尼基塔斯离开以免被投入监牢,同时也为了解救他的女儿们。尼基塔斯和他的朋友们接受了商人的建议,他们打扮成穷人,由这名忠心耿耿的朋友领着出了城,女孩和年轻的夫人们走在中间,他们把脸涂黑,给人一种贫穷的印象。当他们到达金门的时候,队伍中的一名法官的女儿突然被一名十字军战士抓走了。女孩的父亲年老体衰,加上长途路程,他倒下了,只能哭着祈求帮助。尼基塔斯跟上来,吸引过路士兵的关注,他经过一番长久、悲怜的请求,提醒士兵们注意反对暴力对待妇女的法令,最后成功解救了那位姑娘,但是如果这帮人的领队最后不以绞死违反法令者为威胁,这些请求就是徒劳的。几分钟后,逃亡者出了城,他们跪在地上,感谢上帝保护他们成功出逃,挽救了他们的性命。他们踏上了疲乏的旅程,去往锡利夫里(Silivria),沿途都是受害的同胞。在他们前面是主教,尼基塔斯说:"没有包,没有钱,没有拐杖,没有鞋,只有一件衣服,他就像一位真正的使徒,一位真正的基督的追随者,骑着一头驴,不同的是,他不是胜利地进入新耶路撒冷,而是离开那里。"

瓜分战利品

大量战利品聚集在三座教堂里。元帅本人说有很多战利品被盗,从来没有收入教堂。根据夺城前事先签订的协议分配收集起来的战利品，威尼斯人和十字军各分一半，军队又拿出 5 万银马克支付给威尼斯人，两名步兵军士与一名骑兵军士的份额一样，两名骑兵军士与一名骑士的份额一样。除去被偷的和支付给威尼斯人的，军队得到 40 万马克、一万套铠甲。[1]

十字军和威尼斯人获得的这些财富表明君士坦丁堡的富有名不虚传。十字军的 40 万马克的财富中，约有 5 万马克给了威尼斯人。这些财富来自城里充满敌对的居民，有的是现金，有的是藏在井里、水箱里的金银和宝石，这些藏财富的地方是在东方最普遍的选择。君士坦丁堡的一半城池被三场大火烧毁。大量的战利品被军队占有，普通民众从来没有分到任何东西。西斯蒙迪（Sismondi）[2] 估计君士坦丁堡在被攻占之前，它财富总量为 2400 万先令。

整个 4 月下旬都是分赃时间。很多青铜艺术品被送往熔炉铸成货币。为了获得雕塑上面的金属，它们很多都被破坏。征服者什么都不懂，也不在意这些金属东西的艺术价值，对他们来说，有多少铜才是兴趣所在。

摧毁艺术品

他们摧毁这些艺术品的时候，并没有像伊斯兰反对偶像和护身符那样的原因，对于西方这些基督徒，那样做是没有任何借口的。摧毁那么多有价值的东西，其动机既不是狂热主义，也不是宗教，仅仅是为了获得财富。什么感情都不能限制他们的贪婪。金牛宫的圣母雕像与赫拉克勒斯的雕像立即被送往熔炉，只要能变成钱，没有什么是神

---

[1] Du Cange 谈到 chevaucheures，或 beasts of burden，我采纳的是 M. Wailly 的看法。
[2] II. p.405.

圣的，也没有什么是美的，在这些被毁的东西中，很多是帝国鼎盛时期的艺术品。希腊秘书留给后人一个清单，列出了很多被送到熔炉的大型雕像。值得注意的是，这些只是主要的毁坏品。

再次需要指出的是，在这些艺术品被毁之前，君士坦丁堡一直是艺术品和基督遗物最大的保存地。那些基督遗物通过各种技巧保存下来，以供买卖或艺术装饰。与旧罗马相比，这里从未受到蛮族的劫掠。君士坦丁堡的街道和公共场所历经几个世纪一直有雕像和大理石的装饰。

洗劫索菲亚和其他建筑以及艺术品

在阅读东罗马历史学家的作品时，读者们被作者所描述的艺术品所震撼，对他们充满了欣赏之情。在这些具有艺术性的建筑中，最为人敬重的当数圣索菲亚大教堂。这个教堂经历了重重考验，它是人类最美的创造。在西欧没有什么能给观众留下像查士丁尼的伟大建筑的内部设计那么深的印象，它内部的装修和谐一体、丰富美丽，哪怕这些观众独具慧眼，能够按照以前的条件恢复一些东西，也不能与之相媲美。财富和艺术品大量用于大教堂的内部装饰，特别在当时以及以后相当长的时期内都被基督教建筑师认为是最值得研究的部分。一位建筑学的权威说："至少从内部看，索菲亚大教堂肯定是基督徒到目前为止建造的最完美、最漂亮的教堂；当大教堂装修完成时，这种判断更为人信服。"[1] 尼基塔斯对索菲亚大教堂辉煌时期非常了解，也很喜爱这座大教堂，对他来说，大教堂就是世界之美的象征，代表着天

---

[1] Fergusson *Hist. of Arch.*, vol. ii. p.321. 补充：在阿索斯山，当君士坦丁堡陷落后，拜占庭的建筑从这里流逝、聚集，作者已经目睹了装饰是如何彻底改善拜占庭的教堂的外观的。在修道院的教堂里，例如 Vatopedi，游客会看到鼎盛期拜占庭的建筑是什么样的，游客也会重构像君士坦丁堡的 Karkrie 教堂是多么美丽。

堂。而对于弗格森这位冷静的英国观察者来说,"各种形状、色彩的美丽的大理马赛克板、包金的马赛克拱顶、房顶、弯曲的表面,还带着各种形象或建筑装饰,非常恢宏,让人赏心悦目"。[1]圣马可教堂对于威尼斯的意义,正如索菲亚大教堂对于君士坦丁堡的意义。虽然圣马可教堂用从最伟大的索菲亚教堂这个模板上夺取来的战利品加以装饰,但其内部却难以与索菲亚教堂相比。索菲亚教堂证明了他的创立者的正确性,它仿佛在说:我已经超越你了,所罗门!在查士丁尼后的700年里,继任者试图增加它的财富和装饰,但是,13世纪初,这座基督教世界最美的教堂被抢夺洗劫。对于愤怒的希腊人来说,这些侵略者会把墙上的这些宝石剥掉,因为对他们来说,没有什么是神圣的。[2]

  在大教堂的周围,还有其他东西可以铸成铜,但是一旦摧毁就无法修复。巨大的竞技场里满是雕像,埃及在里面树立了一座方尖碑,德尔斐把纪念布拉底胜利的铜雕塑贡献出来,还有大量后期的神的雕塑。基督艺术家们一直继续着祖先的传统,使用的方法不像现在西方作家们认为的那样落后。有文化的君士坦丁堡的居民对这些艺术品充满尊敬,非常爱惜它们。尼基塔斯列出一系列被送到熔炉的重要物品,不断强调这些野蛮人摧毁了它们,这些野蛮人对它们的价值一无所知;十字军战士们既不能赏识这些艺术品的历史价值,也不敬重艺术家们在此投入的劳动价值,只知道它们再次铸造后的金属的价值。[3]

---

[1] Fergusson *Hist. of Arch.*, vol. ii. p.321.
[2] 在 *Chronicle of Novgorod* 里,对洗劫索菲亚教堂做了生动的描述。作者对该教堂十分了解。同时在诺夫哥罗德主教安东尼的 *Peveginus* 里,也对洗劫做了描述。*Exuv. Sac.* Ii. p.218.
[3] 迦太基铜是由铜、金和银合成。布拉底的基座就是这一类型的铜,但由于其质地差,因而被保留下来。

圣徒教堂周围埋葬着皇帝们，之后穆罕默德二世再次建造了一座以他名字命名的清真寺。入侵者为了得到财富，对这些皇帝的陵墓，包括查士丁尼的都进行了洗劫。在洗劫完了贵族的府邸、教堂和陵墓之后，贪婪的士兵们转向了雕塑，从萨默斯岛（Samos）带回的巨型朱诺雕像，立于君士坦丁堡广场，也被送到了熔炉里。这尊雕塑的头部用四头牛才能运到宫殿里。随后雕像"帕里斯给维纳斯奉上不和谐的苹果"也被运到熔炉里。"风之仆人"是一块高耸的方尖碑，它的各侧面是基线浮雕，非常漂亮，这些浮雕体现了乡村风景和四季变化，方尖碑的顶端有一个女性雕像，她会迎风转动，因此又得名"Anemodulion"。这个雕塑的浮雕被剥下，也被熔化。一尊很大的、漂亮的描绘柏勒洛丰和珀伽索斯骑马的雕像，也有人认为是骑马的约书亚，据说它可以让太阳静止，也被送到熔炉里，这个雕像中的马匹似乎听着号角嘶鸣，在激烈的战争中肌肉紧绷着。留西波斯人的作品庞大的赫拉克勒斯曾伫立在塔伦塔姆，后被运到旧罗马，接着又被运到新罗马，放在竞技场里，最后也遭到被融化的命运。通过这座雕塑，艺术家表现了赫拉克勒斯面对分配给他的小任务的愤怒，它的雕刻方法赢得了收藏者们的赞誉。这尊雕塑是坐着的，但不卑不亢，他那如狮般的皮垂至双肩，右脚和右手伸向远方，胳膊放在弯曲的膝盖上，头枕在左手上。整个雕塑充满尊严感，宽阔的胸膛和肩膀，卷曲的头发，胳膊和脚趾都是肌肉。

有一尊雕塑是一头驴和一个人，奥古斯都铸造的这个青铜雕塑是为了纪念他获悉亚克兴角的胜利，它也没有逃脱被熔化的命运。

为了获得金钱，这些野蛮人也收了哺乳罗慕路斯与雷穆斯的狼雕塑，还有狮身人面像、荷马、鳄鱼、大象等反映了对埃及的胜利的雕塑，还有斯库拉魔鬼以及其他艺术品，以上这些大部分在基督时代之前可能就被摧毁了。

同一时期，还有敬献给阿波罗乌斯·提亚纳的鹰蛇之争雕塑。尼基塔斯带着崇敬的心情描述海伦的雕塑，我该用什么词形容海伦——这尊有着玉臂和漂亮身段的雕像呢？为什么海伦就不能让这些野蛮人心软呢？她曾经让多少看客倾倒，尽管她穿着优雅的裙装，也不能隐藏其魅力，她眉骨分明，长发拂风，优雅的嘴唇微张，欲语还休，眉如新月。她是一尊和谐、优雅、漂亮的雕塑，观者之乐，悦之于目，不能用足够的词语去充分形容她。这尊雕塑也被那些对其一无所知的人摧毁了。还要补充的是，还有一尊优雅的女性雕塑，她右手边是一个全副武装的、骑着马的人。战车上胜利者的雕像就在俗称红皮肤的东方人的旁边，这些胜利者站立在战车上，就像他们获得胜利时，亲历者所见的那样，他们正在指挥战马向这些东方人进攻。在附近，还有一尊尼罗河牛与鳄鱼进行殊死搏斗的雕像。以上这些与其他的雕像很快都遭到同样的命运，被铸成货币，由此我们可以判断出被这些人毁坏的青铜雕像的价值和艺术成就。塞奥多西斯皇帝从希俄斯带回四尊马雕像，安置在竞技场，这些马幸运地逃脱了大洗劫，被带往威尼斯，装饰于圣马丁教堂前面。

从遗物中可以窥见君士坦丁堡的财富。君士坦丁堡是艺术品储藏地，因此吸引了几乎整个东方世界的遗物。流入君士坦丁堡的遗物数量之多，远远大于艺术品，基督徒们一定会阻止这些遗物落入伊斯兰教徒手中，但是十字军更喜欢的是财富，而不在乎大理石或青铜，也不在乎雕塑者的天分为他们附加了多少价值，甚至连那些有点良知的士兵们，为了弥补他们打破誓言的过错，他们最心安的方法就是从邻近地区偷一件遗物。这些遗物置于镶着金银的容器里，这又为这些艺术品增加了价值，这些容器常镶有宝石。相对于这些容器里的内容，我们更钟情于容器本身，因为我们并不相信这些遗物具有特殊的地方。想理解十字军的情感，就必须记住他们对遗物的怀疑一直存在于头脑中。近来有位作者充满热情地收集了很多资料，对西方收到的这些遗物做了详细记载，但是很少说到盛放遗物的东西所具有的价值，即使有的时候提上一嘴，也是偶尔性的。真正的十字架或者圣徒的手臂是宝石的，也只有金银的容器才能配得上。

对君士坦丁堡遗物的劫掠持续了40年，但是一半以上的都是在1204年到1208年被抢走的。在攻下首都的几天中，那些随军的主教和教士们主动得到这些圣物，当时一位作家这样说："东正教的牧师们更愿意把这些赃物交给随军的神职人员，也不愿给那些粗鲁的士兵和更粗鲁的威尼斯人。"军队中最高地位的圣职人员，即使他们拒绝获得世俗的财富，也渴望得到神圣的战利品，虽然他们获得的方式毫无廉耻可言。主教们把圣十字架小心地分给贵族们。冈瑟给我们描述了负责德国十字军的主教马丁所采用的方法，主教得知希腊人把很多遗物藏在了一个特别的教堂，这座教堂遭到大洗劫，马丁作为修道院院长，仔细寻找遗物，而士兵们则寻找更多的普通战利品。院长找到一位牧师，这个人长发，留着胡子，就像现在的东正教牧师一样。院长粗鲁地对他说："给我遗物，不然你就会死。"这位老牧师，看到一个和他身份一样的人与他说话，且受到了威胁而深感惊恐，就想最好把遗物交出去，而不是给那些双手沾满血迹和肮脏的士兵，老牧师打开一个铁质的安全箱，眼前的东西让马丁院长非常兴奋，他把手深入宝石箱，院长和他的牧师们填满自己的法衣，飞快跑到港口把东西藏了起来。在那动荡的日子里，他们成功地把这些东西保存下来，也算维护了这些遗物本来的尊严。

达尔马提乌斯·德·谢尔盖（Dalmatius de Sergy）获得了圣克里蒙首领职位，他认为自己实现了十字军的誓言，因为他们认为夺取遗物以及把他们送到西方也是一种完成十字军誓言的方法。这位骑士因为没能去圣地而倍感痛苦，真诚地祈祷上帝为他指明如何做才能做一些其他任务去弥补没有完成的誓言。他首先就想到把遗物送回自己的国家，因此咨询了两位在君士坦丁堡的红衣主教，他们同意这一想法，但命令不要买这些遗物，因为禁止买卖，因此，达尔马提乌斯决定去偷——如果可以把这个词当作赞扬来形容这样的行为的话。为了发现有特别价值的东西，骑士待在君士坦丁堡直到来年棕枝主日，一名法国教士指出在一个教堂保留了圣克里蒙的头。[1] 骑士与一位西多会的修士一起去了这座教堂，他提出要看看遗物。他们一个人负责与接待骑士的人们说话，另外一个人则偷走一块遗物，离开的时候，骑士可恶地发现并未拿走整个头，他就以金护手落在了教堂里为借口，让他的同伴获准再次进入教堂。他让修士在门口说话，他进入圣坛后的房间，偷走了剩下的部分，然后他们出了教堂，上马离开。骑士欣喜地把这个头颅放在家里的礼拜堂里，几天之后，他又假惺惺回到教堂，假装朝拜遗物，其实他想确认他偷走的是不是真的圣克里蒙的头，因为在那个盒子里有两颗头，骑士被告知圣克里蒙的头颅已经丢失。骑士非常满意，发誓只要他能安全回家，就把圣物交给克鲁尼教堂。骑士启程准备回家，嫉妒的魔鬼带来一场飓风，骑士在遗物前又是流泪又是祈祷，最终他安全回家。克鲁尼的修士们

---

[1] 这个教堂可能是罗斯教堂，突厥人把这个教堂改为清真寺，保留了原来的希腊名字。这个教堂是为圣西奥多西而建的。

以万分尊敬和喜悦的心情接受了骑士偷来的珍宝，他们相当自信他们会成为圣克鲁尼的与那些以这位圣人头颅而自豪的人们之间永久的中间人。[1]

十字军们最想找到的遗物就是与《新约》中提到的事件相关的东西，特别是与耶稣孩提、生命以及感情相关的东西。帝国首都拥有大量的遗物，从雅各布睡过的石头、让摩西变成蛇的一根手杖再到君士坦丁堡异教徒的反对者的那些遗物。与耶稣生命以及圣母相关的遗物数量众多，还包含与耶稣有关的一切事件的东西，有耶稣被钉的十字架，还有他在客西马尼园流的几大滴血、耶稣长出来的第一颗牙、孩提时的几根头发，有虔诚者们非常尊敬的紫色袍子，还有耶稣在最后晚餐上施以恩典的一片面包，但是，除了这些之外，几乎没有门徒、圣人或殉道者的遗物。大部分这些遗物成为洗劫君士坦丁堡所得的战利品。在夺下都城后的头几天，这些东西就被聚集起来，然后又在官方主持下在入侵者内部进行了分赃。八分之三的遗物分给了陪同十字军的教士和修士们，剩下的被出售，或者被私人获得。官方统计的那些遗物主要来自布克里昂和布拉海奈尔宫。在前几天的掠夺中，收集起来的这些遗物还有皇家的封印。当这些遗物到达西方时，人们举行了极其隆重的仪式迎接它们，王公贵族们也加入这个庄严的队伍中，他们一起去教堂。这些遗物在肃穆的仪式中被安放在那里，接着举行了一场关于这些遗物所涉及的事件的布道活动，从此，几乎每年都会举行活动来庆祝这些遗物的到来，有时为了表达这份尊敬，还会献上礼物。《新约》《旧约》中涉及某个圣人的部分会在这样的仪式上向公众诵读。人们举行特别的仪式来纪念这一事件，为这些遗物，有人

---

[1] 我采用了胡尔特（Hurter）的描述，因为他是这方面的权威。*Bibl. Cluniac.*

谱写了颂歌。[1]在塞林科特修道院（Selincourt），运来了耶稣基督的一滴圣泪，因此这个修道院改名为圣泪修道院（the monastery of the Sacred Tear）。有一些这一类重要的物品被提到，既是为了表现西方收到的数量众多，也为了体现这些物品被尊敬的程度。

提耶尔的威廉[2]的历史的续写者指责威尼斯人夺取了超出其份额的战利品，并把它们藏在了船上。很多曾经装饰智慧教堂的漂亮的物品被用来装饰圣马丁教堂，智慧教堂高高的圣坛、大理石柱子、青铜门等是最有价值的战利品，威尼斯的教堂也获得了很多雕塑、画、金银器具以及很多教堂用具，威尼斯人得到了著名的圣母画像，这幅画是圣卢克在圣灵的启发下创作的。[3]1205年，苏瓦松收到了来自君士坦丁堡的教士尼弗隆的圣斯蒂芬（St. Stephen）的头、圣托马斯指着耶稣的那根手指、圣马叮头上的圣冠、耶稣圣冠上的一根刺、圣母无袖衣上的一块布，还有耶稣在最后晚餐上裹身体的衣物的一块布、圣母的腰带、受洗者约翰的胳膊等。这些物品到了之后的几个月，又有一批物品：受洗者圣约翰的头、圣托马斯的头、耶稣的两个伟大的十字架、圣詹姆斯的头，还有其他两个十字架、圣撒迪厄斯的头，以及一些不太重要的遗物，虽然不值得一提，但都分给了苏桑松教区的主教堂和修道院。[4]

有一份可能是在1208年由哈柏斯坦的一位秘书完成的匿名记载，

---

[1] Riant发现了85场有关1204年圣物仪式，其中74场是为了纪念接受圣物的。好几首颂歌让人非常好奇，最受人欢迎的颂歌原文为：In festo susceptionis Sancte Coronae. *Exuvioe Sacoe*, vol. ii. p.47。
[2] 原文为：Cel qui plus enblerent ce furent li Venecien qui l'emporterent par nui a Cornes. *L'Estoire de Eracles*：*Recueil*, p.275。
[3] 英诺森三世明显不相信这些遗物的特殊性。原文为：Opinionem illam, taquam superstitiosam, minime approbamus. Ep.ix。
[4] Anonymi Suessionensis, *Ex. Sc.* i. 8.

讲述了另外一件从君士坦丁堡带回遗物的事，全体民众、教士以及来自其他邻近教区的人，汇聚一起迎接这些遗物，这些遗物是由主教康纳德带回来的。这位编年史家说，从未见过那么大一群人，当他们接到遗物时，出乎意料地高兴，因为这些东西注定会为这个国家带来和平、安全。如果任何遗物都有那样的作用，康纳德带回来的一定够发挥这些作用了。在这些遗物中，有十字架上耶稣的血，还有坟墓里的东西、冠上的刺、与耶稣痛苦挣扎的血汗有关的东西以及耶稣的紫色袍衣、海绵和芦苇，还有其他七个和耶稣有关的遗物。记录者说，除了其他殉道者、忏悔者、圣女，这些叫不上名的，还有耶稣兄弟詹姆斯的头颅和30个其他遗物。在这些遗物旁，那些皇家颜色的丝质衣服礼物，虽是用金线所织，还有一件衣服镶有金银宝石，也看起来不再那么值钱，好不引人注意。[1]亚眠人幸运地获得了由瓦伦的彼得带回来的受洗者圣约翰的头颅。[2]桑斯人更成功，他获得了耶稣戴过的冠上的刺。冈瑟讲述主教马丁如何把很多遗物从君士坦丁堡运到法国，这些遗物中有部分耶稣的大十字架，其他的给这个教区增光的遗物有基督的血，一部分木十字架、圣詹姆斯的胳膊，还有50件其他的圣物。[3]圣安德鲁的遗体被带往阿马尔菲。[4]提到的圣泪被带往塞林科特，有人告诫主教，带这个遗物时，要摇着铃儿，这样才能保持圣性。[5]

列出其他从君士坦丁堡获得的遗物，似乎比较枯燥，而且也没有什么好处。有些遗物也被运到了英国。有两份来自相同源头的文件，

---

[1] Anon. Halberstadensis, EX. Sac. 10.
[2] Richard of Geberon, Ex. Sac. 35.
[3] Guntherus Parisiensis, Ex. Sac. i. 123.
[4] Ibid, 165.
[5] Riant 收集了145份文件，这些记录都是有关送往西方的神圣遗物的。*Exuvioe Sacroe.*

被安插在鲁道夫·科戈索尔（Rudolph of Coggleshall）和罗杰·温都沃（Roger of Wendower）的编年史中，这两个人对英国人特别感兴趣。他们特别迷信地描述了从君士坦丁堡得到的遗物，这事实上等于坦白地说自己是贼，这件遗物是从木十字架上割下来的一个小十字，作者看到他落在鲍德温手里，作者偷走了它，带到诺福克（Norfolk），后来给了布霍赫尔姆（Bromholm），这件小礼物使得布霍赫尔姆那座可怜的小房子成为一所装饰丰富的房子，让这里的修士可以建起新的、漂亮的建筑。[1]

十字军关注盛放遗物的东西的价值。他们在寻找值得崇拜的物品的时候，也关注那些圣物盒——教堂的金银装饰、教堂的家具、金雕刻、银包装、圣徒和圣神仪式相关的缀有宝石的扎带。威尼斯的圣马可教堂的宝贝放在1205年从君士坦丁堡夺来的圣物盒里。[2] 也有可能君士坦丁堡狡诈的工匠和商人会用他们早知道的假冒遗物，来哄骗十字军，这些东西制作成本非常低廉，十字军的批评精神又不强，因为人的本质是不会让那样的利益逃走的。

征服后的几年里，从法国、佛兰德斯、意大利派到君士坦丁堡管理教堂事务的教士也成为狂热的遗物寻找者。最终，在大多数西方国家的所有重要教堂或修道院几乎都有从君士坦丁堡夺来的战利品。

多年来人们对遗物的需求一直没有得到满足，对新遗物的需求到了永无止境的程度。新旧遗物与作者们交代的在外形上都一致。能获得的当时的文件以及详细证据有时是极易满足那些拥有遗物的人的心

---

[1] Wendower 的罗杰完整地讲述了这件事，同时，也印证了其他很多事情。这表明在英格兰有类似在阿索斯山半岛一样的活动。朝圣者们从一个教堂到另一个教堂来去瞻仰圣物。这样的朝圣活动就像东方一样，成了教会的主要收入。Radulphus, ed. J.Stephenson, London, 1875, copied in Ex. Sac. ii. 284. 同时见 Roger of Wndower。
[2] Ex. Sac. xliii.

理需求，因为对他们来说这些东西非常重要。布霍赫尔姆贫穷的"小房子"，因为有了那片小木头遗物，变得宽敞且充满力量，成为其他小教堂的嫉妒对象。整个西方利用遗物来获得其他遗物的情形越来越多，霍赫尔姆教堂认为应该停止提供遗物，特别是停止提供证明他们权威的虚伪的、神化的行为。1215 年，第四次宗教会议决定必须为参会教堂颁发一条敕令，采取一切措施防止朝圣者受骗。[1]

缺乏怀疑精神

那些对圣泪、圣木小十字架、头颅以及胳膊，还有圣徒和烈士的衣服的崇拜和敬重使人容易感到荒唐，我们也很难理解 13 世纪的人们如何把这些东西看得如此特殊，很多人会怀疑这些东西的特殊性。这点很好理解，那么多遗物，而且很多都同源，圣木十字架也很多，保存这些遗物的传说非常离奇，因此也不难理解人们心生怀疑，但是，我们说的是很久以前的信仰，对东方的遗物不应该像 12 世纪末或随后西方大众那样持有迷信般的敬重。在东方，对宗教的热忱或对迷信的信仰都不像西方那样强烈。遗物在东方是否就像在西方得到的敬重一样呢？这值得怀疑。东方与西方相比，在精神上少了些模糊，多了些宗教。西方的那些狂人们，与东方随性的基督徒相比，极易把一种无害、自然的行为转化为狂热的崇拜。

希腊人绝不会像犹太人和西方基督教徒那样憎恨偶像崇拜，因为他们并没意识到这些民族是怎样陷入这一崇拜的。对于圣保罗来说，偶像崇拜就是魔鬼崇拜，对于我们的父辈来说，当他们明白这些东西是伪造的，遗物崇拜就成了偶像性的。但是，圣保罗和中世纪时期的

---

[1] 原文为：Praelati non permittant illos qui eorum ecclesias causa venerationis accedunt vanis figmentis aut falsis decipi documentis. *Decr*. LXII.

希腊人把希腊艺术和圣徒遗物看作象征,而不是值得尊敬的东西,也绝不会把这种对人或物的敬重转化为狂热的崇拜。正如西方人把很多古代异教信仰转化为中世纪教会的仪式一样,希腊人也在他们的基督教里加入很多古希腊宗教的思想。虽然很多来自奥林匹克以及古代希腊的其他神都被转化为粗糙的现实观点,但是以当今的观点看,他们是否在很大程度上存在着对雕塑、画作或者遗物的崇拜,就值得怀疑了。亚洲人会尊敬一块从朱庇特那里掉下的石头,但是这种崇拜违背了希腊精神,即使意识到这些事实的存在,熟悉十二三世纪著作的人,也不得不承认即使在东方宗教上,精神寻求也几乎是不存在的,多年后,即使在历史和地理方面,怀疑主义也不为人所知。早期的地理学家所讲述的精彩故事不像历史学家所说的那样幼稚。一个天才有学识的人,例如弥尔顿,写了宗教改革后个世纪的事情,甚至质疑宗教改革,但是他还是接受他留给我们的有关英国历史的寓言,所以我们也不会好奇宗教改革前 300 年那些粗鲁的十字军所拥有的轻信精神。在伊拉莫斯的时代,拿出任何一块他认为存在的十字架的碎片,都会让这种遗物崇拜成为笑柄,但是在 13 世纪初,我们距离这样的时代还很遥远。

第十六章
拉丁皇帝

候选人

君士坦丁堡被占,首要问题是选举一位新皇帝。远征军的三位首领、三位杰出人物,成为首要的候选人,他们是博尼法斯——蒙特弗特侯爵、鲍德温——佛兰德斯伯爵和丹多罗,也有一些其他人希望得到任命,或至少能成为候选人,但没有一个有成功的希望。[1] 威尼斯的首领丹多罗不希望成为候选人。不管他自己的希望是什么,他对共和国的影响非常大,他可以成功地让共和国的任何一个市民把持像皇帝那样重要的职位。威尼斯才是丹多罗的兴趣。打破君士坦丁堡的力量、削弱帝国对共和国各地以及周围的影响、夺取帝国的贸易、获得大量土地,这些就是好处,但是,让共和国的市民去成为皇帝的可怕的竞争对手,不是威尼斯的兴趣所在。威尼斯与旧罗马之间的问题已经很多了,它不希望疏远腓力以及那些想成为新罗马统治者的人。因而,丹多罗不可能被选上。大部分威尼斯人也反对丹多罗的选举,十字军也可能会因此放下嫉妒反对丹多罗,而且对威尼斯人的反对情绪原本就很强烈,这种不满随时都会爆发。

---

[1] Clari, p.73.

丹多罗的影响

丹多罗本人也不希望成为皇帝候选人,但是他对选举起着至关重要的作用。事实上,丹多罗是形势的主宰者。最终大家达成一致:认为皇帝的候选人应该分别由威尼斯人、十字军各选出六位代表选举。丹多罗对威尼斯人有巨大、绝对的影响,他自己没有成为候选人,反而会让他对其他人有更多的权威。丹多罗肯定发挥自己的影响来支持博尼法斯,这其中有很多原因。丹多罗和博尼法斯成功地让十字军脱离他们的目标,让他们与马利克·阿达尔签订了条约,又实现了腓力的目标和博尼法斯的目标。

博尼法斯的优势

丹多罗与博尼法斯在科夫和扎拉达成共谋,共同与十字军斗争,因为十字军想完成他们应该做的事业,但在科夫和君士坦丁堡前,面对强大反对,他们与十字军成功地结成联盟,然而博尼法斯与丹多罗的关系比与鲍德温的要紧密。某个威尼斯的作者写到博尼法斯娶了丹多罗的一个女儿,[1] 不管这是真是假,至少可以确信他们之间的关系最亲密。夺取君士坦丁堡之后,因为他们对赃物分配不满,十字军和威尼斯人之间的间隙逐渐扩大。十字军指控威尼斯人没有分配战利品,在夜间把它们偷运到了船上。[2] 这一指控往往来自佛兰德斯和法国十字军,而不是伦巴第人,因此,威尼斯人对于博尼法斯比对他的竞争者有更多同情心,同时,博尼法斯作为贵

---

[1] 年轻的 Sanudo 宣称:"Vite de duchi di Venez. Muratori, xxii." Du Cange 在其国王谱系中,提到 Suene 的 Constance 是该国王的第一位妻子。
[2] *L'Estorire de Eracles*, 275.

族，仪态让人印象深刻，人们称他为"巨人"。另外博尼法斯作战经验丰富，是当皇帝的著名人选，而且博尼法斯已经得到大家的认可，成为远征的官方首领。博尼法斯得到十字军正式任命，与他们共同分享他的财富，带领他们进攻、劫掠。博尼法斯的至高权威无人置疑，因此他被视作君士坦丁堡居民的统治者。小阿莱克修斯一派站在博尼法斯这边，博尼法斯与玛格丽特成婚，玛格丽特改名为玛利亚，这增加了博尼法斯在君士坦丁堡内的追随者，所以不任命他的人就是谴责他。博尼法斯是唯一名字会自然而然出现在大家嘴里的人。如果任命了其他人，除了能力上要比博尼法斯强，还等于宣布他不再拥有小阿莱克修斯的信任，但是经过试探，发现他还不够格。

反对选举的理由

有很多理由表明博尼法斯可以当选为皇帝，其中最重要的是向丹多罗举荐他。但是，其他人引诱这位威尼斯的首领不支持博尼法斯，劝他必须立即行动，阻止这一切。把这样的职位给博尼法斯的确对于威尼斯的利益是个威胁，博尼法斯的领土距离威尼斯太近，而且他与腓力之间的关系太亲密，帝国不能对这位在西方、东方和南方拥有领地的贵族等闲视之，而且，人们知道博尼法斯和热那亚人勾结，热那亚人又是威尼斯人的竞争对手，尤其是在共和国与东方进行贸易的事情上。虽然博尼法斯和威尼斯人的利益现在联合在一起，但如果博尼法斯当上皇帝，他和威尼斯的竞争者会成为威尼斯最可怕的敌人。如果博尼法斯成为丹多罗女儿的丈夫，他就不会那样了，因此，博尼法斯与玛格丽特在夺取君士坦丁堡之后就立即举行了婚礼，否则，如果在选举前博尼法斯没有与玛格丽特成婚，众所周知他会与小阿莱克修斯的母亲订婚，[1] 这场婚姻的诱因就是博尼法斯当选会满足君士坦丁堡人，凭着渴望与自信，博尼法斯提出他的主张，希腊人也已经把博尼法斯看作他们的主人，他们已经欢呼他为皇帝，他们尊重对博尼法斯的任命，正如我们的父辈看待亨利一世的任命一样，他们可能已经同意他的统治，把他视作与皇室有关系的人。博尼法斯如果与小阿莱克修斯的母亲结婚，就会成为伊萨克幼子们的保护人，这些情形都表明博尼法斯不会失去这样的机会，他有太多理由推荐自己，所以对于丹多罗来说，如果他不希望博尼法斯当选，就得立即行动。

威尼斯选举鲍德温的好处

另一方面，鲍德温当选就会给共和国提供很多好处，对于十字军来说，也有很多理由这么做。鲍德温的领地距离威尼斯很远，不足以成为威尼斯的主要敌人，鲍德温只有32岁，与博尼法斯相比在作战方面没有太多经验，与他的竞争对手相比他能力不足，而且他很友好。鲍德温的个人魅力、贵族血统以及他与法国国王的表亲关系，同时又是查理曼的后裔，都成为推荐他为国王的条件。鲍德温没有博尼法斯的能力，对于威尼斯人来说，是个恰当的任命。鲍德温似乎在军队里赢得欢迎，但在佛兰德斯人和法国人中，有很多人反对他，因为法国人在十字军中一直占主要地位，他们希望把这个职位给法国人，而不是意大利人，因为意大利人在抵抗伊斯兰过程中没有发挥主要作用。还有其他因素有利于鲍德温而不是博尼法斯。博尼法斯在密谋改变十字军的目的中扮演了主要角色。虽然鲍德温得知博尼法斯和丹多罗的安排，但是佛兰德斯公爵遭到的反对很少，这使他比那些引起罗

---

[1] 维尔阿杜安认为婚礼举行于16世纪登基之前，里安特伯爵认为婚礼举行于更早的时候。

马广泛反对的领导人更受教皇的欢迎。鲍德温当选也会让部分军队很满意,这些人一直反对远征君士坦丁堡,即使是那些愿意跟随博尼法斯领导的人,也有很多人愿意抛弃他们的主子,因为赃物已经到手了,也得到了教皇的赦免。大家也认为在小阿莱克修斯夺取政权后,鲍德温作为领导者,已经督促十字军离开都城前往圣地,如果真是这样,鲍德温一定会支持那些希望朝圣的人,也支持那些想与教会妥协的人。[1]

提名 12 位选举人

14 天过去了,威尼斯人和十字军还未就选举人达成一致意见,大家情绪高昂。在这期间,丹多罗没有宣布他愿不愿意被提名,这似乎就可以理解为博尼法斯和鲍德温之间的竞争了。当威尼斯人要任命与十字军相同数量的代表时,当博尼法斯明显不信任丹多罗时,当鲍德温的追随者确定成功地任命了六位代表时,博尼法斯是否能当选明显已经没有保障了。因此在过去的 14 天里,大家一直协商如果博尼法斯选举失败,如何确保他安全,最后取得一致意见,在选举新皇帝的条件上加上一条:两位候选人中,没有当选的那一位,应该获得伯罗奔尼撒,[2]小亚细亚各省仍旧归帝国所有。事实上妥协的后半部分没有多大变化,正如很多事情表明希腊人足够强大,可以对抗在小亚细亚各地的十字军。在那些地方,突厥人一次次的进犯都没有征服希腊人。即使在妥协签订之后,丹多罗害怕选举会引起反对,他似乎也加入了反对博尼法斯派。护卫被安置在大皇宫,一切安排妥当,方便君士坦

---

[1] 鲍德温做出的官方解释没有提及博尼法斯,提到了腓力,*Ottoni Dei gratia Romanorum regi et semper augusto*. Ernouil, I. vi.c.19。
[2] 有人说是克里特。

丁堡交于新当选的皇帝的手中。[1]

最后，双方选出了代表。威尼斯人任命了6名贵族，十字军选出了6名教士。[2]威尼斯人选出的候选人分别为：船队首领丹多罗、奎利里（Querini）、康达里尼（Contarini）、纳瓦吉诺（Navagiero）、帕塔利昂·巴伯、约翰·巴塞吉奥；[3]十字军任命的是：哈伯斯坦、塞桑松、特里维的主教、伯利恒的主教和名誉主教、安科里的当选主教、路西迪奥的主教彼得。

选举代表会面选举皇帝

5月9日，选举代表人在圣母光明教堂会面，这是一所漂亮的教堂，它坐落在大皇宫的宫墙内。[4]

12名选举代表人参加了一场庄严的弥撒，祈求圣灵的帮助。教堂拥有著名遗物，他们在这些遗物前发誓选举出对信仰忠诚、最需要的人，这个候选人会成为最好的皇帝。

大皇宫挤满了观众，威尼斯人、十字军以及市民们都焦急地等着结果。元帅说，选举人坐在华丽的小教堂内，门关着，外人无法和他们交流。贵族和骑士就在旁边等待决定。

虽然人们并不了解会议进行时的情况，但大家知道了会议的结果。胡尔特（Hurter）说，有些人认为因为只有一位教皇，因而也该只有一位皇帝，腓力发起远征，他的妻子是伊萨克的独女，因而有权成为王位继承人。[5]如果当时提出过这样的意见，但不可能是在帕纳贾教

---

[1] Rob. de. Clari, p.71.
[2] 克拉里说各方选了10名，但大多数人选出了6名候选人。
[3] 有些作者说是米吉诺（Michielo）。
[4] 尼基塔斯说会议地点在十二使徒教堂。
[5] Hurter, *History Innocent II*, 239. 很有可能这是博尼法斯的提议，胡尔特没有给出权威佐证，我也无从发现。

堂的选举人会议上，而应该是在会议之前。

丹多罗支持鲍德温

威尼斯的作者们确信塞桑松和特鲁瓦的主教们支持丹多罗，首先威尼斯的代表乐意为他投票。查士丁尼安尼（Justiniani）认为，当这一提议形成时，遭到威尼斯代表巴伯的反对，巴伯无论是在性格、地位以及对共和国的影响力上都有很大的权威。经过漫长的讨论，巴伯阐述了如果威尼斯人当了皇帝为什么会对共和国是危险的，他坚持认为丹多罗本人也会拒绝这一提议。这位在一个世纪后曾写了罗马编年史的查士丁尼安尼说，12位选举人进行了漫长的考虑，激烈的讨论。他补充道，威尼斯长官丹多罗被提名，但当丹多罗听到这个信息，他来到选举人开会的地方，敲开门向他们解释自己的立场。查士丁尼安尼把丹多罗的话做了明确记载。丹多罗感谢选举人给予的这份荣誉，但宣布自己配不上这份荣誉，请他们撤回提名，请求他的这些朋友们提名鲍德温，认为整个军队赞成鲍德温值得当选。[1]查士丁尼安尼的细节描述并不值得信赖，但是不可置疑的是他写出了重要的事实。我认为这种声明是丹多罗本人写的，而且在会议之前就完成了。维尔阿杜安提到这次会议是闭门举行的，这给人的印象就是选举代表们受到了如审判七主教那样的精心看守。但是，清楚的是丹多罗支持鲍德温。

可能选举腓力

会议漫长，一直延续到夜里。这表明选举代表人们并不仅仅是提出一个预先商量好的结果。根据当时作者的记载，据说三位选举人支

---

[1] Buchon, Collection de chroniques. Paris, 1875.

持博尼法斯。我们完全可以推测出当这三个人发现大多数人反对博尼法斯，他们一定努力寻求一个解决方案，去支持腓力。胡尔特也这样认为。如果博尼法斯没有当选，这样的提议无疑对他是最有利的，而且这一提议极有可能向选举人说明了。

选举腓力的理由

新罗马皇帝还没有失去权力，如果整个基督教世界一下被再次置于恺撒统治之中，既管理世俗又代表精神，这样的伟大事业本会完成，所以当时的西方作者一定会为征服新罗马而申辩，认为十字军的远征惩罚了那里的分裂主义，有必要统一基督教世界，把它置于旧罗马的领导之下。他们几乎再没提到其他借口，因为在西方眼里，其他解释都是不必要的。基督教堂应该扩大一倍，在同一位牧人的领导下。对我们这些生活在好多事情发生巨大变化的时代的人来说，很难想象13世纪的人们那么在意基督教的联合，我们承认西方作者们被迫找一些借口来摧毁君士坦丁堡，但我们不可能明白对于他们来说宗教联合有如此重要的意义，这种重要性也是我们几乎不能理解的。有位西方作者说：[1]"上帝把君士坦丁堡送到拉丁人的手上，因为希腊人承认圣灵来自唯一的父，在弥撒上他们用发酵的面包；长期分裂主义的罪恶，给这个城市带来神的苦难；[2]十字军知道这对罗马教会来说是一种反叛，让他们讨厌，他们认为强加一位统治者会让教皇或者上帝满意。"[3]在当时不断出现类似的说法，同时表明他们相信自己的实力。

十字军知道联合将是他们在英诺森那里求得公正的唯一事业，这

---

[1] Petrus Calo 在1310年写给罗马教堂。
[2] Lectiones Bortens.: Exuvioe Sac. ii.
[3] Gunther, xi.

种希望教会绝对联合的强烈感情,也适用于在世俗统治下欧洲的联合,但强烈的程度不一样。我们必须记住教会和国家之间存在的现代意义上的不同在13世纪初并不存在。西方皇权在一定程度上还发挥作用;恺撒的权力也绝没有消失,大皇宫的那些选举人发誓选出代表基督教世界的最佳人选,他们很可能严肃地探讨了提名腓力的建议。由于在君士坦丁堡的统治下人们表现出了敌对情绪,上一次十字军被严重阻碍。如果腓力当了皇帝,他的军队不仅可以安全经过新罗马,而且也会有大批希腊人加入军队;如果别人当选,旧的敌对情形会出现,例如如果鲍德温或者其他人被选为皇帝,他们就可能对西方士兵非常友好,西方士兵正在与基督教世界开战,而且每年都有代表东方利益的恺撒反对西方皇帝。因此,任命腓力为皇帝就是一种弥补方式。

因为腓力是士瓦本的国王,虽然他宣称要当皇帝,但遭到了阿方索的反对,教皇也不赞成。虽然腓力遭到反对,但是博尼法斯一派支持他,同时威尼斯人本身也可能在拒绝这一提议上犹豫不决。

经过长时间的商讨,鲍德温成为大多数人的选择,在进行全票表决时,又耽误了一段时间。在十字军的分歧中一致的利益就是候选人应该得到更多的一致的支持。因此,向大众表明皇帝应该被大家选出,最后通过了决议。

商讨结束

半夜,商讨结束。教堂的门打开了。挤满院子的群众挤到附近,想从选举人的脸上得到有关决定的蛛丝马迹。[1] 威尼斯总督、贵族、十字军、市民们向选举代表们围拢过去,想听听新皇帝是谁。塞桑松

---

[1] Villehardouin. 260.

的主教尼维隆（Nevelon）被选为发言人。他说："各位先生，感谢上帝，我们达成了一致；你们都已经发誓会接受我们选出的皇帝；你们会支持他抗击敌人，今晚这一刻既见证了上帝的诞生，也看到了一位新皇帝的诞生，[1]我们宣布来自佛兰德斯的鲍德温伯爵为皇帝。"声明引来集会人群一阵欢呼。根据古代传统，鲍德温被抬到盾牌上，从大皇宫抬到大教堂。博尼法斯参加了这场即兴的行动，公开对他的竞争对手表示了各种敬意。新皇帝被抬到金色的皇位上，贵族们挤上前亲吻皇帝的手，鲍德温严肃地披上朱红大氅。

鲍德温加冕

在选举过后一周的 5 月 16 日星期日是加冕日。准备工作的规模震惊了十字军。因为希腊主教被处决，仪式由特使执行。鲍德温坐在一个盾牌上，被举过首领们的肩膀。之后，他下来，庄严地被领着向索菲亚教堂走去。贵族和军队的其他官员跟随着皇帝，护送他去那里。博尼法斯穿着授予他的金衣，行进在队伍中。圣保罗公爵拿着皇家矛剑，跟在后面。教堂举行了庄严的弥撒，这是东正教和拉丁基督教风格的混合。在唱完三圣颂之后，特使代替主教把皇冠放到鲍德温的头上，同时宣布他值得人们的选举，其他主教和人们迎合着。新皇帝交流完之后，接受了所有皇家荣誉，他走在队伍的前面，左右有瓦洛人护送。这些瓦洛人拿着双刃刀。队伍经过的街道，房屋都用奢华的挂毯装饰。这些挂毯逃过了大火和劫掠。鲍德温被引入大皇宫附近的宫殿。一位法兰克人皇帝第一次登上君士坦丁堡的皇位。

---

[1] Du Cange 探讨了这句话 "in the hour in which God was born" 的意思，得出结论说这一声明是在半夜达成的，根据信仰，耶稣也是生于半夜；原文为：dumsilentium tenerent omnia。

第十七章
结　论

英诺森如何收到消息

下面再谈谈英诺森是怎样接受了多次进攻君士坦丁堡、颠覆这个东方帝国的提议和事实的。

十字军改道进攻扎拉，后又在科夫进攻君士坦丁堡，这都直接背离了教皇的命令。教皇对进攻扎拉的罪行有条件进行赦免，提出十字军战士们不能再进攻其他基督教国家的领土，如果不能满足这个条件，赦免就是无效的。十字军一直期望他们的第一次侵犯能被英诺森赦免，但是将领们却尽力让教皇忽视远征的目标，直到他们取得成功。4月末，尼维隆把赦免命令带到科夫。消息传送得很慢，当教皇知道发生的一切时，已经来不及阻挡十字军的成功了。6月12日，英诺森写信给博尼法斯认为远征军还在岛上，其实他们已经在一个月前就离开了。[1] 两个月之后，教皇还怀疑是否船队真的向君士坦丁堡进发。[2] 1204年1月，英诺森似乎还不清楚十字军的目的，但那时君士坦丁堡已经被攻占，小阿莱克修斯已经复位。[3] 1月末，教皇收到了小皇帝

---

[1] Inno. III. *Epist.*, vi. 102.
[2] Inno. III., vii. 130. 原文为：Excercitus crucesignatorum in Graeciam dicitur divertisse。
[3] VI. 209. 从还健在的人那里得知，在船通过达达尼尔海峡之前，等待两个月是很平常的。

和贵族在上一年8月末写的信，得知7月17日第一次攻下了君士坦丁堡，8月1日小阿莱克修斯加冕称帝。

英诺森对十字军的行为深感愤怒。他宣布十字军现在为他们进攻扎拉的罪行又加了另一条罪状。[1]教皇提醒十字军，说他们背离了目的，仍旧会因摧毁扎拉而面临审判，教皇又告知他们这样的惩罚只能在两个教会联合时和他们立即向圣城进发时才能得到赦免。[2]因为威尼斯人已经被无条件驱逐出教会，教皇甚至都没有提及他们。

当君士坦丁堡再次被攻占时，当占领者按照协定瓜分战利品时，当一位十字军的皇帝被推上皇位时，侵略者必须获得英诺森的批准。十字军认为在教皇的眼里只有实现教会团结，他们才能得到从轻发落。因此，在鲍德温加冕之后，新皇帝立即给教皇写信，以官方的形式交代了发生的一切，同时，鲍德温还送来礼物。礼物有遗物、金十字架、圣剑、丝绒的教士衣服，这些东西都缀着珍珠和宝石。运送信件和遗物的船只在摩里亚（Morea）被热那亚人截获，礼物落入热那亚人手中。热那亚人当时并不尊重这些给教皇的礼物。教皇强烈反对这种强盗行为，威胁要惩罚热那亚人，除非他们把礼物交还给教皇，因为这封信不仅仅是给教皇的也是给西方的君主、贵族和高级教士的，信件最后安全到达。在信里，皇帝把夺取君士坦丁堡和建立帝国都看作既成事实，提出要看未来而不是过去，同时请英诺森、各位君主、贵族以及教士们发动西方的居民们——不论地位、性别都应该来，分享这大量的世俗、永久的财富，财富和荣耀等着他们，教士应该与众人一

---

[1] Ep. Inno., vi. 230; vi.222.
[2] 原文为：Nisi forsan ad extenuandam culpam et poenam ... quod de Graecorum inchoastis ecclesia, studueritis consummare. Ad recuperationem igitur Terrae Sanctae totis viribus insistatis. Inn. Ep. vi. 230。

第十七章
结　论

起,在上级的同意下,不是去征战,而是组织和平、分享富足。

鲍德温建议英诺森征询天主教会是否可以在君士坦丁堡召开一个会议,而且邀请他本人亲自参加,这样新罗马就可以与旧罗马实现统一了。鲍德温提醒因为他邀请了希腊教会,即使他们参加会议时曾是分裂派,他也会尽力主持这样的会议,救赎日到了,老年人和基督徒应该庆祝,因为这一天是和平与统一重建的日子,其他主教由于各种原因都曾到访过新罗马,为什么教皇不能呢?鲍德温宣布主教、修士、低级教士的行为高尚、谨慎勇敢,因此他们理应接受上帝的恩惠。对于鲍德温本人来说,当选为皇帝顺理成章,他劝威尼斯总督及其同胞心向使徒行善。鲍德温宣布在向圣城出发之前,会巩固在新帝国的权力,引入拉丁仪式。[1]

英诺森处于困境中。十字军的失败让他深感悲伤;远征背离初衷,完全违反了他的命令。但是,君士坦丁堡被攻下,大教堂被完全统一、征服。一位天主教的皇帝,而非东正教的坐在了东罗马的皇位上。希腊人的分裂、固执和冷漠遭到了惩罚。英诺森看到了那么多他前任想要实现的愿望成了现实。要对付十字军的背信弃义就得利用他们征服带来的好处,教皇给鲍德温回信,首先教皇用了模糊的表达,他对鲍德温军队的成功表示高兴,愿意把鲍德温的帝国纳入圣彼得的保护之下,命令所有十字军在会议和行动中支持鲍德温,他许诺尽力提供鲍德温要求的教士,督促鲍德温让希腊教会完全臣服于罗马天主教,这才能确保后者的统治。按照恺撒的东西归恺撒,上帝的圣物归上帝这样的原则,教皇敦促新皇帝小心保护教会的财产。显然,教会间的统一是对背弃圣义的十字军的一种补偿。如果能这样做,不久在一个牧

---

[1] Inno. Ep., viii. 147; vii.153. Gesta, c. 95.

羊人下就会有一倍的领土。

英诺森在多封信里谈及征服，给人的印象是他对所发生的一切很震惊；就十字军来说，他们是罪恶的。但是在教皇的眼里，这些人的行为以及他个人的愿望已经被上帝主宰，现在他有责任充分利用这种形势，这种形势是更强大的力量创造的，而不是他本人。总之，征服看起来会让两个教会统一，这种统一是通过武力把东方变为西方的臣属。但是，这样的统一是以西方破坏每项原则为结果的，因为告诫和权力被蓄意践踏，而且英诺森总感到被轻视，所以他要尽力去争取一切补偿。但是在英诺森的通信中，其总体语气充满了对摧毁君士坦丁堡的基督将领的非正义的气愤。英诺森再三咨询他身边的重要人士，就攻占君士坦丁堡给当时这位伟人的政治家写了回信，表示非常鄙视这样的攻占。

谴责远征

"既然你们服从基督，发誓要把圣地从异教徒的势力下解放出来，既然要面对驱逐出教会的惩罚的痛苦，禁止你们进攻基督领土，禁止破坏；除非当地居民不反对你们的到来，不拒绝你们的一切，如果那样，你们就没有违背使团的意愿；既然你们对希腊没有任何权利和借口，你们就是无视了自己的誓言，你们不是举刀征战撒拉森人，而是进攻基督徒；你们不是征服耶路撒冷，而是君士坦丁堡；你们喜欢地上的财富胜过天国，最重要的是，你们没有放过任何神圣的东西，不管年龄还是性别；你们放弃了自己，众目睽睽下，与妓女在一起，行通奸、淫乐之事；你们不仅垂涎已婚妇女和寡妇，也垂涎所有奉献给上帝的女性；你们不满足于皇家、穷人和富人家的财富，也抢夺教会或者属于教会的财产；你们洗劫了圣坛上的银餐具，闯入圣器室，偷走十字架、画像和遗物。因为这样，希腊教会虽然被压迫，但拒绝服从基督教堂，因为他们看到了拉丁人的背叛与行为的黑暗，这让他们像对狗一样痛恨他们。"

当征服胜利后，英诺森宣布十字军可以保留上帝授予的征服的土地，但是领土上的人民应该得到公平统治，维持和平、尊重宗教；必须恢复教会财产，必须对过去的一切进行赔偿和忏悔，同时，还必须兑现曾经的许诺。

教皇英诺森的伟大目标就是要对伊斯兰教进行重大打击。他希望通过征服君士坦丁堡，继续十字军的事业，虽然这违背了他的初衷。因此，在十字军攻占君士坦丁堡后，教皇号召他们应该履行他们的誓言，他指出"征服希腊会推动征服圣地"，他提醒十字军应该抓住君士坦丁堡这条最近的路途，去往巴勒斯坦，而不是取道亚历山大。教皇又回到了同样的目标，除了联合教会之外，他想采取曾经被他形容为正义的行为，即上帝利用邪恶的人惩罚邪恶的人。通过希腊人可以重重打击穆罕默德。鲍德温从巴勒斯坦招来两名特使。英诺森没有批准召见他们。"如果你们离开，想获得去圣地的帮助，我批准你们的行为；如果你们那样做是为了帮助组织希腊教堂，那么你们的行为太草率。如果你们不会丧失对巴勒斯坦的希望，我可以批准你们待在巴勒斯坦。"

反对威尼斯人

因为威尼斯人在进攻君士坦丁堡中起了作用，英诺森对他们的反对态度比对十字军更加强烈。教皇的希望因为威尼斯人一直没有得到尊重。根据分赃协议，威尼斯人任命自己的人托马斯·莫西尼（Thomas Morosini）为主教。主教的任命以及在君士坦丁堡的教堂的拉丁教士的任命，没有征求英诺森的建议，丹多罗鄙视教皇指定的权力。英诺森拒绝了莫西尼，索菲亚教堂的威尼斯教士宣布选举无效。因为外人没有权力任命那么高职位的神职人员，而且教士一般不能被指定。这一反对并不是针对这个人，因为英诺森曾任命莫西尼为天主教的主教。英诺森宣布这些劫掠圣殿、不公平地转移教会财产的行为，又增加了他们的罪恶。英诺森甚至拒绝威尼斯人所任命的一位主教到扎拉。教皇写道："就是你们，把上帝的军队带上邪路。你们不去和撒拉森人开战，却进攻基督徒。你们鄙视使团，置疑驱逐法令，打破十字军的誓言，劫掠了君士坦丁堡的财富与教会的财产。你们通过非法条约占有上帝的教堂。告诉我，你们怎么弥补你们对圣地的罪行，你们利用了那么多伟人、崇高的基督徒，他们经历那么多痛苦，花费那么多，被调集在一起，不仅仅是耶路撒冷，甚至巴比伦都可能被征服。如果成功占有君士坦丁堡和希腊，就能从异教徒手里夺取亚历山大和圣地……不仅世俗世界而且上帝也会把这两座城送到你们手中……但是基督教因你们在扎拉的行为而蒙羞。如果我们为了使你们满意，任命了主教，一定会让整个教会蒙羞。"[1] 英诺森最晚在1212年时谴责了扎拉罪行。

英诺森拒绝了因为丹多罗的年纪以及对十字军做出的承诺，而对他们网开一面的要求。当英诺森得知红衣主教彼得去君士坦丁堡帮助重组东正教堂，他严厉谴责彼得的错误行径。由于扎拉问题，英诺森取消了绝罚令，准许第一次围攻君士坦丁堡，赦免了十字军。英诺森确实知道，甚至促成了1202年小阿莱克修斯复位的阴谋。[2] "十字军已经把自己贡献给上帝，但他们却抛弃了路线，受世俗诱惑的吸

---

[1] *Ep. Inno.*, ix. 139.
[2] Inno, Ep. viii. 133.

引,但你们不能改变这么圣洁和严肃的誓言么?你们不能容许他们改变目的么?你们自己想想。当我们问希腊教会是否能够与基督教会联合在一起时,当希腊教会只能看到拉丁人做的黑暗的事时,失望、耻辱和焦虑让我们变得虚弱。"英诺森听说一年后君士坦丁堡的朝圣者回家了。教皇宣布:君士坦丁堡陷落后,撒拉森人害怕了,当他们得知你们的十字军在这一年要回家,他们难道不会像狼追逐被抛弃的羊群那样,追逐你们么?如果西方人谴责我们——这些为你们所作所为没有感到罪过的人,我们怎么能让你们来帮助巴勒斯坦,甚至帮助君士坦丁堡呢?因为你们的十字军已经抛弃了誓言,回家了,带着你们不能保护的帝国战利品……我们不想因为你们给威尼斯人赦免而责怪你们;这将在一封特别的信里谈谈,但是我们命令你们赶快回来,向圣地前进。博尼法斯,作为远征军队、邪恶精神的首领,也不能被英诺森所免罪。英诺森很苛刻,把远征军改道的原因都归罪于红衣主教彼得。特别信使带了一封长信到罗马,在信中,彼得为自己辩护。[1] 英诺森对彼得的争论和借口做了回复,认为彼得作为负责远征军的领导人,对君士坦丁堡的可怕劫掠负责,因此英诺森拒绝赦免他,即使彼得发誓要去圣地。

事实上,英诺森的计划已经彻底失败了。他长期、仔细的准备被腓力、博尼法斯和丹多罗击败了。英诺森试图对伊斯兰世界进行重击的计划化为泡影。他花了那么多心血换来的是对基督徒的进攻,而不是对伊斯兰世界的进攻。不是耶路撒冷而是君士坦丁堡被攻占。对很多事业有利的时机也丧失了,再也没有出现类似的条件,撒拉森领导之间内部纷争,失去尼罗河灌溉而变弱的埃及,这些偶尔出现的情形,

---

[1] *Inno. Ep.* viii. 133.

再也没有出现过；如果努力就可以对撒拉森人进行打击的最好时机也错过了。英诺森充满力量，不能对失败坐视不管，但是他再努力也不能发动一场像1202年那样的远征。英诺森被腓力羞辱。为了完成他一生的计划，英诺森被迫接受这种羞辱。英诺森宣布支持腓力，这就承认他被打败了。另一方面，腓力也没能实现他的主要计谋，只是成功粉碎了教皇的计划。虽然腓力成为东、西方的皇帝的计划失败了，但直到1208年被维特尔斯巴赫的奥托暗杀时，他从未停止想要杀死鲍德温和皇位继承者的计谋。腓力宣布在君士坦丁堡获得的战利品归他自己所有，并把大量战利品运回了德国。鲍德温统治的时间很短，1205年他在亚得里亚海被保加利亚人、瓦拉吉亚人以及科莫人组成的部队俘虏，之后就去世了，也可能被谋杀，直到此时，腓力仍然希望能被任命为皇帝。当鲍德温的兄弟亨利被任命为继承人时，腓力一直把前者看作僭越者，在腓力的一生中，他不断谈及自己的权力，直到最后还怀有一统欧洲的愿望，期望自己能像恺撒那样得到世界的承认。

征服摧毁了教会联合的可能

英诺森最大的安慰就是实现两个教会的联合。但是，英诺森怀疑实现这一目标的可能性，拉丁人的行为让东正教会愤怒。随后的事件证明英诺森是对的。拉丁人对君士坦丁堡的征服导致了深深的仇恨，几乎没有机会实现两个教会的联合。200年后，面对穆罕默德不断的威胁，在费拉拉和佛罗伦萨要促成教会联合的努力是徒劳的，但是1203年到1204年的事件使得这种努力讽刺性地失败了。在英诺森的心中，考虑到东正教的派别，他也预料到了联合的困难。俄国成为主要的希腊教会的皈依者。英诺森派了一个使团去俄国，邀请大主教和助教们归附罗马，这样俄国的教会就不会被从教皇的管辖中漏掉。英诺森同时注意到那些给予他们帮助的希腊教会，现在已经与他联合在一起。但使团没有取得让人满意的结果，俄国人对东正教非常虔诚，他们对旧罗马反而越来越讨厌，很快与尼西亚主教联合在一起，尼西亚主教不久就拥有了之前君士坦丁堡主教的职位。

法兰克人无力统治罗马尼亚

再谈谈君士坦丁堡的拉丁皇帝。君士坦丁堡被攻占之后，一系列继承事件表明十字军已经接受了一项在他们能力之外的任务。征服者之间出现了不满、斗争，这大大削弱了他们的力量。在丹多罗和鲍德温一派看来，博尼法斯和他的朋友们自认为很睿智。新皇帝加冕后的几天里，各个竞争对手之间爆发了动乱。[1]

领导人之间不久也产生了分歧。根据协议没有被选为皇帝的候选人，应该拥有小亚细亚的摩里亚和罗马领地，因此博尼法斯成为这些土地的拥有者，但是他没有力量管辖罗马的领地，于是他申请与萨洛尼卡王国交换。博尼法斯的继承者宣称帝国的这部分领地归雷尼尔，据称曼努埃尔·科穆宁给了他一定的权力。由于在科夫时博尼法斯利

---

[1] *Chron. Of Romania*, edition Buchon, p.73. 在希腊语里，这是最让人好奇的一种语言记述方式。尼基塔斯的语言包含了很多西方词源。我已经整理了一系列有关12世纪希腊语的记录，但是弗雷曼教授于1882年10月发表在 *Journal of Hellenic Studies* 的论文 "Some Points in the Later History of the Greek Language" 谈得更多。但是我对其认为安娜与尼基塔斯总是使用之前没有出现过在他们头脑中的词汇这种说法持怀疑态度。时至今日，半岛的居民，以及在特拉比松和其他地方的希腊人的方言中，保留有大量词汇，这些词汇对于那些非常熟悉现代希腊语的人来说是陌生的，这些词汇却存在于利德尔和斯科特词典中。虽然现代希腊使用的词汇在古典词典里找不到，但他们仍旧很古老，在尼基塔斯时代已经普遍使用了，例如尼基塔斯就使用了"葡萄酒、月亮、水"等词汇。

尼基塔斯的记录表明早期的皇宫拉丁法庭留下了大量的词汇，尼基塔斯与他的读者们非常熟悉希腊语形式的罗马意思。有一些让人好奇，例如"兄弟、桌子、骑士、伯爵、侯爵"等这些词的希腊文的表达。

用自己担当护卫的功劳，恢复了曾许诺给自己的领土，并娶了匈牙利国王的姊妹，这样与匈牙利国土成为比邻，这都有益于上面提到的交换。博尼法斯有足够的力量提出要求。新的安排违反了已经达成的协定，但是鲍德温没有足够的力量予以拒绝。莫策尔弗鲁斯和阿莱克修斯都逃之夭夭。整个帝国也反对新政权，同时十字军内部还有分歧，这就使得帝国的前任皇帝们有机会重新夺取君士坦丁堡。博尼法斯说，大家就交换领地的意向进行了热烈的谈论。但最后鲍德温给出了闪烁其词的答案，博尼法斯认为他同意了交换提议，博尼法斯随后也表示对其的忠心。但是，困难并没有结束，鲍德温把君士坦丁堡留给丹多罗，自己前去进攻莫策尔弗鲁斯与阿莱克修斯。博尼法斯将追随鲍德温，显然鲍德温并不相信博尼法斯。离开亚得里亚海之后，皇帝到达了莫西诺波利斯（Mosynopolis），[1]在那等待这位强大的臣子。博尼法斯到达后，祈求鲍德温马上让他去萨洛尼卡，为了获得批准，博尼法斯希望鲍德温本人不要去那里自取灭亡，但是鲍德温拒绝了。一场对抗开始了。博尼法斯宣布如果皇帝进入他的领地，即使能征服，也不会有什么好处。"如果你去了，很明显我不会跟你去，我会与你分开。"[2]皇帝回复称这是唯一条件，皇帝也会去萨洛尼卡。分歧非常严重。博尼法斯通过婚姻获得很多希腊人支持，他宣称鲍德温比希腊人更虚伪。博尼法斯把皇帝的名字和皇室的装饰品给了妻子的长子。博尼法斯对危险做出了估计，他说如果上帝没有怜悯他们，就会失去一切。重要的领导人们在博尼法斯之后率领着部队，战争一触即发。鲍

---

[1] 我认为莫西诺波利斯是位于洛多佩以北的一个村子，正如维尔阿杜安描写的那样，距离亚得里亚海以及都城西两天的行程。Du Cange（*Observations on Villehardouin*, p.158.）说这个地方之前是 Maximianopolis，位于 Maritza 或 Hebrus 入口。

[2] Villihardouin, 277.

第十七章
结　论

德温已经下定决心向萨洛尼卡进军，而博尼法斯和追随者们，以及所有的德国十字军踏上返程，很明显是去向君士坦丁堡。博尼法斯到达了马里查河的迪第莫提卡（Didymotica），距离亚得里亚海南有一天的路程。希腊人臣服了，这个国家的居民涌向博尼法斯经过的地方来支援他。博尼法斯不断前进，包围了亚得里亚，在这里鲍德温已经留下一支卫戍部队。驻守在那里的十字军立即派出使者，日夜兼程，回到君士坦丁堡，把分裂的情形报告给丹多罗，说博尼法斯占领了最强大的堡垒迪第莫提卡，之后又获得希腊人的支持，现在正在围困亚得里亚。

博尼法斯与威尼斯人的交易

博尼法斯迈出勇敢的一步，把威尼斯人从鲍德温那里分离出去。8月初，博尼法斯在亚得里亚海与威尼斯人的代表谈判，博尼法斯将收到1000马克和巴尔干半岛以西的领土，同时，每年要收获1000阿斯皮尔的金子，这些都要从共和国获得，而不是从皇帝那里获得。作为回报，博尼法斯把克里特的权力出卖给威尼斯人，从帝国收取十万阿斯皮尔金币。根据博尼法斯的学生小阿莱克修斯的记载，这些钱都来源于帝国。同时威尼斯拥有了曼努埃尔授予雷尼尔的在萨洛尼卡的权力。因为有了分裂帝国的协定，作为威尼斯人，他们没有义务对罗马尼亚获得土地表示敬意，根据协定，博尼法斯不再是鲍德温的侍从，对于博尼法斯来讲，这个计谋很有价值，它彻底把丹多罗和鲍德温分开。[1]

鲍德温已经向萨洛尼卡进军，经过的城市和堡垒都投降了，萨

---

[1] *Refutatio Cretoe*, Aug. 12; Taf. Et Thorn. C. xxiii, p.512.

洛尼卡也不例外，正如维尔阿杜安所言：基督教世界中最富有、最好的城市之一投降了，投降的条件是维持该城在希腊皇帝下享有的特权。

丹多罗在君士坦丁堡仍主导着局势，似乎有力量成为独裁者。丹多罗与主要贵族商议之后，派维尔阿杜安前往亚得里亚。维尔阿杜安小心翼翼地告诉后人他对博尼法斯有很大影响。维尔阿杜安到达君士坦丁堡之后，博尼法斯和军队的各个首领会见了他。在会谈中，维尔阿杜安谴责博尼法斯进攻皇帝的领土，尤其是包围了亚得里亚，也没有向丹多罗征求意见，但是博尼法斯完全怪罪皇帝，最后他们同意达成停战协议。受丹多罗、布洛瓦的路易、维尔阿杜安的影响，博尼法斯同意从亚得里亚撤到迪第莫提卡。博尼法斯撤到了迪第莫提卡，而他的妻子已经待在那里。因为博尼法斯的下一个目标就是争取皇帝的同意，所以他接受了丹多罗的影响。鲍德温从信使那得知发生的一切，同时也听说博尼法斯围困了亚得里亚，所以必须快速解决这一问题，但是他又面临很多困难，因为萨洛尼卡周边地区出现严重的热病，一些最好的随从已经去世，很多人也因热病而未愈。因此，皇帝鲍德温的随军很虚弱，不适合征战。在皇帝赶往亚得里亚的途中，丹多罗的信使前来觐见，请他把与博尼法斯的难题交于仲裁人那里，同时指出在他和已故领袖之间他们绝不使用武力。皇帝被激怒了，他向议会咨询。站在博尼法斯这边的维尔阿杜安说，是议会的很多成员导致了这次争吵，在争吵中他们说了很多难听的话。最后，皇帝妥协了，他的军队太弱了，不能抵抗博尼法斯及其希腊联盟。皇帝不敢公开与丹多罗决裂，因为后者控制着首都。只有皇帝意识到形势好转、掌握了皇庭权力，他才会满意。皇帝的答复是，不会在困难面前屈服，但是他会立即向首都前进，但不会进攻博尼法斯。

第十七章
结　论

接受裁定

鲍德温到达君士坦丁堡不到四天就承认形势发展与自己想的一致。皇帝召见博尼法斯。经过犹豫之后,博尼法斯还是来到首都。博尼法斯到达之后,仲裁者认为皇帝是错的,于是博尼法斯得到了萨洛尼卡。根据协议,维尔阿杜安占领迪第莫提卡,直到博尼法斯安全进驻萨洛尼卡。该决定得到执行,萨洛尼卡公国交给这位蒙特弗特侯爵博尼法斯。

三位远征领袖去世

十字军内部重要的分歧暂时得到解决,但是仍存在其他严重的问题。英诺森预料的不幸不久就应验了。对十字军来说,他们并不希望从一位不具抵抗力的皇帝那里获得帮助。攻城后的18个月中,三位主要当事人和仅次于他们的领导人都过世了,他们绝大多数都死于暴力。鲍德温落入敌人之手,他的弟弟继承了王位。1205年6月,丹多罗也结束了他漫长的一生,被葬于智慧大教堂内。[1] 两年后,博尼法斯遭遇不测,被保加利亚人在罗多彼山俘虏,受伤致死。博尼法斯对皇帝的忠诚一直被怀疑,直到他的女儿嫁给新皇帝亨利,他似乎对此才满意。

帝国的混乱

三位领导人去世后的几年里,十字军纪律涣散、一片混乱。对于

---

[1] 在博物馆里,有一块木板写着"Henrico Dandolo",以此来纪念他。这块木板被遗忘了多年后,几年前又被发现。虽然有些考古学家认为相对现代,但我认为它的位置与丹多罗死时相差无几。

这支军队来说，管理一个国家，他们并不称职。他们试图按照西方封建方式统治这个古老的帝国，最后却彻底失败。帝国的土地被贵族和骑士瓜分，这引起极大的不满与争吵。很少有人对这次大争夺满意。开始时，他们想通过抽签来分配利益，最后决定人人都该得到能得到的份额。统治中引入了西方头衔地位制度，这在新罗马是第一次，也是最后一次，帝国出现了大治安官、管家、斟酒者、元帅、大管家以及看马人等。十字军知道他们钟爱的法律是何等的荣耀，但是他们又鄙视普通法，因为那些法律只对死者有效。虽然攻占耶路撒冷是帝国的法律，但是至少可以保留旧罗马的成分，包括使用查士丁尼律法，然而，对于新的西方政府来说，与在罗马尼亚土地上存在的古老的行政保持和谐，似乎机会渺茫，仅有的机会也被帝国外部的武力摧毁了。拜占庭领地的统治者虚弱，引起了民众对十字军的反抗，他们已经不像当初想象的那样有能力抗击撒拉森人，他们为了保住之前的成果，不得不恳求西方的援助。

君士坦丁堡没有被占期间，阿莱克修斯三世和阿莱克修斯五世还在逃跑，阿莱克修斯五世在莫西诺波里斯被抓，被带到君士坦丁堡，从塞奥多西柱子上扔了下去，阿莱克修斯三世也被抓，交给博尼法斯囚禁起来。博尼法斯把对其处置的结果满意地告知腓力。

君士坦丁堡被占领，伊斯兰世界最为警觉，对他们来说，罗马仍旧是世界的首都。首先，马利克·阿达尔快速与红衣主教彼得、索弗雷多达成六年停战协定，但是马利克和他的伊斯兰兄弟们不久就从震惊中恢复过来。君士坦丁堡把十字军从巴勒斯坦拽了过来，但十字军的数量并没有增加。西方士兵们，包括很多圣殿骑士利用离开叙利亚的机会，分享了君士坦丁堡带给他们的财富。最终，马利克与罗马的停战协定遭到破坏，不久伊斯兰教徒们就进入了基督徒多年来占领的土地。虽然英诺森对这一结果深表遗憾，但不得不接受这一现实，他命鲍德温指挥君士坦丁堡的十字军，但在1205年春，新皇帝遭到希腊人、保加利亚人和科曼人的进攻，他们把十字军引入埋伏，杀死了300名骑士，俘虏了皇帝，把他囚禁于特尔诺沃（Tirnova）。此时，还有7000威尼斯人留在君士坦丁堡，十字军被迫撤到君士坦丁堡，几乎把整个帝国丢给了敌人。在小亚细亚，十字军不太成功，因为希腊人在君士坦丁堡首次被攻占后，在那占据了领地，1206年他们很高兴与塞奥多利·拉斯卡瑞斯签订停战协议。接下来几年，十字军与占领地人民展开了斗争，他们无视当地人的权利，为了战利品洗劫了这个国家，同时遭到保加利亚和科曼人进攻，在希腊人再次夺回君士坦丁堡之后，战争又持续了60年，最后东罗马拉丁帝国彻底灭亡。

威尼斯的收获

在征服君士坦丁堡过程中，威尼斯获利最丰，他们的付出得到了最大的回报。威尼斯获得领土和商业机会，一度成为地中海无可争议的主人。丹多罗保证威尼斯按照瓜分东罗马的协议将获得八分之三的利益。丹多罗似乎已经得到容许把从帝国瓜分的领土划入威尼斯共和国。他选择了亚得里亚与威尼斯已经拥有的领地相邻的部分，因为这些港口、岛屿便于防守。丹多罗还拥有授予的拜占庭亲王头衔，可以穿皇袍。另外，他还拥有四分之一的贵族头衔，和帝国二分之一的头衔。[1]

丹多罗死后，帝国皇帝与继任者达成妥协，容许任何一名威尼斯市民或者联盟可以拥有爱琴海上的任何岛屿，或者可以停靠在任何不

---

[1] 原文为：Henricus Dandolus, D. G. Venertiarum, Dalmatiae atque Croatiae dux, dominus quartae parties et dimidioe totius imperii romani., *Vite de'Duchi di Venez*, in Muratori。

归共和国占领的海岸，而且这一权利可以传给后人。以上这一妥协导致一系列的海盗活动，很快威尼斯人攻占了很多重要地方。达达尼尔海峡上的加里波利被马克·丹多罗和另一位重要人物夺取，加里波利和色雷斯的克森尼索（Chersonese）成为公国，另一队人马在萨努托（Sanuto）的带领下，占领了纳克索斯、帕罗斯以及其他岛屿，萨努托及其后代在这些地方统治了400年，查士丁尼和米哈伊占领了希俄斯，其他人则占领了埃维亚（Euboea）基克拉泽斯（Cyclades）部分地区，以及利姆诺斯、扎金索斯岛（Zante）。威尼斯占领了科夫。威尼斯在亚得里亚海、爱琴海，特别是以上提到的岛屿以及莫利亚等地的强大统治开始于拉丁征服，他们英明地使用了这些权利，继续了一个好政府的作为，留下了很多建设不错的道路和防御工事。但是，拉丁征服的结果在威尼斯的影响比起它的所得更明显。威尼斯的商业中心商品琳琅满目，船只挤满了航道，港口上都是从亚洲虏获的战利品，还有来自黎凡特的商品。威尼斯模仿、改善了君士坦丁堡的建筑，从新罗马夺来了让威尼斯引以为豪的装饰品。威尼斯的财富迅速增长。新罗马的恢宏转移到了威尼斯，威尼斯成为14、15世纪基督教世界中最伟大的城市。

威尼斯人一直与英诺森的设想相悖，多年后，英诺森谴责他们把木材、武器以及其他武器[1]送给了亚历山大的撒拉森人，英诺森还谴责威尼斯人嘲笑教皇，损害圣地事业，诱使朝圣者去克里特参战、支持他们，而不是进攻撒拉森人。由于教皇不折不挠的坚持，十字军活动又延续了几年，但教皇把威尼斯人排除在外，不让他们参加，而且教皇英诺森把安科纳和布林迪西作为去往海外的港口。

---

[1] *Inno. Ep.* xii. 142.

征服给西欧带来的利益

对于欧洲来说，像征服君士坦丁堡这样重大的事件肯定会带来好处。与破坏了那么多有价值的东西相比，这样的征服给西方带来了文明、奢华的生活。从当时的记载来看，那些作者们被他们周围的财富深深地震撼。由于征服，西方文明取得了虽然不大，但非常有意义的进步。君士坦丁堡的丝织技术比任何一个西方城市都发达，威尼斯很快在这方面就可以与他的宿敌较量。各类种子、植物传到了西方。帝国的商业落入外国人和竞争者的手中，威尼斯人获得的商业份额最大。当时帝国各个皇帝在其他港口都享有贸易特许权，中亚的贵重商品进入阿祖夫和黑海，这让君士坦丁堡的居民非常嫉妒。威尼斯拥有了一切贸易，大多数贸易是从海路进行的，但是因为新罗马而导致的海上贸易的危险已经不存在了，大量贵重但体积不大的商品，从印度、中亚而来，通过骆驼运往里海，然后在经过陆路或者海路到达威尼斯和其他欧洲国家。亚欧之间的大宗贸易，从博斯普鲁斯海峡转到亚得里亚。在黑海上，威尼斯的船只取代了君士坦丁堡和热那亚的。黑海的鞑靼人、埃及和叙利亚的撒拉森人几乎只和威尼斯人进行贸易。

征服的邪恶

英诺森不断谴责十字军和威尼斯人的行为，他用词深思熟虑，表达了自己的观点，同时也代表了他身边的宗教领袖的观点。有时英诺森的语言充满了对那些不法行为深深的厌恶，有时他的劝诫又有理有据、不温不火。但是，在英诺森很多谈及这些人行为的信件中，他的感情是悲伤的，因为十字军抛弃了本该把他们结合在一起的目的。英诺森的信件给人的印象是他从未停止过对十字军失败的遗憾，因为这次运动是经过精心策划的，理应有个好的结果。在很多场合，英诺森感到不可能使听众明白他们已经失去了多么伟大的机会。要理解那个时期的东方问题以及欧洲利益和文明所要求的政治家，英诺森似乎站在 13 世纪初，立于所有的国王或君主之上。在谈及罗马尼亚、小亚细亚、叙利亚等的前程时，英诺森的信件里还带有抑郁的情感，似乎表明在那个时代只有他自己预见到了征服帝国会带来怎样的灾难，好像只有他承认欧洲的利益就是尽力打击伊斯兰主义，也只有这样才不会让伊斯兰主义进一步向基督领地靠近。英诺森尽力[1]从教会联合中获得宽慰，他希望征服可以促成这件事，但是他也承认征服成为联合道路上的一大障碍，然而他仍然期望希腊人对拉丁人的恨能很快减弱，甚至彻底消失。英诺森希望占领君士坦丁堡会使耶路撒冷处于基督统治下。英诺森相信在复活节期间占领君士坦丁堡是一种预兆，即基督会利用十字军犯下的这种恶行，把他们重新带到圣城；希腊人会因为拒绝帮助十字军，容忍都城内清真寺的存在而受到惩罚。英诺森在这样的想法中得到了安慰。有了这样的安慰，他也愿意进行教会间的联合，这也是好几位教皇都未能完成的事业。因此英诺森对曾经的论断——摧毁帝国是一种错误和一种罪行——松了一口气。但是教皇对军队更改路线、远征失败以及征服帝国感到非常伤心。

　　旁观者清，我们现在能比英诺森对征服君士坦丁堡带来的灾难看得更清楚。在对抗亚洲族裔的斗争中，君士坦丁堡消耗了实力。帝国在小亚细亚的领地不断受到中亚大平原的蛮族侵扰。在 150 年里，这些入侵者来势凶猛，其中来自西部的鞑靼族可能是入侵的高峰。作为保卫欧洲的第一道防线，在对抗这样一群入侵者过程中，君士坦丁堡

---

[1] 他在一定程度上也成功了。

耗尽了自己的力量。这些入侵者前赴后继，一波刚势头衰落，新来的又及时补充上来。从近年来英国与苏丹的一些小战役来看，入侵者有一种力量，这种力量是一种疯狂主义，正是这种疯狂主义武装了这些野蛮的入侵者。塞尔柱突厥人和其他穆斯林部落消耗了新罗马的势力，如今这些人仍然因为自己皈依伊斯兰教，把酒醉饮；他们凭着自信、鲁莽甚至视死如归而开战，其中，一支非洲的马哈迪的追随者，虽然他们半裸着身子，没有像样的武器，就冲向了英国刺刀。新罗马军团挡住了亚洲疯狂者的进攻，就像英国人击退非洲的进攻者那样。新罗马一次又一次给穆斯林军队以沉重打击。

但是，几年之后，这样的战争不得不再次打响，新的疯狂者出现了。在1204年灾难到来的前两个世纪里，蛮族入侵的潮流从黑海的北部和南部一次又一次涌来。保加利亚人、科曼人、帕齐纳科人、乌兹人以及其他非基督徒在君士坦丁堡守护欧洲文明的时候从后方进攻都城。君士坦丁堡内部的竞争加上亚洲的影响使帝国变得虚弱，特别是当寡头形式的统治变得异常强大，弱化了君主统治，同时帝国又远征西西里，这都严重削弱了帝国的势力，君士坦丁堡已经不能再像200年前那样抗击入侵者了。但是，由于塞尔柱突厥人的内部分裂以及帝国对保加利亚人、科曼人的胜利，君士坦丁堡赢得了喘息机会。我们完全有理由相信如果君士坦丁堡没有被西方人摧毁，如果在60年里，君士坦丁堡的体制没有被破坏，帝国在后期是有能力变得强大起来，可以成功抗击奥斯曼突厥人的。这些信仰伊斯兰教的入侵者之所以能在150年后占领多处被他们及其后人一直称为罗马领土的要地，而且他们能在250年后又攻占新罗马，主要原因就是腓力、博尼法斯以及丹多罗给帝国造成了致命的打击。

帝国消耗了资源，遭到了毁灭性打击。但是，我们应该记住帝国在抗击蛮族的入侵中也消耗了自己的势力,特别是在抗击亚洲、保护欧洲的战役以及基督教反抗伊斯兰的斗争中,帝国也付出了代价。帝国在这些方面不是单打独斗,因为十字军也为了共同的事业而奋斗着,但是,撒拉森人是十字军进攻的最特殊的对象,因为解放圣地是他们确立的特殊目标,这阻碍了十字军与帝国在对抗突厥人方面进行诚心实意的合作,除此之外,还没有其他原因能够阻止这样的合作。因此,对抗突厥人的重任就落到皇帝一个人身上,尽管像曼努埃尔等几位统治者努力成功说服西方国家提供帮助,但是拉丁人和德国人更愿意用他们自己的方式来对抗伊斯兰世界,而不是与帝国出于共同事业来对抗共同的敌人。对于那些认识到新罗马皇帝频繁更迭的人来说,西方传统的观念就是反对,这也对君士坦丁堡时期西方历史学家产生了影响。我们作为承认拉丁教会统治的后代以及十字军的子孙,从父辈那里继承了观点和偏见,西欧只愿意找东方帝国的腐败和软弱性,承认在十字军到来之前的几个世纪中,亚洲的影响削弱了曾经强大的帝国,对这里的教会不能像欧洲的教会那样激起斗争的热情而深感遗憾。

所以,在1204年前150年里,对于这个说着希腊语的罗马帝国以及亚美尼亚和格鲁吉亚的基督徒做出过的不懈斗争,西方人给予了不公正的待遇。我们记住了东方教会拒绝承认教皇的至高无上性,十字军占领了君士坦丁堡,而在1453年时,君士坦丁堡的人们已经无力对抗奥斯曼突厥人的攻占;但我们忘记了,如果突厥人在1204年之后的150年里在欧洲找不到根据地,那正是由于东罗马帝国在1204年之前的150年里对突厥人进行了勇敢的抵抗;君士坦丁堡遭受了一次伟大的远征即第四次十字军东征的致命打击,但是,经过一段时间,它从这次打击中恢复过来,在没有得到任何援助的情况下,经过长时间的斗争,把自己的思想、文学传播到西方。我们还忘记了在君士坦丁堡抗击突厥人的时候，赢得了时间，大大削弱了突厥人的势力，延迟了突厥人到达欧洲的时间；200年后，当奥斯曼突厥人在欧洲建立稳固的据点时，势力达到同期最强大的时候（虽然比不上200年前），西方也已经变得有能力抵抗他们。由于东罗马帝国成为保护欧洲的先锋，约翰·索别斯基于1683年才能击退围困维也纳的突厥人。

我们也不能忘记帝国对塞尔柱突厥人产生了巨大的影响。帝国打击了塞尔柱人，削弱了他们的实力，使得他们日渐衰落。后来鞑靼族（后改名为蒙古）[1]的伟大领袖成吉思汗开始了让人可怕的征服，1204年突厥人已经把注意力从帝国身上转移到后方更加危险的蒙古人身上了。十字军夺取君士坦丁堡让突厥人逃过危险。如果帝国没有被摧毁，完全有理由相信不久之后它就可以恢复国力，继续斗争，突厥人在蒙古人和帝国军队的夹击下一定会消亡。

虽然塞尔柱人不断的进攻削弱了帝国，但我们从中还是能看出帝国的实力。新世界的皮萨洛、亚历山大一世的远征以及成吉思汗入侵中亚地区那么轻而易举，因为他们入侵的是士气衰落的国家。在新罗马统治时期，如果国家士气那么衰落，也就不会有那样的远征。突厥人必须逐步进攻，巩固夺取的领地，以此来对付源源不断的骚扰，正如我一再重复指出的那样，突厥人是唯一能保持在小亚细亚的据点的，因为不断有新的移民进入他们占据的领地，那里的人口不断地在增加。

总体来看，第四次十字军东征的结果对欧洲文明的影响是灾难性的。在君士坦丁堡被选作帝国首都之后，希腊的文明之火在拜占庭闪耀了将近900年，但在十字军攻占君士坦丁堡之后，这股文明之火熄灭了。死板、小气的西方文明以及希伯来文明虽然在发展，但少了希

---

[1] 成吉思汗的士兵们用鞑靼来称呼被他们征服的人，把自己称作蒙古人。Osborn's Islam under the Khalifs of Baghdad, 372.

腊生活的快乐和优美。我们都知道突厥人征服君士坦丁堡把希腊文学知识扩散到整个西方，这些知识极大地有助于改革的形成以及现代思想方式的出现。有人会感到遗憾，希腊文学知识付出了如此高的代价。如果遣散一些希腊人，遣散一些被征服、鄙视的民族，让他们把珍贵的手稿和知识带到敌人当中，就会产生如此重要的结果；如果十字军没有犯下英诺森反对的重大罪恶，还有什么样的效果是不可以期待的呢？西欧看到学习的火焰已经在人们当中燃起。文明之火曾经生生不息，这股火让人永不忘记。在知识分子阶层，这种文明用一种几乎没有变化的语言传承着，但在十字军东征中，文明的火焰熄灭了。如果我们完全理解拉丁人征服君士坦丁堡的影响，我们就必须试着理解如果600年前帝国没有被摧毁，西欧的义明可能会变成什么样子，有人会这样描述：不仅那些被发达文明国家包围的黑海、博斯普鲁斯海峡以及马莫拉地区会有一个好政府，甚至地中海的东岸、南岸也会有这样的政府。

图书在版编目(CIP)数据

攻陷君士坦丁堡：第四次十字军东征与东罗马帝国的灭亡 /（英）埃德温·皮尔斯著；景宇平，李芳洲译. —上海：上海社会科学院出版社，2020
 书名原文：The Fall of Constantinople : Being the Story of the Fourth Crusade
 ISBN 978 - 7 - 5520 - 3284 - 0

Ⅰ．①攻… Ⅱ．①埃… ②景… ③李… Ⅲ．①十字军东侵—历史 ②拜占庭帝国—历史 Ⅳ．①K56 ②K134

中国版本图书馆 CIP 数据核字（2020）第 143840 号

攻陷君士坦丁堡：第四次十字军东征与东罗马帝国的灭亡

著　　者：（英）埃德温·皮尔斯
译　　者：景宇平　李芳洲
责任编辑：张　晶
封面设计：最设手
出版发行：上海社会科学院出版社
　　　　　上海顺昌路 622 号　邮编 200025
　　　　　电话总机 021 - 63315947　销售热线 021 - 53063735
　　　　　http://www.sassp.cn　E-mail:sassp@sassp.cn
照　　排：南京理工出版信息技术有限公司
印　　刷：上海景条印刷有限公司
开　　本：890 毫米×1240 毫米　1/32
印　　张：11.125
字　　数：262 千字
版　　次：2020 年 11 月第 1 版　2020 年 11 月第 1 次印刷

ISBN 978 - 7 - 5520 - 3284 - 0/K·570　　　　　　定价：58.00 元

版权所有　翻印必究